Stephan Lorenz (Hg.)
In Gesellschaft Richard Sennetts

Sozialtheorie

Stephan Lorenz ist außerplanmäßiger Professor für Soziologie an der Universität Jena und Senior Fellow am Institute for Advanced Sustainability Studies IASS in Potsdam. Zuvor war er u.a. Fellow und assoziiertes Mitglied des DFG-Kollegs »Postwachstumsgesellschaften« und forscht empirisch und theoretisch insbesondere zu Themen nachhaltiger Entwicklung und sozial-ökologischer Transformation.

Stephan Lorenz (Hg.)

In Gesellschaft Richard Sennetts

Perspektiven auf ein Lebenswerk

[transcript]

Bibliografische Information der Deutschen Nationalbibliothek
Die Deutsche Nationalbibliothek verzeichnet diese Publikation in der Deutschen Nationalbibliografie; detaillierte bibliografische Daten sind im Internet über http://dnb.d-nb.de abrufbar.

Umschlaggestaltung: Kordula Röckenhaus, Bielefeld
Umschlagabbildung: Ot: Richard Sennett auf der Re:Publica 2016.
Korrektorat: Felix Schilk, Dresden
Druck: Majuskel Medienproduktion GmbH, Wetzlar
Print-ISBN 978-3-8376-5309-0
PDF-ISBN 978-3-8394-5309-4
https://doi.org/10.14361/9783839453094

Gedruckt auf alterungsbeständigem Papier mit chlorfrei gebleichtem Zellstoff.
Besuchen Sie uns im Internet: *https://www.transcript-verlag.de*
Unsere aktuelle Vorschau finden Sie unter *www.transcript-verlag.de/vorschau-download*

Inhalt

Ich möchte zeigen, wie die Menschen persönliche Anstrengung, soziale Beziehungen und physische Umwelt gestalten. Ich lege das Schwergewicht deshalb auf Fertigkeiten und Kompetenz, weil die moderne Gesellschaft meines Erachtens dazu geführt hat, dass die Menschen in der alltäglichen Lebensführung über weniger Fertigkeiten verfügen. Wir haben sehr viel mehr Maschinen und Apparate als unsere Vorfahren, aber wir wissen weniger als sie, wie wir guten Gebrauch davon machen können. Wir haben Dank der modernen Kommunikationsmittel mehr zwischenmenschliche Kontakte, aber wissen nicht so recht, wie man gut kommuniziert. Praktische Fertigkeiten bringen nicht das Heil, sondern sind nur Werkzeuge, doch ohne sie bleiben Fragen nach Sinn und Wert bloße Abstraktion.

Das Homo-Faber-Projekt kreist um die ethische Frage, in welchem Maße wir Herren unserer selbst werden können.

Richard Sennett

Just a reminder about religious values in the pandemic: ›Discard me not in my old age; as my strength fails, do not abandon me‹ (Psalm 71)

Richard Sennett, Tweet vom 23.03.2020

Erkundungen
In Gesellschaft Richard Sennetts

Stephan Lorenz

»Das Leben umfasst nun einmal viele Dimensionen, und wir leben in vielen Gesellschaften gleichzeitig.«

Wer sich in die Gesellschaft Richard Sennetts begibt, bewegt sich in die Spannungsfelder zwischen Individuum und Gesellschaft, Einzelnen und kollektiver Kultur, Privatem und Öffentlichkeit. Für Sennett ergibt sich kein Widerspruch, wenn er – wie in der Überschrift zitiert (in Pongs/Sennett 2000: 217) – die Pluralität menschlichen Lebens betont und zugleich ein kollektives Wir in Anspruch nimmt. In seinen essayistischen Schriften erzählt er individuelle Lebensgeschichten und bringt seinem Publikum menschliche Alltagserfahrungen nahe. Auf diese Weise löst Sennett die Berücksichtigung der Vielfältigkeit an »Dimensionen« und gesellschaftlichen Verhältnissen ein, in denen Menschen leben. Zugleich weist sein kollektives Wir über die Erfahrungen der Einzelnen hinaus, um umfassende gesellschaftliche Entwicklungen diagnostizieren zu können. Den Herausforderungen dieses ›Wir‹ als »gefährliche[m] Pronomen« widmet er das gesamte Schlusskapitel in *Der flexible Mensch* (vgl. Sennett 2000/1998: 187ff.). Für Sennett ist damit keine homogene Wertegemeinschaft gemeint, die nach innen auf Einheitlichkeit, nach außen auf Abschottung setzt. Das von ihm vorgestellte ›Wir‹ ist per se plural und prinzipiell in der Lage, Konflikte auszutragen, weil die »Beteiligte(n) es lernen, einander zuzuhören und aufeinander einzugehen, obwohl sie ihre Differenzen sogar noch deutlicher empfinden« (ebd.: 197). Die Suche nach und Reflexion von

Möglichkeiten eines solchen gesellschaftlichen Zusammenlebens rückte zuletzt ins Zentrum der Sennett'schen Arbeiten.

Dass Sennett zu den bekanntesten zeitgenössischen Intellektuellen gehört, von Ulrich Beck (2007: 1) gar als einer »der wenigen öffentlichen Denker des Sozialen weltweit« laudiert, resultiert wesentlich aus den genannten Aspekten: seinen inspirierenden Gegenwartsdiagnosen zur gesellschaftlichen Entwicklung und seiner Essayistik, zu der die Einbindung individueller Alltagserfahrungen gehört. Seit Jahrzehnten liefert er Analysen und Stichworte, die die Diskurse gesellschaftlicher Selbstverständigung anregen, von der in den 1970er Jahren postulierten These einer »Tyrannei der Intimität« (vgl. Sennett 1996/1974) über seine Studien zum »flexiblen Menschen« in den 1990ern (vgl. Sennett 2000/1998) bis zu aktuellen Beiträgen zur »offenen Stadt« (vgl. Sennett 2018). Demgegenüber steht die systematische sozial- und kulturwissenschaftliche Rezeption und Diskussion seiner Schriften noch aus.

Ein Grund dafür mag sein, dass Sennett keine originäre Großtheorie entwickelt hat, aus deren Perspektive er die Gesellschaft bzw. das kollektive Wir deutet. Es sind eher ein bestimmter, noch näher darzustellender Forschungsstil, in Verbindung mit dem literarischen »Sennett-Ton« (Frühwald 2009: 3) und einem Set miteinander verschränkter Themen, die sein Werk kennzeichnen. Zudem verschieben sich über die Zeit die Gewichte von der frühen, vor allem empirischen Forschung über die folgende Betonung des essayistischen Schreibens, einschließlich seiner Romane in den 1980er Jahren, bis zu vermehrten philosophischen Reflexionen in seiner Homo-Faber-Trilogie. Letztgenannte Trilogie beginnt mit *Handwerk* (Sennett 2008), setzt sich fort mit *Zusammenarbeit* (Sennett 2012a) und wird abgeschlossen durch *Die offene Stadt* (Sennett 2018). Die Trilogie kennzeichnet zugleich eine gewisse Wendung von zuvor stärker gesellschaftskritisch angelegten Arbeiten hin zu dialogischen Erwägungen alternativer Möglichkeiten eines besseren gesellschaftlichen Zusammenlebens. Der Abschluss dieses dreigliedrigen *Opus Magnum* bietet einen guten Anlass, jenseits der zeitdiagnostischen Stichworte mit dem vorliegenden Band eine vertiefende Auseinandersetzung mit dem Werk Sennetts vorzuschlagen. Schon in *Handwerk* spricht er selbst vom »Winter meines Lebens«, in dem er die Erträge seiner Arbeiten dahingehend bilanziert, wie sich »das materielle Leben humaner gestalten« lässt (Sennett 2008: 18). Umso mehr regt nun die vorliegende Trilogie dazu an, das vorläufige Lebenswerk Sennetts umfassender zu sichten. Nicht zuletzt die genannte Betonung gesellschaftlicher Pluralität lädt dazu ein, sich seinem Werk aus unterschiedlichen Perspektiven zuzuwenden. Dafür wird in diesem Band ein themenbezogener Zugang gewählt, das heißt zentrale Themen des Sennett'schen Werks werden von verschiedenen Autorinnen und Autoren[1] reflektiert.

Die folgenden Ausführungen gehen zuerst kurz auf Sennetts intellektuelles und politisches Selbstverständnis ein, insofern dies Einsichten für die anschließenden Abschnitte bereithält. Das gilt insbesondere für die daraufhin beleuchtete, für sein Denken wichtige Ungleichheitsperspektive und ihre korrespondierenden normativen Annahmen. Sodann begeben sich die einleitenden Überlegungen in die Gesellschaft des Forschers Richard Sennett, wenden sich also seinem Forschungsstil zu. Schließlich wird ein kurzer Ausblick auf die Buchbeiträge gegeben.

»Ich bin ein Jude aus New York. [...] hier bin ich zuhause,

> hier kann ich ganz ich selbst sein. Die Mentalität der Juden aus New York ist etwas sehr spezielles, traditionelles. Das hat etwas mit der langen Geschichte der Familien zu tun, mit ihrer Beziehung zur Lower East Side von Manhatten, in der von jeher die jüdischen Immigranten lebten. [...] Hierher kamen all die Einwanderer, um eine neue Heimat zu finden. In diesem Milieu entstand eine jüdische intellektuelle Kultur mit einer sehr links gerichteten politischen Kultur. Keine geschlossene Gesellschaft, eher eine Gemeinschaft von Menschen, die

1 Über die Form der geschlechtergerechten Sprache entscheiden die Autorinnen und Autoren des Bandes je selbst. Dabei gilt, dass dort, wo aus Gründen sprachlicher Vereinfachung nur die weibliche oder männliche Bezeichnung verwendet wird, sofern nicht anders gekennzeichnet, dies immer geschlechterübergreifend gemeint ist.

> es aufgrund ihrer politischen Überzeugungen in Amerika sehr schwer hatte. [...] in dieser Gesellschaft fühle ich mich am wohlsten.« (Sennett in Pongs/Sennett 2000: 274)

In Chicago aufgewachsen und zum Zeitpunkt des zitierten Interviews bereits zwischen New York und London pendelnd, erklärt Sennett doch einen Stadtteil New Yorks zu ›seiner Gesellschaft‹, wofür er vor allem die migrantisch geprägte intellektuelle und politische Kultur heraushebt. In diesem Zusammenhang sind zweifellos auch zwei seiner New Yorker Lehrerinnen zu nennen, ihrerseits aus jüdischen Elternhäusern, die unabhängig voneinander (vgl. Sennett 2018: 367) zu seinen wichtigsten intellektuellen Mentorinnen gehören und deshalb häufig in Sennetts Schriften erscheinen. Das ist zum einen Hannah Arendt, die nach New York emigrierte und deren politischer Philosophie Sennetts Denken – sie aufgreifend oder sich von ihr abgrenzend – Wesentliches zu verdanken hat. Daneben ist Jane Jacobs hervorzuheben, die streitbare Autorin der Stadtgestaltung, die später New York zugunsten Torontos aufgegeben hat und die für Sennetts stadtsoziologische Forschungen maßgebend wurde. Sennett ist bekennender Städter und die Stadt ist eines seiner von Beginn an bearbeiteten Forschungsthemen. Aber auch die intellektuelle Weltläufigkeit bei gleichzeitiger lokaler Verankerung, die sich im zitierten Interview ausdrückt, leitet erkennbar die Arbeiten Sennetts zur Stadtentwicklung im Besonderen und zu den Möglichkeiten menschlichen Zusammenlebens in pluralen modernen Gesellschaften im Allgemeinen an.

Die jüdische Religion und Kultur spielen in Sennetts Studien kaum eine Rolle, Reflexionen seiner politischen Überzeugungen aber fließen häufig in seine Schriften ein. Schon familiär, seit der Großelterngeneration, verortet sich Sennett politisch links und reiht diese wie sich selbst in einen historischen Zusammenhang: »Kampf gefolgt von Desillusionierung ist ganz allgemein die Geschichte der amerikanischen Linken gewesen.« (Sennett 2000: 77; vgl. 2004: 301) Das bezieht sich nicht allein auf die USA, kämpften sein Vater und sein Onkel doch in Spanien »zunächst gegen die Faschisten, gegen Ende des Krieges aber auch gegen die Kommunisten« (Sennett 2000: 77). Die bürokratische Erstarrung und autoritäre Repressivität des Staatssozialismus in der Sowjetunion und den Ostblockstaaten ist verschiedentlich Thema in Sennetts Büchern, wie auch die Auseinandersetzung mit kommunistischen Bewegungen in den USA.

Explizit thematisiert er sein links-politisches Verständnis in *Zusammenarbeit*, indem er politische und soziale Linke unterscheidet (vgl. 2012a: 61ff., 90ff.; 2004: 299ff.), deren Entstehen im 19. Jahrhundert Sennett historisch nachzeichnet. Während die nach Sennetts Deutung ›politische Linke‹, oft militärischem Vorbild folgend, auf die Durchsetzungskraft großer, hierarchischer Organisation setzte, um die Soziale Frage zu lösen, suchten ›soziale Linke‹ Bottom-up-Strategien und Veränderungen durch Basisinitiativen, Nachbarschaftskooperativen, Gemeinwesenarbeit u.ä. Obwohl Sennett auch äußert, dass eine Kombination beider Wege wichtig wäre, begegnet er der politischen Linken vor allem skeptisch, und seine Sympathien liegen erklärtermaßen bei der sozialen Linken. Mit der Perspektive letzterer setzt er sich in seinen Büchern nicht zuletzt anhand der Unterstützungsmöglichkeiten ›von unten‹ durch die Soziale Arbeit auseinander, vor allem in *Respekt im Zeitalter der Ungleichheit* (2004/2002) und eben *Zusammenarbeit*. An der Sozialen Arbeit gewinnt er grundlegende Einsichten zu seinen Thesen eines verbesserten – respektvolleren, kooperativeren – gesellschaftlichen Zusammenlebens.

Eine Ambivalenz, die aus der Verteilung seiner Sympathien zwischen der so verstandenen sozialen und politischen Linken resultiert, kommt in einem Interview so zum Ausdruck: »Ich glaube immer noch an eine Politik von unten, aber ich sehe auch, dass sie wahrscheinlich politisch nicht viel verändern kann.« (Sennett 2012b) Einige Passagen in *Die offene Stadt* deuten darauf hin, dass sich im Hinblick auf Stadtentwicklungen seine Überzeugungen zuletzt etwas mehr als zuvor der politischen Richtung zuneigten. In diesem Sinne wertet er die Top-down-Perspektive in den Stadtforschungen Lewis Mumfords gegenüber der vormals eindeutig präferierten Graswurzel-Perspektive seiner »Heldin« (Sennett 2018: 102) Jane Jacobs auf und reflektiert beide Bedeutungen. »Obwohl sowohl Jacobs wie Mumford politisch links standen, neigte Mumford doch zu einem reformerischen Sozialismus, der die konkrete

Politik in den Vordergrund stellte, während Jacobs ausgeprägte anarchistische Neigungen besaß.« (Ebd.) Am Ende sieht Sennett unter der Perspektive der ›Offenheit‹ einer Stadt zwar immer noch Jacobs vorn (vgl. ebd.: 113), betont aber: »In der Debatte zwischen Mumford und Jacobs geht es um zwei verschiedene Versionen der offenen Stadt.« (Ebd.: 112)

Sennetts politische Gegenüberstellung korrespondiert der soziologisch gebräuchlichen Unterscheidung in Struktur- und Handlungsperspektive: Müssen für die bessere Gesellschaft zuerst und vor allem die ›großen‹ gesellschaftlichen Strukturen verändert werden? Oder muss der Wandel der Lebensverhältnisse vom Alltag der handelnden Akteure ausgehen und von diesen getragen werden können? Wechselwirkungen dieser Perspektiven werden von Sennett in *Die offene Stadt* am Verhältnis der strukturgebenden gebauten Stadt (*ville*) zum städtischen Leben der Menschen (*cité*) besonders komplex durchgespielt. Die starke Präferenz für die handelnden Akteure im Gesamtwerk Sennetts wird in den folgenden beiden Abschnitten dieser Einleitung noch weiter verdeutlicht, in denen seine Ungleichheitsanalysen bzw. sein Forschungsstil erörtert werden.

Zum intellektuellen Selbstverständnis gehören nicht zuletzt seine ideengeschichtlichen Anschlüsse. Auf einen umfangreichen kultur- und geistesgeschichtlichen Fundus seit der europäischen Antike zurückgreifend und darauf aufbauend, denkt Sennett am Beginn des 21. Jahrhunderts über drängende Gegenwarts- und Zukunftsfragen nach. Es ist die Tradition der Aufklärung, die er in besonderer Weise aufgreift und in deren Geiste er seit *Handwerk* nach Möglichkeiten des guten Lebens sucht (vgl. Lorenz 2010). »Wir können das materielle Leben humaner gestalten« (Sennett 2008: 18), ist er in diesem Sinne überzeugt. Wollte die frühe Aufklärung die Menschen ermutigen und ermächtigen, den *eigenen Verstand* zu gebrauchen und ihre Geschicke *in die eigenen Hände* zu nehmen, muss jede heutige Aufnahme dieses Anspruchs auch die verheerenden Konsequenzen der menschlichen Ermächtigungen in der modernen Gesellschaftsentwicklung verarbeiten. Sennett reflektiert die destruktiven Erfahrungen des 19. und 20. Jahrhunderts – von ökonomischer Ausbeutung und politischer Repression über die Massenvernichtungen der Weltkriege bis zur anhaltenden Naturzerstörung. Die These, dass diese Erfahrungen in einer ›Dialektik der Aufklärung‹ selbst begründet liegen würden, vertritt er nicht, obwohl die Ambivalenzen technologischer Entwicklungen seit der Antike wesentlich seine Analysen in *Handwerk* motivieren. Aufklärung erscheint bei ihm eher als eine noch immer uneingelöste (handwerkliche) Haltung, eine ungenutzte menschliche Möglichkeit, die es noch zu kultivieren gelte. Heute muss Aufklärung jedenfalls auch danach fragen, wie die gesellschaftlich freigesetzten Kräfte zu begrenzen sind, um nicht zerstörerisch zu sein. Ein solchermaßen ›aufgeklärter Aufklärungsanspruch‹ liegt seiner Trilogie, die er als Homo-Faber-Projekt bezeichnet, zugrunde:

> »Das Homo-Faber-Projekt kreist um die ethische Frage, in welchem Maße wir Herren unserer selbst werden können. Im sozialen und persönlichen Leben haben wir alle mit den Grenzen zu kämpfen, die unseren Wünschen und unserem Willen gesetzt sind, oder auch mit der Erfahrung, dass die Bedürfnisse anderer Menschen sich nicht mit unseren Bedürfnissen versöhnen lassen. Diese Erfahrung sollte uns Bescheidenheit lehren und damit auch ein ethisches Leben fördern, in dem wir erkennen und ehren, was jenseits unserer selbst liegt. Dennoch vermag niemand als passives, willenloses Wesen zu überleben. Wir müssen immerhin versuchen, unser Leben selbst zu bestimmen.« (Sennett 2012a: 11)

»Die Aufklärung glaubte, jeder Mensch habe die Fähigkeit,

gute Arbeit irgendeiner Art zu verrichten, und in den meisten von uns stecke ein intelligenter Handwerker. Diese Überzeugung hat auch heute noch Gültigkeit.« (Sennett 2008: 22) Was Sennett für das Handwerk schreibt, ist charakteristisch für seinen Zugang zu Fragen der Ungleichheiten zwischen Menschen bzw. für seine Suche nach einer Gleichheitsbasis, die der Vielfältigkeit von Menschen und ihrer Lebensweisen gerecht wird.

Ungleichheit ist laut Raabs (2003) Eintrag im *Philosophen-Lexikon* Sennetts »Generalthema«. Mit *Respekt im Zeitalter der Ungleichheit* widmet Sennett diesem Thema ein eigenes Buch. In der Soziologie dagegen gehört er, wenn es um soziale Ungleichheit geht, nicht zu den zuerst Genannten. Während hier Verständnisse sozio-ökonomischer Verteilung und Ressourcenausstattung das Ungleichheitsverständnis dominieren, richtet sich Sennetts Perspektive primär auf Erfahrungen von Missachtung und auf die gesellschaftlichen Möglichkeiten, Fähigkeiten und Fertigkeiten entwickeln zu können.

Zwar beschreibt Sennett in seinen Studien zum ›flexiblen Kapitalismus‹ ausführlich die neuen Formen der Arbeitsorganisation. Er knüpft dies allerdings nicht an eine ökonomische Strukturanalyse, sondern interessiert sich, wie die Titel seiner Schriften über *Die Kultur des neuen Kapitalismus* (vgl. Sennett 2000, 2007) bereits offenbaren, für ihre *kulturellen* Aspekte. Damit stehen einerseits ihre alltagspraktischen Konsequenzen für die individuelle Entwicklung der Menschen und für ihre sozialen Bindungen im Vordergrund. Leitend ist für ihn die Annahme: »Die meisten Menschen […] brauchen eine durchgängige Biographie, sind stolz darauf, bestimmte Dinge gut zu können, und legen Wert auf die Erfahrungen, die sie in ihrem Leben gemacht haben.« (Sennett 2007: 10) Die Möglichkeiten dafür werden aber durch ausgreifende Flexibilisierungen untergraben. Andererseits erscheinen die flexibilisierten Formen der Arbeitsorganisation selbst und die daraus resultierenden Unsicherheitserfahrungen bei Sennett nicht als bloße Struktureffekte, sondern folgen ebenfalls kulturellen Bestimmungen, sind durch Politik und Management *gewollte* (vgl. ebd.: 149). »Auch wirtschaftliche Veränderungen unterliegen der politischen Kontrolle, die letztlich in unseren Händen liegt.« (Sennett 1999: 189) In diesem Sinne tritt Sennett in Publikationen um die Jahrtausendwende ausdrücklich als Warner auf, in Deutschland und Europa nicht dem US-amerikanischen Vorbild kapitalistischer Flexibilisierungen zu folgen, da dies absehbar in neue Profite für wenige, in der Breite aber in massive gesellschaftliche Verunsicherungen führen würde (vgl. ebd.; Pongs/Sennett 2000: 281).

Bemisst man Sennetts Ungleichheitsanalysen an Statements wie: »Das oberste Ziel, das wir im Auge behalten müssen, ist die Kritik an den bestehenden wirtschaftlichen Verhältnissen. [...] damit wir eine Wirtschaftsform etablieren, die dem Wohl der ganzen Menschheit zugute kommt und nicht einer kleinen Schicht die Profite überlässt« (Sennett in Pongs/Sennett 2000: 290), dann muss sein zwei Jahre später erschienenes Buch *Respekt im Zeitalter der Ungleichheit* zweifellos irritieren. Und Vertreterinnen und Vertretern der, nach Sennetts Kategorien, politischen Linken muss es mindestens enttäuschen. Denn um ökonomische Verhältnisse geht es darin nicht. Auch hier wird man Sennetts Ungleichheitsperspektive näher betrachten und die folgenden Aspekte berücksichtigen müssen. Wo Sennett darauf verweist, dass der soziale Aufstieg Schwarzer Amerikanerinnen und Amerikaner ihnen keineswegs zu gleicher Achtung verhilft (vgl. Sennett 2004: 32), wird deutlich, dass, erstens, sozioökonomischer Ausgleich zur Beseitigung von gesellschaftlichen Ungleichheiten keineswegs ausreicht. Setzt man für einen sozialen Ausgleich, zweitens, vor allem auf bestimmte Rechte sozialer Absicherungen – das heißt: alle haben gleichermaßen Ansprüche auf materielle Sicherung durch Hilfen im Sozialstaat –, dann definiert man Gleichheit von den Schwächen, Defiziten und Problemen der ›Bedürftigen‹ her (vgl. ebd.: 11). Erkennbar wird das beispielsweise daran, dass der Erhalt sozialer Unterstützung trotz Rechtsanspruch oft schambehaftet ist und mit Stigmatisierungen einhergehen kann (auch wenn sich das, wie anzufügen wäre, nicht zwingend aus einer Rechtebasis sozialer Sicherung ergeben muss). Drittens beschäftigen Sennett Ungleichheiten, die sich nicht vermeiden lassen, weil sie an ungleich ›verteilte‹ Talente geknüpft sind (vgl. ebd.). Kurz: Sennett wendet sich im Buch solchen Ungleichheitsproblemen zu, die auch unter Bedingungen geringerer sozioökonomischer Ungleichheit nicht automatisch gelöst wären, nämlich dem Erreichen von Selbstachtung und gegenseitigem Respekt.

Um »als Gleiche aufzutreten und so gegenseitigen Respekt zu zeigen« (ebd.: 78) bedarf es mehr als gleicher materieller Verteilung, und zwar, so Sennett in Analogie zu einem Musikkonzert, der praktischen – individuellen wie kulturellen – Einübung solchen im wörtlichen Sinne ›Auftretens‹. »Ich plädiere hier nicht dafür, Ungleichheiten zu akzeptieren oder sich damit abzufinden; ich sage lediglich, dass Gegenseitigkeit im sozialen Leben wie in der Kunst Ausdrucksarbeit verlangt. Sie muss dargestellt und aufgeführt werden.« (Ebd.: 79) Der Gewinn seiner *Respekt*-Analysen, wie auch der folgenden in seiner Homo-Faber-Trilogie, besteht deshalb darin, alltagspraktische und professionelle Möglichkeiten solcher »Ausdrucksarbeit« – also einer Kultur des Respekts – aufzuzeigen, die sowohl die gegenseitige Achtung zwischen den Menschen wie auch die individuelle Selbstachtung umfasst. Ohne eine solche Kultur des Respekts werden gesellschaftliche Gerechtigkeitsbestrebungen kaum erfolgreich sein. Vielleicht kann man sogar sagen, dass es Menschen, die keine Selbstachtung entwickeln können, kaum möglich ist, für gerechtere gesellschaftliche Verhältnisse einzutreten. Und schließlich, so sind etwa Sennetts Ausführungen zu den leidvoll fehlgeleiteten Gleichheitsbestrebungen des Staatssozialismus zu verstehen (vgl. ebd.: 307f.), müssen Konflikte und Reformen zur Überwindung von Ungleichheiten selbst respektvoll ausgetragen werden, weil sie sonst in neues Leid und erneute Ungerechtigkeiten führen.

Umgekehrt wird man sicher gegenüber den Sennett'schen Analysen daran festhalten müssen, dass eine Kultur des Respekts sich kaum etablieren kann, wenn sie nicht durch rechtliche Regulierungen sowie institutionelle und sozioökonomische Sicherungen gestützt wird. Eine Nachbarschaftskooperation lässt sich nicht verordnen und ergibt sich nicht einfach daraus, dass ein Recht darauf besteht. Sie lebt vom praktischen Engagement der Beteiligten vor Ort. Um sie tatsächlich umzusetzen, bedarf es gleichwohl einiger rechtlicher und sozioökonomischer Sicherungen, die solche Projekte nicht selbst leisten könnten. Hier könnten sich u.a. Anschlüsse an den französischen Neopragmatismus (Boltanski/Chiapello 2003/1999) oder Habermas (1994/1992) Rechts- und Demokratietheorie als weiterführend erweisen (vgl. Lorenz 2010): Während Habermas die – verfahrensrationale – soziale Ordnung begründet, bietet Sennett kulturelle Mittel, um diese qualifizierter nutzen und gestalten zu können.

Das *Respekt*-Buch nähert sich Ungleichheitsfragen über einen autobiographischen Zugang. In Texten über Sennett wird oft auf seine Herkunft aus deprivierten Verhältnissen, namentlich aus der Cabrini-Green-Siedlung in Chicago verwiesen. Laut eigener Darstellung zog er mit seiner Mutter, wegen ihrer ökonomischen Situation als Alleinerziehender, als Dreijähriger dorthin und als Siebenjähriger wieder fort (vgl. Sennett 2004: 21, 23). Aufgrund der materiellen Beschränkungen konnte sich die Mutter nicht mehr wie bisher vor allem ihren künstlerischen Tätigkeiten widmen und wurde später Sozialarbeiterin. Mit dem Großvater als Erfinder, politischen Aktivisten in der Familie und insbesondere einer künstlerischen Mutter erscheint die zeitweise Armutserfahrung doch im Kontext anregungsreichen ›kulturellen Kapitals‹, das Sennett zweifellos mit Ehrgeiz und »protestantische[r] Einstellung« (Pongs/Sennett 2000: 289) zu nutzen wusste. Schon über die Cabrini-Zeit heißt es: »[...] ich hörte gerne Musik und lernte begeistert Lesen. [...] Unseren Nachbarn mögen wir recht sonderbar erschienen sein mit unseren beiden Zimmern voller Bücher und klassischer Musik.« (Sennett 2004: 21) Dies ermöglichte ihm eine frühe musikalische Förderung und auch den Anspruch, gut zu schreiben, berichtet er schon von seiner Mutter (vgl. ebd.: 20). – Dass seine Mutter für seine geistige und musische Entwicklung von grundlegender Bedeutung war, stellt Sennett im *Respekt*-Buch sehr deutlich heraus. Dies mag es begünstigt haben, dass er auch in der Folge maßgebliche Förderungen bei Lehre*rinnen* (s.o. Arendt, Jacobs) suchte und seine Frau in einer Soziologin und Intellektuellen fand, die ähnlich erfolgreich ist wie er selbst.

In Sennetts Reflexionen über sein Aufwachsen in Cabrini Green im *Respekt*-Buch treffen verschiedenste Aspekte seiner Arbeiten zusammen – von städtischer Öffentlichkeit über die Verschränkung von Ungleichheitsaspekten bis zur Sozialen Arbeit. Die Siedlung war ein Stadtentwicklungsprojekt, das Schwarzen Amerikanerinnen und Amerikanern aus dem Süden der USA gute und günstige Wohnungen sowie armen Weißen Sozialbauten bieten sollte, um über eine solche Integration zugleich dem verbreiteten Rassismus entgegenzuwirken. Somit war es den Armen und Migrierenden aufgetragen, eine Integration zu leisten, zu der die privilegierteren Weißen in ihren besseren Wohnlagen Chicagos selbst nicht oder nur theoretisch bereit waren. Diese Verschränkung musste Rassismus und soziale Probleme vielmehr befördern, denn für Schwarze bedeutete sie per se Deklassierung und für die Weißen im Viertel, dass das Zusammenleben mit Schwarzen zu einem zusätzlichen Kennzeichen ihres deprivilegierten Status wurde. In der Folge wurde die Siedlung zu einem sozialen ›Brennpunkt‹, der sie zu Sennetts Zeit dort noch keineswegs gewesen ist (vgl. ebd.: 18, 30f., 139f.). An diesem Stadtteilbeispiel entwickelt Sennett rückblickend seine Fragen zu respektvollem Zusammenleben, insbesondere wie unter solchen benachteiligten Bedingungen individuelle und gemeinschaftliche Verbesserungen der Lebenssituation erreicht werden können, welche Formen professioneller Unterstützung sich als hilfreich erweisen und welche Konsequenzen für Stadtplanungen zu ziehen sind.

Während Sennett in *Respekt* noch sehr klar zwischen Fertigkeiten im Sinne des Dinge bearbeitenden Könnens und Fähigkeiten zu guten sozialen Bindungen mit anderen Menschen unterscheidet (vgl. ebd.: 110f., 126), schlägt er mit seiner folgenden Trilogie einen anderen Weg ein. Zwar widmet er beiden Aspekten eigene Schriften – in *Handwerk* geht es primär um technische Fertigkeiten des Arbeitens und Herstellens, in *Zusammenarbeit* um soziale Kooperation. Dabei wird ihm allerdings gute handwerkliche Arbeit zum Vorbild auch guter Kooperation. In *Zusammenarbeit* schreibt er: »Wer als Handwerker Geschick in der Herstellung von Dingen erwirbt, entwickelt körperliche Fähigkeiten, die sich auch auf das soziale Leben anwenden lassen.« (Ebd.: 267) Die Werkstatt ist dann der naheliegende Ort des Handwerks als sozialer Praxis und Sennett will deshalb untersuchen, wie »man in der Werkstatt gewonnene Erfahrungen auf die Gesellschaft überträgt« (ebd.: 268). Bereits in *Handwerk* zielten seine Überlegungen auf ein sehr weites Verständnis von Arbeit und Lebensführung: »Selbst als Eltern oder Staatsbürger können wir uns verbessern, wenn wir diese Tätigkeit mit handwerklichem Geschick ausüben.« (Sennett 2008: 19) Schließlich bindet er in *Die offene Stadt* die Fertigkeiten handwerklichen Arbeitens und des städtischen Wohnens (*cité*) zusammen: »Wie man kein Genie sein muss, um gute handwerkliche Fertigkeiten zu erwerben, so ist auch das Potenzial, ein fähiger Bewohner zu werden, in den meisten Menschen angelegt. Ich beschreibe hier keine ideale *cité*, sondern eine *cité*, die längst in uns schlummert.« (Sennett 2018: 253)

Dass solch ein handwerklicher Zugang zum gesellschaftlichen Leben recht technisch wirken muss, ist Sennett bewusst (vgl. 2008: 384). Ausdrücklich spricht er beispielsweise auch von »Techniken der Erfahrung« (ebd.: 383) und »Techniken der Lebensführung« (ebd.: 19). Doch muss man sich dabei vergegenwärtigen, wie er ›Technik‹ bestimmt, nämlich »als kulturelles Problem und nicht als geistlose Praxis« (ebd.). Dieser Zugang gehört sicherlich zum Kern der gesamten Sennett'schen Soziologie. Die Qualifizierung menschlicher Fähigkeiten, die Charakterentwicklung und das öffentliche Handeln sind für ihn in diesem Sinne ›technisches‹ Handeln, insofern sie einübbare und verbesserungsfähige Praxis sind. Wie er dies bereits für das öffentliche Auftreten in seinen frühen Arbeiten zum ›öffentlichen Leben‹ postuliert (vgl. Sennett 1996) oder wie es auch für das ›Aufführen‹ von Respekt oben beschrieben wurde, dient Sennett häufig die künstlerische Arbeit im Theater oder im Zusammenspiel von Musizierenden als Bezugspunkt für die Beschreibung dessen, was er in *Handwerk* ›technisch‹ fasst. Handwerk und Kunst sind also für Sennett nicht grundverschieden, sondern sie gleichen sich vielmehr, wenn man sie im Hinblick auf die jeweils erforderliche praktische Übung betrachtet. Es ist gerade dieser Aspekt der Arbeit und der ›technischen‹ Umsetzung, den Sennett betont.

Im Zusammenhang mit Sennetts Zentrierung seiner Perspektiven um das Handwerk ist es sinnvoll, auf seine theoretische Selbstverortung im US-amerikanischen Pragmatismus zu verweisen. Der Pragmatismus bietet der Soziologie eine allgemeine Handlungstheorie, die vom Verständnis des Alltagshandelns ausgeht und von hier aus spezifischere Handlungsweisen und letztlich Gesellschaft denkt. Wissenschaftliches Handeln beispielsweise ist deshalb nicht *prinzipiell* vom Alltagshandeln getrennt gedacht, sondern führt alltägliche Erkenntnisweisen fokussierter und systematischer aus (vgl. Dewey 2002/1938). Auch Sennett setzt ein allgemeines Verständnis von Handeln und kultureller Praxis voraus, das sich für ihn eng an einen sehr weiten Arbeitsbegriff knüpft, wobei seine Handwerksanalysen ihm die Kriterien *guter* Arbeit und guter Lebensführung vermitteln. So entsteht für Sennett kein Bruch, wenn er in seinen Ausführungen die Handlungsfelder wechselt, weil das Handeln in Wissenschaft, Kunst, Politik, Erziehung oder dem Stadtleben eine gemeinsame Handlungsbasis hat und vergleichbaren Mustern folgt, an die sich die anhand des Handwerks entwickelten Maßstäbe guter Arbeit anlegen lassen. Zwar sind die Talente ungleich ›verteilt‹ – nicht jede ist eine geniale Wissenschaftlerin, nicht jeder ein bahnbrechender Künstler. Sennett (2008: 367) spricht auch von »natürlicher Ungleichheit«, dennoch gibt es eine gemeinsame und für alle, wenn auch in unterschiedlichem Maße, entwicklungsoffene Handlungsbasis: »Die angeborenen Fähigkeiten, auf denen handwerkliches Können basiert, sind keineswegs außergewöhnlich. Die meisten Menschen besitzen sie, und zwar etwa im selben Maße.« (Ebd.: 368) Dies geht u.a. darauf zurück, dass sich diese Fähigkeiten ihrerseits aus dem kindlichen Spiel heraus entwickeln (vgl. ebd.: 357ff.). Gleichheit besteht damit nicht in einer bestimmten vorhandenen, substanziellen Sache, sondern in der formalen Befähigung, etwas um seiner selbst willen gut zu machen und sich dabei durch die Einübung geeigneter Vorgehensweisen – von »Techniken der Lebensführung« (ebd.: 17) – verbessern zu können.

Wie weit die Erklärungskraft von Sennetts Perspektive reicht, hängt nicht zuletzt davon ab, als wie grundlegend Handwerk als Handlungspraxis gelten kann. Ist das Handwerk eine tragfähige Basis dafür, Qualifizierungskriterien für andere gesellschaftliche Praktiken gewinnen zu können? Oder ist es selbst bereits in gewissem Grade spezialisiertes Handeln? Folgt man Sennett, lassen sich für das Handwerk als basales Handlungsmodell einige Gründe anführen. So entwickelte sich beispielsweise historisch, in der Renaissance, die künstlerische Werkstatt aus der handwerklichen (vgl. ebd.: 92ff., 103ff.), sodass das Handwerk der Kunst vorausgeht. Besonders aber ist es die Körpergebundenheit handwerklicher Arbeit und die darin geleistete Verknüpfung von »Hand und Kopf« (ebd.: 201), die dafür zu sprechen scheint. Die körperliche, praktisch eingeübte Erfahrung handwerklicher Arbeit entzieht sich wenigstens teilweise ihrer sprachlichen Erfassung und Vermittlung. Handlungstheorien, die vor allem auf sprachliche Handlungskoordination oder auf Ideen als Modi sozialer Bindungen setzen, können dies nicht erfassen und müssen aus dieser Sicht unzureichend bleiben. Formuliert man die Fragen etwas anders, sind die Zusammenhänge freilich weniger deutlich: Sind gute Handwerker selbstverständlich auch gute Eltern? Fällen die besseren Handwerkerinnen auch bessere politische Urteile? Auch wenn elterliche (und andere) Sorgearbeiten durchaus mit dem Handwerk vergleichbare Kriterien *guter* Arbeit teilen können, können sie sich doch in anderen Hinsichten unterscheiden (vgl. McRobbie 2012: 170f.). So ergeben sich weitergehende Fragen – die hier nur aufgeworfen und nicht beantwortet werden sollen. Wenn die Fähigkeiten zu handwerklicher Arbeit ihrerseits aus dem kindlichen Spiel hervorgehen: Müsste dann nicht dem Spielen eine größere Bedeutung bei der Entwicklung grundlegender Kriterien guter Lebensführung zukommen? Und sind nicht die ersten und grundlegenden Erfahrungen menschlichen Lebens, also die Neugeborener, solche der Sorgeverhältnisse? Sollte diesen dann nicht ebenfalls eine größere Aufmerksamkeit bei der Bestimmung basaler Kriterien guten Zusammenlebens zukommen, statt solche primär aus den technischen Kompetenzen von Handwerken wie der Ziegelherstellung, des Goldschmiedens oder der Glasbläserei zu gewinnen?

Die Gleichheitsannahme handwerklicher Fähigkeiten trägt schließlich auch Sennetts normative Überzeugungen. »Unsere gemeinsame Fähigkeit zur Arbeit soll uns lehren, wie wir uns selbst regieren und auf gemeinsamer Grundlage Bindungen zu unseren Mitbürgern herstellen können.« (Ebd.: 356) Sennett sucht die Verankerung seiner ethischen Überlegungen primär in der alltäglichen Praxis der Menschen statt in abstrakten Prinzipien, kollektiven Werten, gemeinschaftlichen Identitäten oder großen, einheitsstiftenden Gefühlen. Dazu braucht es gleichwohl normative Leitgedanken, die für Sennett darin liegen, genau diese Gemeinsamkeit aller zu betonen und nicht die besonderen Fähigkeiten und Talente weniger. Letzteres führe in destruktive Konkurrenz um Höchstleistungen, während ersteres die (fast) allen mögliche gute Arbeit und gute Kooperation um ihrer selbst willen anerkennt und stärkt. Ähnlich wie bei seinem ebenfalls pragmatistisch inspirierten Freund Bruno Latour soll damit ein eher zurückhaltender ethischer Anspruch formuliert werden. Latour verspricht im Hinblick auf mögliche Lösungen der ökologischen Krise kein Paradies, kein ökologisches ›Gleichgewicht‹ oder die Versöhnung von Mensch und Natur, sondern fragt, »wie man an erträglichen Orten zusammenleben kann« (Latour 2008: 10). Ebenso nüchtern sucht Sennett nach Möglichkeiten guten Lebens und Zusammenlebens. In *Handwerk* stellt er an den Bildern der griechischen Mythologie die verheißungsvollen, aber vergifteten Gaben der Pandora den wenig aufsehenerregenden, aber nützlichen Dingen des Handwerkers der Götterwelt, Hephaistos, gegenüber und schließt das Buch mit: »Der klumpfüßige Hephaistos – mit seinem Stolz auf die eigene Arbeit und auch auf sich selbst – ist die würdigste Gestalt, die wir werden können.« (Ebd.: 392) Und auch Sennetts Vorstellungen sozialen Zusammenhalts zielen nicht auf eine ideale Welt harmonischer Einheit, sondern beschränken sich darauf, Respekt und Kooperationsfähigkeit praktisch – geradezu technisch bzw. künstlerisch, arbeitend, im o.g. Sinne – einzuüben. Konflikte und menschliche Vielfalt führen dann nicht zu Vereinzelung, Unterdrückung oder Anomie, sondern stärken vielmehr das ›soziale Band‹ (vgl. Sennett 2018: 320ff.), weil sich an dessen Verbesserung arbeiten lässt. »In der komplexen Gesellschaft der Stadt unterhalten die Menschen differenzierte, partielle Beziehungen untereinander. Man kann gut mit anderen Menschen arbeiten, ohne wie sie zu sein – oder auch ohne sie zu mögen.« (ebd.: 218) Das ist sicher eine ausdrücklich bescheiden angelegte, insofern vielleicht auch realistische ethische Zukunftsperspektive. Doch auch wenn man sie für überzeugend hält: Anspruchsvoll und schwierig zu verwirklichen bleibt sie dennoch, jedenfalls wenn sie aus den heutigen Bedingungen höchst kompetitiver und statusbezogener westlicher Gesellschaften heraus erreicht werden soll.

Die gesuchte Nüchternheit hält zweifellos ihre eigenen Herausforderungen bereit. Wer etwa gerade den Verlust des Arbeitsplatzes und Einkommens fürchtet, der oder dem wird es schwerfallen, sie aufzubringen – und wer sich im harten Konkurrenzgetriebe auf der Überholspur befindet, wird sich aus anderen Gründen damit ebenfalls schwertun. Das macht die Analyse und die Vorschläge Sennetts nicht falsch, fragt aber nach weiteren Voraussetzungen ihrer Umsetzung. Sennett formuliert auch nicht ›nur‹ ethische Überlegungen, sondern bindet sie in seine kultursoziologischen Gesellschaftsanalysen ein. Insbesondere untersucht er die Handlungsweisen und -möglichkeiten im Zusammenhang mit flexibilisierten und bürokratischen Organisationsformen sowie mit Architektur- und Stadtentwicklungen, um daraus zeitdiagnostische Deutungen gesellschaftlicher und zunehmend globaler Entwicklungsrichtungen zu gewinnen. Er zeigt damit, wie weitreichende handlungstheoretisch und kultursoziologisch angelegte Gesellschaftsanalysen möglich sind, aber sicher auch, welche Strukturanalysen darüber hinaus für ein umfassenderes Gesellschaftsverständnis nötig wären.

»[Mir] fehlte in meiner Anfangszeit eine Methode,

um Fakten und Ideen zu sortieren. Dies gilt auch für die philosophische Tradition des Pragmatismus, von der ich mich immer leiten ließ [...]. Weil beim Pragmatismus der Überraschung und der Neugier in der gelebten Erfahrung ein hoher Stellenwert zukommt, legt diese Tradition Wert auf Offenheit und Improvisation beim Verstehen; dieser Offenheit wird die Strenge einer disziplinierten Denkschule geopfert.« (Sennett 2009: 76)

Begibt man sich schließlich in die Gesellschaft des Forschers Richard Sennett, fällt auf, dass in der wissenschaftlichen Rezeption sein methodisches Vorgehen oft kritisiert wird. Gegenüber Einwänden kann er selbst, wie zu sehen, reflektierte Gründe geltend machen und man darf annehmen, dass Sennett als Musiker auch einen anspruchsvollen Begriff von »Improvisation« hat. Anzumerken ist, dass der sozialwissenschaftliche Pragmatismus durchaus Forschungsmethodiken entwickelt hat, am bekanntesten in Gestalt der Grounded Theory (vgl. Strauss 1994). Aber auch da gilt: Qualitative oder interpretative Sozialforschung braucht ein hohes Maß an »Offenheit« und Anpassungsfähigkeit an ihre jeweiligen Untersuchungsgegenstände. Und es ist ganz offensichtlich solcher Offenheit zu verdanken, dass Sennett als origineller Denker die Debatten um gesellschaftliche Entwicklungstrends so oft und anhaltend inspirieren konnte.

Explizite methodische Hinweise sind in Sennetts Büchern spärlich dosiert. Geht man diesen nach und betrachtet seine Studien im Hinblick auf seine Methodik, dann zeigen sich zahlreiche interessante Aspekte an seinen Vorgehensweisen. Reflexionen zur Interviewführung in der qualitativen Forschung beispielsweise stellt er schon in den 1970er Jahren an, kommt darauf in späteren Werken zurück und verflicht sie mit der jeweiligen Untersuchungsthematik, also etwa mit Fragen der »Tyrannei der Intimität« (vgl. Sennett 1996: 23f.) oder des »Respekts« (vgl. Sennett 2004: 55f.). Daran wird sichtbar, dass sozialwissenschaftliches Handeln in Form der Interviewführung die Gesellschaft nicht neutral als äußeren Gegenstand beobachtet, sondern von den diagnostizierten gesellschaftlichen Entwicklungen erfasst wird und so in der Gefahr steht, deren Konsequenzen zu reproduzieren – das Interview kann also selbst zur ›Tyrannei der Intimität‹ oder respektlos geführt werden.

Methodisch fällt weiterhin auf, dass Sennett einige seiner exemplarischen Fälle einer Langzeitbeobachtung unterzieht, wie sie sich in der heute dominierenden Projektelogik der Wissenschaft kaum realisieren lässt. In *Der flexible Mensch* greift er auf Interviews aus seinen frühesten Studien zurück und erzählt den gesellschaftlichen Wandel anhand der Generationenfolge vom Vater Enrico zum Sohn Rico, an deren Beispiel er die Arbeitsbedingungen um 1970 mit denen in den 1990er Jahren vergleicht. Beiläufige Äußerungen, wie »als mein Kontakt [...] zehn Jahre später abbrach« (Sennett 2000: 15), machen deutlich, dass er nicht nur einmalig Daten erhebt, sondern sich für Entwicklungsprozesse interessiert. Später im Buch stellt er von IBM entlassene Programmierer vor. Er unterscheidet drei Phasen ihrer Erzählungen darüber, wie sie ihre Entlassungen und Arbeitslosigkeit schildern, wovon allein die zweite »mehrere Monate dauerte« (ebd.: 173) und sich die Deutungen der dritten »das letzte Jahr hindurch« (ebd.: 176) hielten. Das Beispiel einer Bostoner Bäckerei begleitet ihn von den 1970er Jahren über die Flexibilisierungsstudien in den 1990er Jahren (ebd.: 81ff.) bis in sein aktuellstes Buch *Die offene Stadt* (2018: 317ff.). Anhand dieser Bäckerei kann er den Wandel in den Arbeitsbedingungen und städtischen Lebensweisen über die Jahrzehnte empirisch verfolgen.

Offensichtlich dokumentieren seine Schriften nicht nur solche Forschungen. So berichtet er: »Seit meine Frau ihr Leben in Flugzeugen verbringt, ist es für mich vergleichsweise einfach geworden, nach Medellín in Kolumbien zu gelangen.« (Ebd.: 214) Soziologisch muss man nicht wissen, wie Sennett Zeit mit seiner Frau verbringt, selbst wenn es sich dabei um die ihrerseits bekannte Forscherin Saskia Sassen handelt, auf die er sich an anderer Stelle im Buch auch als solche bezieht (vgl. ebd.: 127; Sassen 1998, 2015). In methodischer Hinsicht zeigt es jedoch, wenn man so will, den Gegenpol zur Langzeitbeobachtung, nämlich die zufällige Gelegenheit, die den Forschergeist weckt. Sennett ist hier der aufmerksame Beobachter, der vor dem Hintergrund seiner über Jahrzehnte gewonnenen Expertise in der Stadtforschung ›improvisiert‹. Solche Gelegenheiten bieten ihm Vergleichs- und Testfälle, die sein Verständnis städtischer Entwicklungen insgesamt voranbringen.

Die Stärken exemplarischer Fallstudien, auf die sich Sennett in seinen Arbeiten zentral stützt, sind in der interpretativen Sozialforschung gut bekannt. Sie erlauben eine sehr detaillierte und facettenreiche Untersuchung sozialer Wirklichkeit und ermöglichen dadurch Analysen von Zusammenhängen, die hinter großflächigen Kategorisierungen verlorengehen müssten. So führt Sennett in *Der flexible Mensch*, um beim o.g. Beispiel zu bleiben, anschaulich erzählend in die Arbeits- und Lebenswelten von Enrico und Rico ein. Erst dadurch wird ersichtlich, wie vielfältig und umfassend die Veränderungen eines Vierteljahrhunderts – von einer Generation zur nächsten – sind.

Mit derartigen Fallstudien zielt Sennett freilich über die jeweiligen Einzelfallanalysen hinaus. Als beispielhafte Geschichten illustrieren sie gesellschaftlichen Wandel, das heißt sie dienen ihm als Zugang zu einer größeren, zeitdiagnostischen Erzählung. Die Geschichten werden verknüpft mit und gestützt durch die Referenz auf empirische Studien im jeweiligen Feld, durch kulturhistorische Exkurse sowie philosophische Reflexionen. Gerade Sennetts Zeitdiagnostik trifft in besonderer Weise auf Interesse, in den Sozial- und Kulturwissenschaften ebenso wie bei einem breiteren Publikum. Doch liegt hierin zugleich eine Spannung zu den empirischen Fallstudien, weil die Zeitdiagnose eine deutende Zuspitzung erfordert, die die reichen Fallerkenntnisse wieder reduzieren.

Um weiter im Beispiel zu bleiben: Das facettenreiche Bild, das Sennett vom Alltag Enricos wie Ricos zeichnet, wird zeitdiagnostisch auf den Wandel der Arbeitsbedingungen im flexiblen Kapitalismus und darin insbesondere die Zeitverhältnisse zugespitzt, das heißt auf »die neuen Formen der Zeit-, besonders der Arbeitszeitorganisation« (Sennett 2000: 25). Deren Flexibilisierungen sind es nämlich, so die Diagnose, die das Alltagsleben verunsichern: Leben wird zur Drift, zum Dahintreiben, wird als fremdbestimmt erfahren und ist gekennzeichnet durch Verluste an Vertrauen, Orientierung und Selbstachtung. Repräsentiert findet sich das in der Generationengeschichte und insofern diese am Anfang des Buches steht, werden an Rico die Kernthesen eingeführt und die Weichen für alles Folgende gestellt. Vieles daran ist völlig überzeugend und wird in den anschließenden Kapiteln über den Wandel der Arbeitsorganisation weiter ausgebaut. Doch aus Sicht der empirischen Forschung bleibt eine Lücke. Gerade weil Sennetts Beschreibungen der Lebenssituationen seiner Protagonisten so anschaulich und detailreich sind, fallen Aspekte daran auf, die für die diagnostizierten Probleme im Leben von Rico mutmaßlich höchst relevant sind, sich aber nicht allein auf veränderte Arbeitsorganisation zurückführen lassen. Um nur die offensichtlichsten zu nennen: Rico stammt aus einer Migrantenfamilie, bildet hier vermutlich die dritte Generation (vgl. ebd.: 18). Während es sein Vater Enrico mit Anstellungen als Hausmeister schaffte, »seine alte italienische Umgebung« (ebd.: 16) zugunsten eines eigenen Vorstadt-Hauses hinter sich zu lassen, bleibt dieser dennoch »im unteren Viertel der Einkommensskala«; Rico dagegen macht einen enormen Aufstieg »in die oberen fünf Prozent« (ebd.: 19). Dies auch dadurch, dass er im Unterschied zur Elterngeneration zum selbstständigen Unternehmer wird. Zwischenzeitlich zieht er mit seiner Frau zugunsten *ihrer* Karriere um. Migrationsgeschichte, rapider sozioökonomischer Aufstieg, ökonomische Selbstständigkeit ohne unternehmerischen Familienhintergrund und gewandelte Geschlechterverhältnisse liefern offensichtliche Gründe, die, erst recht in ihrer Kombination, auch ganz ohne flexibilisierte Arbeitsbedingungen zum Verlust selbstverständlicher Orientierungen führen können.

Methodologisch stellt sich deshalb die Frage, wie gut das gewählte Beispiel die Diagnose des aus dem spezifischen Wandel der Arbeitsorganisation folgenden gesamtgesellschaftlichen Wandels repräsentieren kann. Dabei ist das Problem nicht, dass es sich um eine Fallanalyse handelt, sondern dass diese um der Zeitdiagnose willen verkürzt erscheint. Im realen gesellschaftlichen Leben wird man, anders als im Labor, kaum ein Fallbeispiel finden, das eine Analyse der Bedeutung allein einer isolierten Dimension, wie hier der flexibilisierten Arbeit, ermöglicht. Das Mittel der Wahl sind dann vergleichend kombinierte Fallanalysen (vgl. Lorenz 2019). Auch Sennett wird im Verlaufe des Buches weitere Fälle präsentieren wie die Bostoner Bäckerei, die New Yorker Kneipenwirtin Rose, die entlassenen IBM Programmierer. Doch die These des umfassenden lebensweltlichen Wandels in der Gesellschaft über die veränderte Arbeitswelt im ›neuen Kapitalismus‹ hinaus und von dieser ursächlich ausgehend, hängt doch ganz wesentlich am einführenden Fallbeispiel.

Tatsächlich liegen spezifische methodische Herausforderungen interpretativer Sozialforschung in den drei zentralen Aufgaben, nämlich der Datenerhebung, ihrer Auswertung und einer geeigneten Ergebnisdarstellung. Vor diesem Hintergrund lässt sich die methodische Arbeit Sennetts besser diskutieren. Was die beiden ersten Aufgaben angeht, so wurde bereits gesagt, dass sich bei aller Betonung von Offenheit und Improvisation Hinweise auf reflektiertes und innovatives Arbeiten finden. Da Ausführungen darüber allerdings rudimentär bleiben, ist eine angemessene Beurteilung letztlich kaum möglich. Das verweist auf die Darstellungsaufgabe. Aus sozialwissenschaftlicher Sicht liegt hier eine Schwäche Sennett'scher Arbeit, eben weil die zu wenigen methodischen Hinweise nicht immer eine ausreichend nachvollziehbare Prüfung erlauben. Interessant ist nun, dass die Darstellung in anderer Hinsicht zugleich eine besondere Stärke ausmacht.

Dazu muss noch einmal auf das Eingangszitat dieses Abschnitts zurückgegriffen werden, das besagt, dass »in meiner Anfangszeit« das methodische Vorgehen fehlte, wofür er aber später Lösungen fand. Im zugrundeliegenden Vortrag heißt es weiter:

> »Ich möchte Ihnen heute Abend eine Art und Weise beschreiben, wie Kulturanalyse betrieben werden kann: Wir gehen dabei von der Überzeugung aus, dass Soziologie die Gestalt von Literatur annehmen kann und sollte. [...] Ziel der soziologischen Literatur ist es, dieses Gefühl gelebter Erfahrung [...] durch geschriebenen Text hervorzurufen.« (Sennett 2009: 77)

Sennett ist für seine essayistischen Fähigkeiten bekannt und ist zweifellos ein Meister darin, die von ihm untersuchten sozialen Verhältnisse lebendig erfahrbar werden zu lassen. Im Hinblick auf diese Art der Nachvollziehbarkeit seiner Analysen, löst er die Darstellungsaufgabe also bestens. Dennoch birgt eine allzu enge Bindung an Literatur weitere Schwierigkeiten. Bei der öffentlichen Vermittlung soziologischer Erkenntnisse mag sie überzeugen. Eine Lösung für die beiden erstgenannten methodischen Aufgaben – Erhebung und Analyse – bietet sie deshalb aber sicher nicht. Und auch in der Darstellung kauft man sich neben den Vorteilen auch Nachteile ein. Nicht nur wegen fehlender Nachvollziehbarkeit für das wissenschaftliche Publikum, sondern weil jetzt ästhetische Kriterien zum Zuge kommen, die in Konkurrenz zu den wissenschaftlichen treten können. Ob der gewählte literarische Stil gefällt, ist dann eben (auch) Geschmacksfrage, nicht eine der argumentativen Überzeugung.

Das Verhältnis von Literatur und Wissenschaft ist immer wieder Gegenstand von Auseinandersetzungen gewesen, wie schon die frühen Annäherungen und Kontroversen zwischen Dichtung und Psychoanalyse zeigen (vgl. Anz 2003). Wenn Literatur »gelebte[r] Erfahrung« zugänglich machen kann, die es zuvor nicht war, dann kommt ihr zweifellos ein Entdeckungspotenzial zu, ganz ähnlich wie der Wissenschaft. Jedoch sind die literarischen Mittel und Wege andere als wissenschaftlich-analytische. Für die Soziologie bietet die Literatur gegebenenfalls Daten, die aber der methodischen Interpretation bedürfen, um zu wissenschaftlichen Erkenntnissen zu werden – wie umgekehrt natürlich die Literatur ebenso wissenschaftliche Einsichten für ihre Arbeiten nutzen kann. Sennetts Aussage zielt offensichtlich auch weniger auf die Erkenntnisgewinnung als auf deren Vermittlung an die Lesenden. Hier können literarische Darstellungsweisen durchaus eine methodische Bedeutung erlangen. Als ein Beispiel für die Rolle des Fiktiven in Sennetts Darstellungen kann auf folgende methodologische Kommentierung verwiesen werden:

> »[Ich] habe die Identität der Personen stärker verschleiert als bei direkten Interviews üblich, so daß es zu Veränderungen von Zeit und Ort, mitunter der Bündelung mehrerer Stimmen zu einer oder der Aufspaltung einer in viele Stimmen kommt. [...] Meine Hoffnung ist, daß ich den Sinn dessen, was ich gehört habe, präzise wiedergegeben habe, wenn schon nicht dessen genaue Umstände.« (Sennett 2000: 12f.)

Mit diesem Anspruch, Sinnzusammenhänge zu erfassen und zu vermitteln, verbindet sich in Gesellschaft Sennetts schließlich noch mehr. »Die Erfahrung einer zusammenhanglosen Zeit bedroht die Fähigkeit der Menschen, ihre Charaktere zu durchhaltbaren Erzählungen zu formen« (ebd.: 37), so seine Diagnose. So wenig Enricos Lebenswelt – oder die anderer, historisch früherer Epochen – für Sennett ein Vorbild der Gestaltung heutiger Verhältnisse abgeben können, so hatte sie doch den Vorzug für Enrico, dass sie ihm eine Erzählung ermöglichte, die für ihn unter den seinerzeit gegebenen starren gesellschaftlichen Bedingungen »Sinn machte« (ebd.: 36). Unter Bedingungen der Flexibilisierung wird das viel schwieriger, aber umso wichtiger, was Sennett am Beispiel der entlassenen Programmierer später im Buch wieder aufgreift. In solchen Krisensituationen zeigt sich, dass Lebenserzählungen variieren und sich entwickeln können und dadurch potenziell »eine Art der Selbstheilung« (ebd.: 183) erlauben. »Das Heilende des Narrativen beruht genau auf dieser Auseinandersetzung mit dem Schwierigen. [...] eine gute Erzählung [prüft] die Realität all der Möglichkeiten, wie es ›schlecht‹ ausgehen kann.« (Ebd.: 184) Diese Programmierer gewinnen dadurch noch keine Zukunft, aber immerhin eine »Überlebensstrategie« (ebd.: 185). Sennett schreibt nicht nur über die Geschichten einzelner, sondern verknüpft sie zu ›Gesellschaftserzählungen‹ und reflektiert, wie es auch kollektiv »›schlecht‹ ausgehen kann«, ob es eine »Überlebensstrategie« oder sogar Aussichten auf »Selbstheilung« gibt.

Das Prüfen und Abwägen von Möglichkeiten, der dialogische Prozess, den er insbesondere in *Zusammenarbeit* heraushebt (vgl. Lorenz 2012), bestimmen dabei seine Arbeit. In diesem Sinne eröffnen seine Schriften Chancen, über soziale Entwicklungen nachzudenken und die gesellschaftlichen Selbstverständigungen zu befördern. Dabei werden seine Gesellschaftserzählungen nicht abstrakt, gehen nicht über die vielfältigen Lebensgeschichten der Einzelnen hinweg, sondern werden vielmehr von diesen getragen – der Sennett'sche Versuch, im Sinne der Aufklärung Wege in eine humanere Zukunft zu gewinnen.

»Das Leben umfasst nun einmal viele Dimensionen, und wir leben in vielen Gesellschaften gleichzeitig.«

Damit kehren diese einleitenden Ausführungen und Überlegungen an ihren Beginn zurück und wollen zugleich die weitere Diskussion eröffnen, die sich in den folgenden Beiträgen anschließt. Die ausgewählten Themen der Buchkapitel durchziehen das Werk Sennetts, auch wenn sie in einzelnen Schriften jeweils mehr oder weniger im Vordergrund stehen bzw. explizit zum Gegenstand erhoben werden. So ist das öffentliche Leben in seinem ersten Erfolgsbuch *Verfall und Ende des öffentlichen Lebens. Die Tyrannei der Intimität* (1996/1974) zentrales Thema, aber dabei bereits eng an die städtische Öffentlichkeit geknüpft und folglich in den weiteren Stadt-Büchern präsent. Die Studien zum neuen Kapitalismus sind zeitbezogen um die Jahrtausendwende zu finden, wobei der darin angelegte Fokus auf Arbeit schon die frühesten Forschungen kennzeichnet und in späteren beibehalten wird. Reflexionen zu seinen theoretischen und normativen Grundlagen finden sich von Beginn an, aber verstärkt im Spätwerk. Zwar schließt auch der vorliegende Band mit Artikeln zu Sennetts ›Metathemen‹, das heißt zu seinen theoretischen und ethischen Reflexionen sowie seinem Selbstverständnis als Schreibender, folgt insgesamt aber in der Reihenfolge der Texte keinem strikten Muster. Anknüpfungspunkte der Beiträge untereinander ergeben sich für die Lesenden gerade daraus, dass keine trennscharfe Abgrenzung der einzelnen Themen im Werk Sennetts möglich ist –

kaum ein Text über Sennetts Schriften wird etwa ohne Bezüge auf Arbeit, Stadt, Öffentlichkeit, normative Aspekte oder sein essayistisches Schreiben auskommen. Solche Vernetzungen sind in der Anlage des Buches erwünscht, weil die Themen so aus unterschiedlichen Perspektiven (wieder) aufgegriffen und damit reichhaltiger reflektiert werden können. Die Beitragenden setzen die Diskussion nach eigenem Ermessen, mit eigenen Herangehensweisen und Schwerpunktsetzungen um und kommen zu durchaus kontroversen Einschätzungen des Sennett'schen Werks. Die Auswahl der Themen, die auch anders hätte getroffen werden können, habe ich als Herausgeber zu verantworten, wobei nicht für jedes gewünschte Thema eine Autorin oder ein Autor zu finden war, z.B. nicht zum Musiker Sennett.

Den Auftakt macht der Beitrag von *Hartmut Rosa*, der Sennetts Verständnis von Charakter – in Abgrenzung zu Persönlichkeit und Identität – herausarbeitet, nämlich als »eher eine Handlungs- und Beziehungsweise denn eine Seinsform«. Die Bedrohungen des Charakters durch gesellschaftliche Entwicklungen sind es, die Sennetts Kulturkritik motivieren. Im darauffolgenden Artikel blickt *Rainer Winter* zurück auf Sennetts frühes Erfolgsbuch *Verfall und Ende des öffentlichen Lebens. Die Tyrannei der Intimität.* Vorgestellt wird das darin entwickelte Öffentlichkeitskonzept, um zu diskutieren, inwiefern es weiterhin Einsichten in öffentliche Kommunikationen unter den veränderten Bedingungen der heutigen digitalen Medienwelt vermitteln kann. Daran schließt der Beitrag von *Jörn Lamla* zu Sennetts Kulturverständnis an. Während es zur umfassenden Deutung der heutigen digitalen Kultur bestimmter Erweiterungen der Sennett'schen Diagnostik bedarf, so der Autor, können seine handwerklich orientierten Kriterien von Erfahrungs- und Entwicklungsprozessen weiterhin Maßstäbe der Kulturkritik bieten. *Vincent August* geht sodann Sennetts Auffassung von Demokratie als Lebensform nach. Auch hier spielt das – politiktheoretisch an Hannah Arendt orientierte – Öffentlichkeitsverständnis eine entscheidende Rolle, und zwar als ein Ort der Begegnung der Verschiedenen und des zivilisierten Austragens von Konflikten. Im Beitrag von *Frank Eckardt* rückt der Stadtsoziologe Sennett in den Vordergrund. Einen Bogen schlagend von Sennetts frühen Schriften zum zuletzt publizierten

Buch *Die offene Stadt* werden Sennetts Anregungen zur Stadtforschung diskutiert, in denen aber eine zureichende Auseinandersetzung mit sozialer Ungleichheit vermisst wird. Sennetts Diagnose zur flexibilisierten Arbeitswelt wird von *Alexandra Scheele* in die seinerzeitigen sowie neueren arbeitssoziologischen Forschungen eingeordnet. Als Leerstelle markiert sie die Berücksichtigung der Geschlechterverhältnisse in Sennetts Analysen. Für die Theoriebildung Sozialer Arbeit sehen *Albert Scherr* und *Holger Ziegler* in der Sennett'schen Soziologie noch unausgeschöpfte Potenziale, weil diese ein Sensorium für Fragen der Lebensführung und der – gesellschaftlich verhinderten – Entwicklung von Selbstachtung bieten kann. Sie zeigen dies anhand der frühesten (um 1970) Studien Sennetts. (Explizit zur Praxis der Sozialen Arbeit schreibt Sennett erst in späteren Büchern, vor allem 2004, 2012a.) Dem ersten Metathema, nämlich Sennetts ausdrücklichem Anspruch, Soziologie als Literatur zu betreiben, wendet sich der Beitrag von *Alexander Weinstock* zu. Dabei werden auch die in der Soziologie kaum rezipierten Romane Sennetts gesichtet und in Beziehung zu seinen wissenschaftlichen Schriften gesetzt. *Magnus Schlette* diskutiert die theoretische Selbstverortung Sennetts im Pragmatismus. Den originären Beitrag Sennetts fasst der Autor als pragmatistischen Urbanismus, das heißt als zukunftsorientierte Auseinandersetzung mit städtischen Lebensweisen. Im letzten Beitrag rekonstruiert *Ruth Großmaß* das Sennett'sche Werk umfassend im Hinblick auf seine normativen Bezüge und seinen Anspruch, das gute Leben zu erkunden. Sie arbeitet darin Veränderungen in der Thematisierung von Moral heraus, die sich entlang dreier Phasen zeitbezogen charakterisieren lassen – von frühen empirischen Untersuchungen bis zu den Reflexionen als Ethiker im Spätwerk.

Der Band schließt mit einem Nachwort, welches u.a. das Sennett'sche Werk als Anregung für die Forschungen zu nachhaltiger Entwicklung und sozial-ökologischer Transformation empfiehlt.

Literatur

Anz, T. 2003: Psychoanalyse und literarische Moderne. Zu den Anfängen einer dramatischen Beziehung. In: literaturkritik.de rezensionsforum 3/2003. https://literaturkritik.de/id/5803#biblio (23.03.2020).

Beck, U. 2007: Tragische Individualisierung. Laudatio für Richard Sennett anläßlich der Verleihung des Hegel-Preises 2006, Stuttgart, März 2007. http://www1.stuttgart.de/stadtbibliothek/ldh/laudatio Beck.pdf (23.03.2020).

Boltanski, L./Chiapello, È. 2003 (1999). Der neue Geist des Kapitalismus. Konstanz.

Dewey, J. 2002 (1938): Logik. Die Theorie der Forschung. Frankfurt a.M.

Frühwald, W. 2009: Laudatio auf Richard Sennett. In: Gerda Henkel Stiftung (Hg.): Verleihung des Gerda Henkel Preises 2008. Münster: 27-36.

Habermas, J. 1994 (1992): Faktizität und Geltung. Beiträge zur Diskurstheorie des Rechts und des demokratischen Rechtsstaats. Frankfurt a.M.

Latour, B. 2008: Selbstportrait als Philosoph. Rede anlässlich der Entgegennahme des Siegfried Unseld Preises, Frankfurt a.M., 28. September 2008. www.bruno-latour.fr/sites/default/files/downloads/114-UNSELD-PREIS-DE.pdf (23.03.2020).

Lorenz, S. 2010: WissenschaftalsHandwerk.ReviewEssay:RichardSennett(2008).Handwerk[35Absätze]. In: Forum Qualitative Sozialforschung/Forum: Qualitative Social Research, 11(2), Art. 18, http://nbn-resolving.de/urn:nbn:de:0114-fqs1002183 (23.03.2020).

Lorenz, S. 2012: Review Essay: Was hält Kooperation zusammen? [32 Absätze]. Forum Qualitative Sozialforschung/Forum: Qualitative Social Research, 14(1), Art. 20, http://nbn-resolving.de/urn:nbn:de:0114-fqs1301209 (23.03.2020).

Lorenz, S. 2019: Optionen empirisch qualifizierter Gegenwartsdiagnostik. In: Burzan, N. (Hg.): Komplexe Dynamiken globaler und lokaler Entwicklungen. Verhandlungen des 39. Kongresses der Deutschen Gesellschaft für Soziologie in Göttingen

2018. http://publikationen.soziologie.de/index.php/kongressband_2018/article/view/990 (23.03.2020).

McRobbie, A. 2012: A god job well done. Richard Sennett and the politics of creative labour. In: Heinlein, M./Kropp, C./Neumer, J./Poferl, A./Römhild, R. (Hg.): Futures of modernity. Challenges for cosmopolitical thought and practice. Bielefeld: 155-174.

Pongs, A./Sennett, R. 2000: Richard Sennett – Die flexible Gesellschaft. Fragebogen und Interview. In: Pongs, A. (Hg.): In welcher Gesellschaft leben wir eigentlich? Gesellschaftskonzepte im Vergleich. Band 2. München: 265-291.

Raab, J. 2003: Richard Sennett. In: Lutz, B. (Hg.): Philosophen-Lexikon. Von den Vorsokratikern zu den Neuen Philosophen. Stuttgart/Weimar: 667-669. Hier: https://www.spektrum.de/lexikon/philosophen/sennett-richard/307 (23.03.2020).

Sennett, R. 1996 (1974): Verfall und Ende des öffentlichen Lebens. Die Tyrannei der Intimität. Frankfurt a.M.

Sennett, R. 1999: Vom flexiblen Menschen in der Zivilgesellschaft. In: Eichel, H./Hoffmann, H. (Hg.): Ende des Staates – Anfang der Bürgergesellschaft. Über die Zukunft der sozialen Demokratie in Zeiten der Globalisierung. Reinbek bei Hamburg: 189-196.

Sennett, R. 2000 (1998): Der flexible Mensch. Die Kultur des neuen Kapitalismus. Berlin.

Sennett, R. 2004 (2002): Respekt im Zeitalter der Ungleichheit. Berlin.

Sennett, R. 2007 (2005): Die Kultur des neuen Kapitalismus. Berlin.

Sennett, R. 2009: Wie ich schreibe. Soziologie als Literatur. Gerda Henkel Vorlesung. In: Gerda Henkel Stiftung (Hg.): Verleihung des Gerda Henkel Preises 2008. Münster: 75-89.

Sennett, R. 2012a: Zusammenarbeit. Was unsere Gesellschaft zusammenhält. Berlin.

Sennett, R. 2012b: Am Ort des Gelingens. Interview von Andrew Antony mit Richard Sennett. In: Der Freitag, 27.02.2012, https://www.freitag.de/autoren/the-guardian/am-ort-des-gelingens (23.03.2020).

Sennett, R. 2018: Die offene Stadt. Eine Ethik des Bauens und Wohnens. Berlin.

Sassen, S. 1998: The global city. Princeton.

Sassen, S. 2015: Ausgrenzungen. Brutalität und Komplexität in der globalen Wirtschaft. Frankfurt a.M.
Strauss, A.L. 1994 (1987): Grundlagen qualitativer Sozialforschung. Datenanalyse und Theoriebildung in der empirischen und soziologischen Forschung. München.

Charakter

Hartmut Rosa

Von der Identität zum Charakter

Es ist gewiss kein Zufall, dass es eine ›Soziologie der Persönlichkeit‹ oder eine Persönlichkeitssoziologie praktisch nicht gibt (vgl. Gutsche 2019), wenngleich die Herausbildung, Formung und Prägung subjektspezifischer Merkmale und Verhaltensweisen, etwa in der Biographieforschung, in der Sozialisationstheorie oder in der Soziologie der Lebensstile, natürlich ein wichtiges Thema ist, und wenngleich ›Persönlichkeit‹ in dem von Karl-Heinz-Hillmann (1994: 661f.; Abkürzungen aufgehoben, H.R.) herausgegebenen *Wörterbuch der Soziologie* als »Grundbegriff der allgemeinen Soziologie« eingeführt und als »Bezeichnung für das Ergebnis der durch Sozialisation bewirkten Vermittlung von psychischen Kapazitäten des einzelnen Menschen mit den Werten, Normen, Rollenerwartungen und Verhaltensregulierungen seiner sozialen Umwelt« definiert wird. »Persönlichkeit entsteht an der Nahtstelle zwischen Individuum, Gesellschaft und Kultur« (ebd.), fährt der Text dann fort. Es kann kein Zweifel daran bestehen, dass eben dieser Nahtstelle auch Richard Sennetts großes Interesse, vielleicht sogar sein Hauptinteresse gilt. Sie wurde und wird in der Soziologie und der Sozialphilosophie, insbesondere in den letzten Dekaden, nicht unter dem Begriff der Persönlichkeit, sondern überwiegend unter dem verwandten Konzept der ›Identität‹ verhandelt, das seine Bedeutung nicht zuletzt den bahnbrechenden Arbeiten des Psychoanalytikers Erik H. Erikson (1973) verdankt, der Identität als eine sich stufenförmig entfaltende, lebenslange Entwicklungsaufgabe begriff (vgl. Rosa 2007). Dass insbesondere der frühe Sennett Eriksons Konzeption jener ›Nahtstelle‹ zu übernehmen scheint und dass auch sein späteres Denken in vielerlei Hinsicht an Erikson erinnert, ist dabei ebenso wenig ein Zufall – denn Erikson war einer der maßgebenden Lehrer Sennetts, und dessen Konzept der ›Identitätskrisen‹, das Sennett explizit in seinem von Erikson inspirierten frühen Buch *The uses of disorder. Personal identity and city life* (vgl. Sennett 2008a/1970: 29, 47) aufgreift,[1] ist etwa noch in seiner Diskussion der biographischen Interviews in *Der flexible Mensch* (Sennett 1998) erkennbar.

Indessen rückt der spätere Sennett vom Begriff der Identität immer stärker ab und zentriert seine Überlegungen um die – in gewisser Hinsicht altertümlich und konservativ erscheinende – Idee des *Charakters,* die er wiederum auch explizit und dezidiert vom Begriff der *Persönlichkeit* unterscheidet. Damit weicht Sennett sprachlich allerdings von den dominanten Besetzungen dieser Begriffe ab. Denn während im allgemeinen Sprachgebrauch der ›Charakter‹ eher als angeborene oder sehr früh erworbene, kaum oder nur schwer veränderbare individuelle Persönlichkeitsdisposition begriffen wird, wohingegen ›Identität‹ als das Ergebnis sozialer Selbst- und Fremdzuschreibungen gilt, versteht Sennett den Charakter als das, was sich aus dem öffentlichen Tun und Handeln eines Menschen ergibt. Die korrespondierende Absetzbewegung von Erikson zeigt sich schon in *The uses of disorder*, wenn er schreibt: »In the strict sense of the term used by Erikson and Hartmann, identity is a conscious way of forming the rules by which one places oneself in social space – it is precisely an identifying of oneself in society.« (Sennett 2008a: 118) Die Erkenntnis, dass das Subjekt seine Umwelt aber nicht einfach kontrollieren und re-definieren kann und dass es zugleich durch individuelle Eigenschaften geprägt ist, die durch die Umwelt nicht einfach umgeformt werden können, lassen die mit diesem Konzept einhergehende adoleszente Hoffnung auf Selbst-

1 »The idea for this book came to me during a walk with Erik Erikson one morning in a New England gaveyard«, schreibt Sennett in der dem Buch vorangestellten Danksagung (ebd.: vii). Zu Eriksons Identitätskonzept vgl. Erikson (1973).

Welt-Kohärenz zerbrechen, so dass an seine Stelle etwas anderes, er nennt es hier eine ›erwachsene‹ Identität, tritt:

> »That something is a different kind of identity making process, for adult identity comes to be defined as a set of *acts* that a person can perform rather than a set of *attributes* or possessed characteristics. The difference is critical. The self-images developed in adolescence are what Peter Blos calls objects of self-hood, static symbols or beliefs that identify who the adolescent is within the circles he moves in. In the possible adulthood that lies beyond adolescence, the need to label one's identity by what one possesses or what one thinks bows to a sense of self-hood created by virtue of a certain kind of action. In order to perform this action, a man must learn the futility of trying to fix immutably his relation to his social world through symbols or attributes of identity. This act I call caring.« (Ebd.: 118; Hervorhebung im Original)

Was Sennett hier als ›adult identity‹ beschreibt, bezeichnet er in seinen späteren Werken als Charakter: Es ist als das Ensemble an Tätigkeiten und Beziehungen, die ein Mensch ausübt und um die er sich sorgt und kümmert, weit besser beschrieben denn als Ensemble an individuellen Eigenschaften. Charakter unterscheidet sich demnach in Sennetts Denken von Identität dadurch, dass er eher eine Handlungs- und Beziehungsweise denn eine Seinsform darstellt und dass er sich mit dem Raum der Tätigkeit und der Beziehungen ändert. Dieser Raum wird für Sennett auf elementare Weise einerseits durch die materielle und soziale Struktur der *Stadt* geformt, in der Menschen wohnen und miteinander in Interaktion treten (vgl. Sennett 1995), und andererseits durch die materielle und soziale Struktur der *Arbeit*, mittels derer sie sich in der Welt verorten und sich mit ihr auseinandersetzen. Über die dabei geformten materiellen und sozialen ›Resonanzachsen‹ (vgl. Rosa 2016) mit der sozialen und der materiellen Welt – mit *Fleisch und Stein* (Sennett 1995) – bildet, prägt und entfaltet sich nach Sennetts Verständnis der Charakter eines Menschen, das heißt, er oder sie entwickelt ein mehr oder minder stabiles Selbstkonzept und gewinnt eine (mehr oder minder) verlässliche Handlungsorientierung.

Sennett unterscheidet damit scharf zwischen dem ›Charakter‹ eines Menschen, der im Grunde eine tätige Beziehungsstruktur ist und sich im Geflecht sozialer und materieller Beziehungen und in der Auseinandersetzung mit den damit verknüpften Rollenerwartungen und Verhaltensmustern bildet, bewährt und ausdrückt, und seiner ›Persönlichkeit‹, die aus individuellen Neigungen, Impulsen und Emotionen besteht.[2] Wenn ich eingangs behauptet habe, es sei kein Zufall, dass es keine entwickelte ›Persönlichkeitssoziologie‹ gibt, so hat dies genau hier seinen Grund: Die Soziologie ist als Disziplin geneigt, die Charaktereigenschaften und Persönlichkeitsmerkmale eines Menschen eher als ›von außen induziert‹ denn als ›von innen heraus entwickelt‹ zu begreifen.

Der »nach außen gewendete« und öffentliche Charakter

Sennetts Anthropologie tendiert nun dazu, diesen Gedanken noch zu radikalisieren, wie sich in seiner Auseinandersetzung mit bzw. in seiner Abwendung von David Riesman, einem weiteren wichtigen Lehrer Sennetts, zeigt.[3] Riesman diagnostiziert in seinem einflussreichen, in Zusammenarbeit mit Reuel Denney und Nathan Glazer (1988/1950) entstandenen Buch *The Lonely Crowd. A Study of the Changing American Character* einen fundamentalen Wandel des dominanten Sozialcharakters von einer ›innengeleiteten‹ zu einer ›außengeleiteten‹ Person. Danach orientierten sich die Menschen des Industriezeitalters bis um etwa 1950 in ihren Handlungen, Entscheidungen und Selbstbildern ide-

2 »[Schon] Horaz hat geschrieben, daß der Charakter eines Menschen von seinen Verbindungen zur Welt abhängt. In diesem Sinne ist Charakter ein umfassenderer Begriff als sein moderner Nachkomme, die Persönlichkeit, bei der es auch um Sehnsüchte und Gefühle im Inneren geht, die niemand anderes erkennt«, so definiert Sennett (1998: 11) – logisch allerdings nicht ganz widerspruchsfrei.

3 In dem stark auf autobiographische Erfahrungen zurückgreifenden Buch *Respekt im Zeitalter der Ungleichheit* bestätigt Sennett (vgl. 2002: 45-47, 55-64) explizit den prägenden theoretischen und methodologischen Einfluss von Erikson wie von Riesman auf seine Entwicklung.

altypisch an ›inneren‹ Werten und Prinzipien, die stark mit den Wertvorstellungen und Tugenden einer *protestantischen Arbeitsethik* verknüpft waren. Seither jedoch gerate ihr Selbstbild und ihr Selbstverständnis in immer stärkerem Maße in Abhängigkeit von den Meinungen, Urteilen und auch Moden ihrer sozialen Umwelt, so dass sie sich auch in ihrem Tun und in ihren Handlungsorientierungen immer stärker nach der zu erwartenden oder erhofften sozialen Anerkennung richteten. Sie werden in ihrem Charakter abhängig vom schwankenden, flüchtigen Urteil ihrer *peer groups* und Bezugsgruppen und von den massenmedial verbreiteten Wertideen. Die Impulse für die Charakterbildung kommen hier von außen, und für Riesman ist dies eindeutig eine tendenziell pathologische Entwicklung, ein Zeichen für Ich-Schwäche. Interessant ist dabei, dass nicht nur die inneren, festen Charakterstrukturen erodieren, sondern auch die äußeren Beziehungsmuster: Sie verflüchtigen sich ebenfalls zu einer sich schnell verändernden, amorphen Masse, in der jeder einsam bleibt: die einsame Masse.

Sennett übernimmt weitgehend diesen letzteren Gedanken und Riesmans Konzeption eines engen Zusammenhangs zwischen Charakter und Sozialstruktur (vgl. Sennett 2002: 253-318), wenn er den Verfall der Öffentlichkeit konstatiert, aber er dreht den Kausalzusammenhang gewissermaßen um 180 Grad:[4] Für ihn bedarf die Charakterbildung geradezu der Außenleitung oder zumindest der ›Außenwendung‹: Der

---

4 Sennett (1993: 18) selbst schreibt, er »kehre hier gewissermaßen die Argumentation von David Riesmans Buch *Die einsame Masse* um«, doch bezieht er dies nur auf die Reihenfolge der Entwicklung bzw. Dominanz der Sozialcharaktertypen: »Riesman war der Meinung, die amerikanische Gesellschaft und in Ansätzen auch Westeuropa befänden sich auf dem Weg von innen-geleiteten zu außengeleiteten Verhältnissen. Diese Reihenfolge müsste meiner These zufolge umgekehrt werden. Die westlichen Gesellschaften befinden sich auf dem Weg von in gewissem Sinne außen-geleiteten zu innen-geleiteten Verhältnissen – bloß, daß inmitten von Selbstversunkenheit keiner mehr sagen kann, was ›innen‹ ist« (ebd.; vgl. dazu auch Skala 2015: 111-113). Meines Erachtens dreht Sennett hier jedoch nicht nur die Reihenfolge um, sondern er stellt geradezu die Essenz der Riesman'schen Argumentation auf den Kopf: Während für Riesman die Innenleitung die Lösung und die Außenleitung das Problem ist, verhält es sich für Sennett gerade umgekehrt.

Charakter bildet sich in der Einordnung in und der Auseinandersetzung mit sozialen Strukturen, Verhaltenserwartungen und materiellen Realitäten, die als konstitutiv wichtig erfahren werden. In dem »Ein nach außen gewendeter Charakter« betitelten neunten Kapitel von *Respekt* zitiert Sennett (2002: 287) an diesem Punkt den Pragmatisten John Dewey: »›[E]rst wenn ein Organismus an den geordneten Beziehungen seiner Umwelt Teil hat‹, schreibt Dewey, ›sichert er sich die für sein Leben notwendige Stabilität.‹« Zugleich definiert er die Formung des Charakters als die Bewegung, »wenn ein Mensch sich nach außen wendet und seine Vorstellungen oder Empfindungen unter dem Einfluss anderer Menschen oder Ereignisse verändert«; ebendies sei »das Merkmal eines starken Charakters« (ebd.: 292f.). Mit dieser durchaus überraschenden und auf den ersten Blick kontra-intuitiven Bestimmung ist nicht die blinde Anpassung oder Übernahme vorgegebener Werte und die fraglose Erfüllung von Rollenmustern gemeint, sondern die je individuelle und durchaus konflikt- und bruchhafte ›Anverwandlung‹ derselben. In diesem Prozess entwickelt sich nach und nach der Charakter, aber so, dass sich mit ihm auch die sozialen Beziehungsmuster und Rollenerwartungen (wenn auch nur inkrementell) mitverändern und dass das Individuelle der Persönlichkeit integriert werden kann. Nur und erst dort, wo Menschen in einem öffentlichen Raum mit festen (politischen, familialen, beruflichen und kulturellen) Verhaltenserwartungen konfrontiert sind, wo es ein erkennbares und differenzierbares Beziehungsgefüge gibt, kann sich in der je individuellen Interpretation dieser Muster und Erwartungen ihr Charakter entwickeln (vgl. ebd.: 79).

Wie Riesman sieht Sennett diese Charakterbildung durch einen Verfall der Öffentlichkeit bedroht, aber anders als bei Riesman korreliert dieser bei Sennett mit einer kategorialen ›Innenwendung‹ der Subjekte: Insbesondere in seinem 1974 erschienenen Buch *Verfall und Ende des öffentlichen Lebens. Die Tyrannei der Intimität* kritisiert er einen immer radikaleren Kult der Authentizität, der von den Subjekten verlangt, stets und überall – im Beruf, in der Politik, in der Kunst, aber sogar auch im Restaurant oder auf familialen und beruflichen Feiern, im Shopping Center und auf der Straße – ihre individuellen

Empfindungen zum Maßstab ihres Handelns und Urteilens zu machen, stets ganz ›sie selbst‹ zu sein (und sich damit eben gerade *nicht* an öffentlichen Rollenerwartungen abzuarbeiten oder sich mit ihnen auseinanderzusetzen). Der Narzissmus sei »die protestantische Ethik von heute« (Sennett 1993: 418): Wie Riesman verknüpft auch Sennett den innengeleiteten Charakter mit der strikten Innenwendung der protestantischen Ethik, wie Max Weber (2013/1920) sie skizziert hat. Sie zerstört aus Sennetts Sicht die sozialen Bande des Rituals und der Geselligkeit und macht das Selbst zum alleinigen Maßstab des Handelns. Doch während Riesman eben darin die Voraussetzungen für einen stabilen Charakter und für eine funktionierende Öffentlichkeit erblickt, identifiziert Sennett hier die Ursache für den Niedergang von beidem: Charakter bzw. Selbst und Öffentlichkeit.

> »Innerweltliche Askese und Narzißmus haben vieles gemeinsam: In beiden Fällen wird die Frage ›Was fühle ich?‹ zur Obsession; in beiden ist die Offenbarung des eigenen Gefühlslebens gegenüber anderen eine Form, den Wert des eigenen Selbst zu demonstrieren; in beiden kommt es zu einer Projektion des Selbst auf die Welt, die die Bereitschaft verdrängt, sich auf Erfahrungen in der Welt einzulassen, die sich der Kontrolle des Selbst entziehen. [...] Beide haben das Selbst als expressive, zuversichtliche Kraft unterhöhlt und seinen Wert zum Gegenstand obsessiver Angst gemacht. Beide haben das öffentliche Leben unterminiert.« (Sennett 1993: 420)

Zwar ähnelt Sennetts Charakterbegriff damit in vielerlei Hinsicht dem Konzept des Habitus, wie es Pierre Bourdieu entwickelt hat, doch während für Bourdieu alle Menschen unweigerlich und gleichsam unbemerkt aus ihrem Handeln und Erfahren in den sozialen Feldern, in denen sie sich bewegen, einen spezifischen Habitus ausbilden, ist für Sennett die Herausbildung und Stabilisierung eines soliden und erkennbaren Charakters eine durchaus prekäre und langfristige Leistung des Menschen, und darin erweist sich Sennetts Vorstellung als erstaunlich konservativ. Anders als in einem alltagssprachlich-konservativen Verständnis von Charakter hängt das Gelingen seiner Bildung und Stabilisierung für Sennett aber, wie dargelegt, nur zu einem geringen Maße von den Vermögen und Anlagen des Subjekts und weit stärker von der ›materiellen Kultur‹ seiner Umwelt ab. Darin erinnert sein Konzept wiederum an Bourdieu.

Die Bildung des Charakters in Sozialität und Materialität

Deutlich wird dies in Sennetts Buch *Der flexible Mensch*, das im englischen Original den Titel *The Corrosion of Character* trägt. Hier macht Sennett den Charakter zum ersten Mal explizit zum Thema und arbeitet die zentralen Faktoren der Charakterbildung heraus. Zum Ersten – und das ist das wichtigste Thema des Buches – macht er deutlich, dass Charakterbildung nur im Verfolgen *langfristiger* Orientierungen und Zielvorstellungen möglich ist. Sie bedarf zum einen des Erwerbs spezifischer, ›verkörperter‹ Fähigkeiten und Fertigkeiten, wie sie den Handwerker oder auch die Künstlerin kennzeichnen. Für Sennett (vgl. 2008b: 21, 201-320) beginnt die Charakterbildung ganz eindeutig *in der Hand*, nicht *im Kopf*. Und diese Fähigkeiten zielen darauf ab, vom Material und von der Tradition vorgegebene ›standards of excellence‹ zu erfüllen: *Dinge gut zu machen* (vgl. ebd.: 321-377) beschreibt im Blick auf die materiellen Strukturen den *Könner* und in sozialer Hinsicht den *Meister*.[5] Er meint damit allerdings nicht Fähigkeiten, etwas ganz und gar Außergewöhnliches und Außeralltägliches zu vollbringen, sondern gerade im Gegenteil einfach das Vermögen, den Anforderungen gerecht zu werden und etwas vom ›Handwerk‹ zu verstehen. Und wie wir gesehen haben, bedarf eine solide Charakterbildung letztlich der Entwicklung *beider* Dimensionen, der sozialen wie der materialen. Eine solche langfristige Orientierung setzt allerdings soziale Strukturen voraus, die auf eine langfris-

5 Verwirrenderweise schreibt Sennett in *Respekt* (2002: 110f.): »Die Ausübung von Können ist […] nicht charakterbildend im Verhältnis zu anderen Menschen« und verweist auf die »aus dem Können drohenden Charaktermängel.« Er will damit nach meiner Lesart jedoch nicht sagen, das handwerkliche und künstlerische Können seien *überhaupt nicht* charakterbildend, sondern nur deutlich machen, dass zur Formung eines stabilen Charakters die feste Positionierung, Orientierung und Beziehungsfähigkeit im Sozialgefüge unbedingt hinzutreten muss.

tige biographische Entfaltung hin angelegt sind: So wie es langen, geduldigen Übens und umfangreicher und vielfältiger Erfahrungen über mehrere Lernstufen hinweg bedarf, bis es etwa ein Musiker auf seinem Instrument oder eine Handwerkerin in ihrem Fach zu wirklicher Meisterschaft bringt, so setzt auch die soziale Entwicklung im Sinne eines (Erikson'schen) Reifungsprozesses, zum Zweiten, das Vorhandensein stabiler sozialer Entwicklungsbahnen voraus. Erstaunlicherweise scheint Sennett diese Voraussetzung solider Charakterbildung im Sinne der Entwicklung eines Subjekts entlang beständiger öffentlicher und beruflicher ›Laufbahnen‹ zu denken: So wie sich etwa Beamte vom einfachen über den mittleren und gehobenen bis zum höheren Dienst emporarbeiten können oder wie ein Arbeiter von der ungelernten Hilfskraft über die Fachkraft und den Vorarbeiter bis zum Werkleiter voranschreiten kann, so denkt sich Sennett offenbar auch die Charakterentwicklung, und wieder scheint hier das Erikson'sche Stufenmodell der Identitätsaufgaben Pate zu stehen. Doch mehr als das: Sennett erblickt in solchen Karrieremodellen nicht einfach eine *Analogie* zur Charakterentwicklung, sondern er sieht die ersteren geradezu als Voraussetzung, als Stabilitätsgerüst für letztere. Allerdings haben die Berufswelt und die Arbeitswirklichkeit des flexiblen Kapitalismus solche orientierungs- und sicherheitsstiftenden Laufwege sowohl in der sachlichen Dimension der Arbeit und der Werkzeuge als auch in der sozialen Dimension der Berufsbeziehungen erodiert: Arbeitnehmende sind immer wieder gezwungen, sich neu zu orientieren und umzulernen: »Die Kurzfristigkeit und die Flexibilität des neuen Kapitalismus scheinen ein Arbeitsleben im Sinne einer Karriere auszuschließen.« (Sennett 1998: 165; vgl. ebd.: 25)

Dennoch bindet Sennett den Charakter natürlich nicht einfach nur an die äußeren Strukturen. Vielmehr verknüpft er ihn auf der Subjektseite einerseits mit ethischen Wertvorstellungen und andererseits mit biographischen Narrationen: Es sind just diese beiden Elemente, welche Charakterstabilität auch unter sich ändernden äußeren Umständen, wie sie etwa Migrationsbewegungen mit sich bringen können, zu gewährleisten vermögen. So definiert Sennett gleich zu Beginn seines Buches über den flexiblen Menschen und die Zersetzung des Charakters auf eine etwas verwirrende Weise folgendermaßen: »In der Geistesgeschichte bis zurück in die Antike gibt es kaum einen Zweifel an der Bedeutung des Wortes Charakter: es ist der ethische Wert, den wir unseren Entscheidungen und unseren Beziehungen zu anderen zumessen« und fügt dann in einer eigentümlichen, (mit Ausnahme des Schlusssatzes) fast an eine christliche Morallehre erinnernden Wendung hinzu:

> »Charakter drückt sich durch Treue und gegenseitige Verpflichtung aus oder durch die Verfolgung langfristiger Ziele und den Aufschub von Befriedigungen um zukünftiger Zwecke willen. Aus der wirren Vielfalt von Empfindungen, mit der wir alle uns jederzeit herumzuschlagen haben, wählen wir einige aus und versuchen sie aufrechtzuerhalten. Diese nachhaltigen Züge werden zum Charakter, es sind die Merkmale, die wir an uns selbst schätzen und für die wir den Beifall und die Zuwendung der anderen suchen.« (Sennett 1998: 11f.)[6]

Der Zusammenhang zwischen solchen selbstverpflichtenden Werten und der charakterlichen Identität wird vielleicht deutlicher und verständlicher, wenn wir die ersteren im Sinne von Charles Taylors ›starken Wertungen‹ verstehen, die anzugeben vermögen, *was für eine Art von Person wir sein wollen* (vgl. Taylor 1985: 15-44, besonders: 26). Problematisch an Sennetts Konzept scheint mir allerdings zu sein, dass er die je individuellen Neigungen, sich immer wieder auch gegen jene starken Wertungen zu entscheiden und seinen ›schwachen Wertungen‹, das heißt Emotionen oder Begehrungen nachzugeben, explizit aus dem Charakter oder der Identität ausschließt, während zur Komplexität des Charakters doch gerade auch die Art und Weise gehört, in der ein Subjekt zwischen seinen Wertüberzeugungen und seinen Bedürfnissen und Neigungen – die beispielsweise auch Trunksucht und Jähzorn oder depressive Tendenzen einschließen können – vermittelt (vgl. ausführlich dazu Rosa 1998: 98-126).

---

6 Zum tendenziellen Konservativismus dieses Charakterkonzeptes vgl. auch Sennetts Aufzählung von »Verpflichtung, Verlässlichkeit, Loyalität und Zielstrebigkeit« als charakterbildende »langfristige Tugenden« (ebd.: 31).

Ebenso wie Taylor betont indessen auch Sennett, dass persönlichkeitsbildende starke Werte nur und erst im Kontext stabiler, geteilter und kulturell verankerter *narrativer Muster* entstehen und wirksam werden können. Auch für Sennett ist der Charakter daher ganz wesentlich ein narratives Konstrukt: Er stabilisiert sich darüber, dass wir biographische Geschichten erzählen, die es uns erlauben, unseren je individuellen Lebensvollzug im Lichte einer gesellschaftlich-historischen Gesamtentwicklung zu deuten und zu verorten. Solche Erzählungen erscheinen jedoch nur plausibel und überzeugend vor dem Hintergrund einer stabilen öffentlichen Welt, die gemeinsame Deutungen, Erfahrungen und ethisch begründete Verhaltenserwartungen ermöglicht und über ein entsprechendes Repertoire an narrativen Mustern verfügt. In der auf Flexibilität, Beschleunigung und Kurzfristigkeit angelegten Welt der Spätmoderne, die durch einen permanenten Wandel aller Beziehungsmuster charakterisiert ist, sind jene Bedingungen indessen nicht mehr gegeben.

> »Wie kann ein Mensch in einer Gesellschaft, die aus Episoden und Fragmenten besteht, seine Identität und Lebensgeschichte zu einer Erzählung bündeln? Die Bedingungen der neuen Wirtschaftsordnung befördern vielmehr eine Erfahrung, die in der Zeit, von Ort zu Ort und von Tätigkeit zu Tätigkeit driftet.« (Sennett 1998: 31)

Deshalb, so fährt Sennett fort, »bedroht der kurzfristig agierende Kapitalismus [den] Charakter, besonders jene Charaktereigenschaften, die Menschen aneinander binden und dem einzelnen ein stabiles Selbstgefühl vermitteln« (ebd.). Und einige Seiten später fügt er hinzu: »Die Erfahrung einer zusammenhanglosen Zeit bedroht die Fähigkeit der Menschen, ihre Charaktere zu durchhaltbaren Erzählungen zu formen.« (Ebd.: 37; vgl. Brüsemeister 2000)

In der Folge droht das, was man (vielleicht erneut in Anlehnung an Eriksons Konzept einer Identitätsdiffusion) eine *Charakterdiffusion* nennen könnte – Sennett beschreibt sie mit dem von Walter Lippmann entlehnten Konzept der ›Drift‹, die er als ›polaren Gegensatz‹ zu einem festen Charakter beschreibt: Der *Drifter* hat die feste Orientierung, den Zugriff und den Standpunkt in Bezug auf die soziale und kulturelle Welt verloren und wird daher von jeder anrollenden sozio-ökonomischen Welle schutzlos hin- und hergeworfen. Sennett illustriert dies an dem von ihm in *Der flexible Mensch* paradigmatisch herausgearbeiteten Unterschied zwischen dem charakter- und prinzipienfesten Hausmeister Enrico und seinem erfolgreichen, aber vom Verlust des Charakters bedrohten Sohn Rico, der in der Beraterbranche tätig ist, folgendermaßen:

> »Was zwischen den polaren Gegensätzen des Driftens und der festen Charaktereigenschaften eines Menschen fehlt, ist eine Erzählung, die Ricos Verhalten organisieren könnte. Erzählungen sind mehr als einfache Chroniken von Geschehnissen; sie gestalten die Bewegung der Zeit, sie stellen Gründe bereit, warum gewisse Dinge geschehen, und sie zeigen die Konsequenzen. Enrico, der Vater, hatte so eine Erzählung für sein Leben, linear und kumulativ, eine Erzählung, die in einer hochbürokratischen Welt Sinn machte. Rico lebt stattdessen in einer Welt, die von einer kurzfristigen Flexibilität und ständigem Fluss gekennzeichnet ist. Diese Welt bietet weder ökonomisch noch sozial viel Narratives. Unternehmen zerfallen oder fusionieren, Jobs tauchen auf und verschwinden, wie zusammenhanglose Geschehnisse.« (Sennett 1998: 36)

Kulturverfall, Charakterzersetzung und die Suche nach Gegengiften

Interessanterweise lässt sich vor dem Hintergrund dieser Passage Sennetts Gesamtwerk geradezu als eine umfassende Kulturverfallsdiagnose interpretieren, die von der Sorge um den menschlichen Charakter motiviert ist: Der Niedergang der Öffentlichkeit und des öffentlichen Lebens in den Städten, der Bedeutungsverlust des Handwerks, das ›Ende der Erzählungen‹[7] und die Erosion von sozialen und

7 Dazu noch immer einschlägig: Lyotard (1986).

materialen langfristigen Entwicklungsperspektiven in der Arbeitswelt scheinen allesamt dazu angetan, die Voraussetzungen für eine stabile Charakterentwicklung zu unterminieren. Insofern ist Dieter Thomä zuzustimmen, wenn er Sennetts Konzeption von einem ›nostalgischen Ton‹ durchzogen findet (vgl. Thomä 2002: 127), auch wenn sein Werk durch den beständigen Versuch gekennzeichnet ist, eben diesen zu vermeiden und entsprechende ›Gegengifte‹ zu finden. Aus der Perspektive zeitgenössischer Sozialphilosophie und Gesellschaftstheorie ist das Scheitern dieser Suche letztlich nicht überraschend: Weil Sennett auf fast irritierende Weise auf die unbedingte Stabilität von Identität und Charakter setzt, muss er auch auf die Langfristigkeit und Beständigkeit der sozialen und materialen Strukturen der geteilten gesellschaftlichen Welt pochen, die jedoch nicht ohne Freiheitsverlust zu haben sind. Tatsächlich waren sie (außer für eine schmale Oberschicht) vielleicht nie wirklich existent, auch wenn es in der ›fordistischen Phase‹ des Kapitalismus den Anschein solcher Beständigkeit gewiss gegeben hat. Eine optimistischere Deutung der historischen Entwicklung wird jedoch dann möglich, wenn auch das Selbst, die Identität oder eben der Charakter stärker relational und prozessual als ›substantiell‹ gedacht werden (vgl. Straub/Renn 2002; Gergen 2009). In Sennetts Werk ist solches Denken durchaus angelegt, wenn er die Wichtigkeit sozialer, materialer und subjektbezogener (das heißt die körperlichen, emotionalen, kognitiven und biographischen Bestandteile des Selbst verbindenden) Beziehungen geradezu als ›Resonanzachsen‹ konzipiert.[8] Dieser Aspekt wird insbesondere dann und dort deutlich, wo Sennett zur Deutung des menschlichen Lebens auf seine Erfahrungen als Musiker zurückgreift und Analogien zwischen dem Musizieren und dem Zusammenleben findet.[9] Es ist dann die Resonanz mit dem Arbeitsgerät, mit der sozialen Gemeinschaft, mit

8 Zur soziologischen Konzeption solcher Resonanzachsen vgl. Rosa (2016: 331-340).

9 Am ausführlichsten geschieht dies wohl in Sennett (2002). Sennett war zunächst Cellist, ehe er sich infolge einer Handverletzung den Sozialwissenschaften zuwandte.

ihren konstituierenden Erzählungen und öffentlichen Räumen, welche es ermöglicht, dass sich ein Selbst als solches konstituieren und verstehen kann. Eine solche Konzeption würde es ihm erlauben, die Beziehungsqualität nicht an ihrer zeitresistenten Stabilität, sondern an ihrer ›Antwortfähigkeit‹ zu bemessen. Auch ohne einen solchen Schritt erweist sich Sennetts Analyse der Charakterentwicklung indessen als außerordentlich anregend im Hinblick auf die existentiell wichtige Frage nach den sozialen, materialen und kulturellen Gelingensbedingungen menschlichen Daseins und menschlicher Lebensführung, die in der zeitgenössischen Soziologie nur allzu oft sträflich vernachlässigt wird.

Literatur

Brüsemeister, T. 2000: Das überflüssige Selbst – Zur Dequalifizierung des Charakters im neuen Kapitalismus nach Richard Sennett. In: Schimank, U./Volkmann, U. (Hg.): Soziologische Gegenwartsdiagnosen I. Opladen: 307-322.

Erikson, Erik H. 1973: Identität und Lebenszyklus. Drei Aufsätze. Frankfurt a.M.

Gergen, K. 2009: Relational Being. Beyond Self and Community. Oxford/New York.

Gutsche, G.G.H. 2019: Soziologie der Persönlichkeit als spezielle soziologische Theorie. Hamburg.

Hillmann, K.-H. 1994: Persönlichkeit. In: Ders. (Hg.) (4., überarb. u. erg. Aufl.): Wörterbuch der Soziologie. Stuttgart: 661f.

Lyotard, J.F. 1986: Das postmoderne Wissen. Ein Bericht. Wien.

Riesman, D./Denney, R./Glazer, N. 1988 (1950): The lonely crowd. A study of the changing American character. New Haven/London.

Rosa, H. 1998: Identität und kulturelle Praxis. Politische Philosophie nach Charles Taylor. Frankfurt a.M./New York.

Rosa, H. 2007: Identität. In: Straub, J./Weidemann, A./Weidemann, D. (Hg.): Handbuch interkulturelle Kommunikation und Kompetenz. Stuttgart/Weimar: 47-56.

Rosa, H. 2016: Resonanz. Eine Soziologie der Weltbeziehung. Berlin.
Sennett, R. 1993 (1974): Verfall und Ende des öffentlichen Lebens. Die Tyrannei der Intimität. Frankfurt a.M.
Sennett, R. 1995: Fleisch und Stein. Der Körper und die Stadt in der westlichen Zivilisation. Berlin.
Sennett, R. 1998: Der flexible Mensch. Die Kultur des neuen Kapitalismus. Berlin.
Sennett, R. 2002: Respekt im Zeitalter der Ungleichheit. Berlin.
Sennett, R. 2008a (1970): The uses of disorder. Personal identity and city life. New Haven/London.
Sennett, R. 2008b: Handwerk. Berlin.
Skala, D. 2015: Urbanität als Humanität. Anthropologie und Sozialethik im Stadtdenken Richard Sennetts. Paderborn.
Straub, J./Renn, J. (Hg.) 2002: Transitorische Identität: Der Prozesscharakter des modernen Selbst. Frankfurt a.M./New York.
Taylor, C. 1985: What is Human Agency? In: Ders.: Philosophical Papers. Bd.1. Cambridge.
Thomä, D. 2002: Zur Rehabilitierung der Selbstliebe. In: Straub, J./Renn, J. (Hg.): Transitorische Identität: der Prozesscharakter des modernen Selbst. Frankfurt a.M.: 114-130.
Weber, M. 2013 (4. Aufl.) (1920): Die protestantische Ethik und der Geist des Kapitalismus. Vollständige Ausgabe, hg. von D. Kaesler. München.

Öffentlichkeit

Rainer Winter

Ein Klassiker der Soziologie

The fall of public man (1974), in der deutschen Ausgabe *Verfall und Ende des öffentlichen Lebens. Die Tyrannei der Intimität* (1983), von Richard Sennett ist nicht nur ein Klassiker der Soziologie geworden, sondern bis heute wegweisend, um verstehen zu können, welches Verhältnis wir in der Gesellschaft des 21. Jahrhunderts zu uns selbst und zu anderen entwickelt haben und wie ein zivilisierter Umgang miteinander aussehen soll. Überzeugend und äußerst anregend setzt Sennetts Buch die klassische Tradition der Soziologie von Emile Durkheim oder Max Weber fort, die Phänomene historisch und gesellschaftlich so kontextualisiert, dass neue Einsichten und Perspektiven generiert werden können, die Mikro- und Makroperspektiven erhellend aufeinander beziehen. Hierdurch wird deutlich, dass auch unsere Biographie, unsere Probleme, Nöte und Wünsche von gesellschaftlichen Strukturen geformt werden (Mills 1973: 76f.). Bis heute kann *The fall of public man* unser soziologisches Denkvermögen anregen und vertiefen.

Bereits bei seinem Erscheinen wurde das Buch für seine theoretischen Perspektiven, seine Durchdringung und Systematisierung historischer Zusammenhänge, seine analytische Kraft und seinen luziden Stil sehr beachtet und gelobt. Sennetts materialreiche, innovative und bestechende Studie über den Verfall und das Ende des öffentlichen Lebens, die in die erschreckende Diagnose mündet, dass eine »Tyrannei der Intimität« an dessen Stelle getreten sei, erscheint uns heute wie eine Beschreibung und Interpretation unserer Gegenwart. Figuren wie

Donald Trump, Jair Bolsonaro oder Joe Exotic erscheinen weniger bizarr, wenn wir verstehen, dass der Narzissmus, wie Sennett zeigt, die protestantische Ethik abgelöst hat. Seine Mobilisierung und Inszenierung sind in einer intimen Gesellschaft notwendig, um berühmt, reich und mächtig zu werden. Auch die unzivilisierten Gemeinschaften, die sich einigeln, abschotten und verbarrikadieren, weil sie unfähig und unwillig sind, mit Fremden umzugehen und sich selbst in Frage zu stellen, sind auf unseren Straßen unterwegs und bevölkern das Internet mit ihren Ressentiments und Hassparolen.

Darüber hinaus stellt Sennetts Studie eine Form von kritischer Theorie dar. Denn er konfrontiert den Niedergang des öffentlichen Lebens in der kapitalistischen Moderne mit seiner Blütezeit im 18. Jahrhundert. So beschreibt er detailreich das öffentliche Leben in Paris und London. Es war durch einen geselligen, expressiven und zivilisierten Austausch zwischen Fremden gekennzeichnet. Zwischen dem öffentlichen und privaten Leben wurde im Ancien Régime noch strikt getrennt. Sennett sieht hier einen zivilisierten Umgang miteinander verwirklicht, der ihm nicht nur als kritische Referenz dient, sondern in seiner Studie auch normative Kraft entfaltet. In der transformierten Öffentlichkeit der modernen Gesellschaft begreift der einzelne sich und seine Persönlichkeit als Zentrum des Geschehens. Damit verschwindet der ästhetische und spielerische Charakter des öffentlichen Lebens, der sich in Formen und Ritualen manifestierte. An seine Stelle treten Akteure, denen es primär um sich selbst und die Verwirklichung ihrer narzisstischen Bedürfnisse nach Anerkennung und Bestätigung geht. Zunächst werde ich die Grundzüge der Studie darstellen und diskutieren. Anschließend vertiefe ich, warum Sennetts Analyse auch für ein Verständnis der Gegenwart von zentraler Bedeutung ist.

Der Niedergang des öffentlichen Lebens

Sennetts Ausgangspunkt im ersten Kapitel ist, dass die Öffentlichkeit in der modernen Gesellschaft nicht nur zu einem Problem geworden, sondern ihrer politischen und gesellschaftlichen Substanz beraubt worden sei (vgl. Sennett 1983: 18f.). An die Stelle des ›Öffentlichkeitsmenschen‹ (public man) des Ancien Régime, der in der öffentlichen Welt Anschauungen und Gefühle schauspielerisch zur Darstellung brachte, trat in der kapitalistischen, säkularen und städtischen Kultur der moderne Akteur, dem diese expressive Fähigkeit gerade abhanden gekommen ist und der auf die narzisstische Suche nach seinem persönlichen Selbst im begrenzten Kreis von intimen Gemeinschaften fixiert ist. Sennetts analytisch-einfallsreiche und historisch-dialektische Studie möchte diesen Transformationsprozess verstehbar machen, indem er zunächst eine Theorie des öffentlichen Ausdrucks entwickelt, die er dann in Auseinandersetzung mit historischem Material erprobt und weiterentwickelt. Er beschäftigt sich ausführlich mit dem städtischen Leben im 18. und 19. Jahrhundert (Teile II und III). Schließlich wendet er sich einer kritischen Analyse der intimen Gesellschaft im 20. Jahrhundert zu (Teil IV).

Sennett (vgl. ebd.: 18) illustriert seine Grundthese zunächst in Auseinandersetzung mit David Riesmans *Die einsame Masse* (Riesman/Denney/Glatzer 1958/1950). Dieser hatte in seiner in den USA durchgeführten sozialpsychologischen Studie gezeigt, wie sich im 19. und 20. Jahrhundert ein Übergang von einem im wesentlichen ›innen-geleiteten‹ Individuum, das sich an seinen eigenen inneren Strebungen, Wertvorstellungen und Erfahrungen orientiert, zu einem ›außengeleiteten‹ Individuum vollzogen hat, das bestrebt ist, Regungen auszubilden und Verpflichtungen nachzugehen, die konform mit den vermuteten Erwartungen und Einschätzungen seines gesellschaftlichen Umfelds sind. Riesmans Studie erschien zur Zeit der McCarthy-Ära und hob die Konformität des US-amerikanischen Sozialcharakters zur damaligen Zeit hervor. Sennett postuliert, dass in den USA nun die Außenleitung durch eine neue Form von Innenlenkung ersetzt wurde, die die einzigartige Psyche des einzelnen, seine Gefühle und sein Selbst, verabsolutiert. Das persönliche Erleben wird zum richtungsweisenden Maßstab, was dazu führt, dass auch das öffentliche Leben durch private Erwartungen und psychologische Befindlichkeiten bestimmt wird. Die traditionelle Trennung zwischen der Privatsphäre, die der Interaktion mit Familie und Freunden vorbehalten ist, und der Interaktion mit Fremden in der Öffentlichkeit verwischt zunehmend, weil auch diese auf den Ausdruck des eigenen Selbst bezogen wird. Handeln wird primär als Darstellung der eigenen Persönlichkeit betrachtet. Sennett (vgl. 1983: 25) konstatiert, dass der objektive, Gemeinsamkeit herstellende Charakter des Handelns in den Hintergrund tritt. Ins Zentrum rückt der subjektive Gefühlszustand des Handelnden und dessen zwanghafte Beschäftigung mit sich selbst. Gleichzeitig wird das öffentliche Leben in der Großstadt immer mehr durch Isolation und Anonymität gekennzeichnet. Der städtische Raum wird primär durchquert, um ein Ziel zu erreichen. Er wird nicht mehr als Ort der zufälligen Begegnung mit Fremden begriffen. »Das Absterben des öffentlichen Raumes ist eine Ursache dafür, dass die Menschen im Bereich der Intimität suchen, was ihnen in der ›Fremde‹ der Öffentlichkeit versagt bleibt. Isolation inmitten öffentlicher Sichtbarkeit und die Überbetonung psychischer Transaktionen ergänzen einander.« (Ebd.: 28)

Dieser tiefgreifende Wandel im Privatleben und im öffentlichen Leben beginnt, so Sennett (vgl. ebd.: 29), mit dem Niedergang des Ancien Régime. Die Ursachen für den Verlust des Gleichgewichts zwischen diesen beiden Sphären sind in der sich herausbildenden kapitalistischen und säkularen Gesellschaft zu finden. Im Ancien Régime gab es, so Sennett (vgl. ebd.: 32f.), klare Grenzen zwischen dem kosmopolitischen, öffentlichen Verhalten, das durch Distanz geprägt war, und dem privaten Verhalten im Kreis der Familie oder unter Freunden, durch das man sich selbst verwirklichte. In der Öffentlichkeit trug das Selbst Masken, die in Anstandsregeln und Höflichkeitsritualen verankert waren. Der Industriekapitalismus mit seiner massenweisen Produktion von Waren führte zum einen zu einer Transformation des bisherigen öffentlichen Lebens. So trug z.B. die Massenproduktion von Kleidung zu einer Verwischung der sozialen Unterschiede zwischen den Klassen bei (vgl. ebd.: 35). Der Konsum und der Warenfetischismus wurden zentral. Den einförmigen Waren wurden in den Tauschrelationen spezielle Bedeutungen zugemessen. Sie wurden mit einer psychologischen Bildwelt verbunden. Gleichzeitig wurde das Privatleben zu einem Rückzugsort.

Sennett weist daraufhin, dass es nicht nur der Kapitalismus war, der diese Änderungen hervorbrachte, sondern auch die Herausbildung einer säkularen Weltsicht. Die Natur gab keine transzendente Ordnung mehr vor, sondern wurde ein Objekt, das kontrolliert und ausgebeutet wurde. Der Säkularismus beruhte auf dem Glauben an die Immanenz. »Das Immanente, der Augenblick, das Faktum bildeten an sich und aus sich eine Realität.« (Ebd.: 35) Es entwickelte sich die Vorstellung, dass ebenso die Dinge aus sich heraus eine Bedeutung haben (vgl. ebd.: 36). Dies galt auch für das Verhalten in der Öffentlichkeit, das nun daraufhin betrachtet wurde, ob es Rückschlüsse auf die Person hinter der Maske erlaubte. Zunehmend wurde die Öffentlichkeit durch private Vorstellungen überlagert. Diese Prozesse der Psychologisierung von Waren und des öffentlichen Auftretens schufen die Grundlagen für die Intimisierung der Gesellschaft.

Mitte des 19. Jahrhunderts, so Sennett (vgl. ebd.: 42), setzte sich in London und Paris dann die Auffassung durch, dass Fremde sich nicht mehr miteinander austauschen sollten. Jedem wurde das Recht zugestanden, allein gelassen zu werden. »Das öffentliche Leben wurde zu einer Sache des Beobachtens, der passiven Teilnahme, zu einer Art von Voyeurismus.« (Ebd.: 42) Sennett begreift Rückzug und Schweigen in der Öffentlichkeit als Praktiken der Abwehr, die in der Folge zu einer obsessiven Beschäftigung mit dem eigenen Selbst führen. Die Selbstversenkung in die eigenen Gefühle, die mit einer Suche nach Authentizität verbunden ist, verhindert aber gerade ein expressives schauspielerisches Verhalten, das vom objektiven Gehalt des eigenen Fühlens ausgeht (vgl. ebd.: 44ff.). An die Stelle einer höflichen und kultivierten Distanz im Ausdrücken von Gefühlen, die die Grenzen zwischen privat und öffentlich wahrt, treten als authentisch wahrgenommene Gefühlsausbrüche, die keine Rücksicht auf die Befindlichkeiten anderer nehmen. Sennett hält fest: »In dem Maße, wie sich die Umrisse der öffentlichen Sphäre verwischten, wurde menschlicher Ausdruck von der Gesellschaft immer weniger als Darstellung und immer mehr als Verkörperung verstanden.« (Ebd.: 58)

Im zweiten Teil seiner Studie wendet sich Sennett dem öffentlichen Leben im Ancien Régime zu, in dem die Aristokratie ihren Einfluss verlor und das Bürgertum die aufsteigende Kraft war. Eine detailreiche Analyse des intensiven öffentlichen Lebens in Paris und London des 18. Jahrhunderts dient ihm als positive Kontrastfolie für seine weitere Untersuchung. Fremde wurden in dieser modernen Gestalt von Öffentlichkeit als Unbekannte betrachtet, an denen man Interesse hatte und dies auch zeigte. In den beiden Hauptstädten bemühte man sich intensiv, Formen der Interaktion mit Fremden zu entwickeln (vgl. ebd.: 79). So war das Leben in den europäischen Metropolen, in Cafés, Parks und Theatern, durch einen geselligen, expressiven und kultivierten Austausch zwischen Fremden geprägt. Ein gemeinsamer Fundus an gesellschaftlichen Gebärden und Zeichen ermöglichte die Verständigung über Klassengrenzen hinweg. Sennett (vgl. ebd.: 102ff.) führt das Beispiel der Kaffeehäuser an, in denen man mit jedem ins Gespräch kommen konnte. Gesellschaftliche Unterschiede wurden nicht thematisiert. Das primäre Ziel in einem Gespräch war es, seine Kenntnisse zu erweitern. »Das Kaffeehausgespräch ist der Extremfall einer Ausdrucksform, die auf einem Zeichensystem gründet und im Gegensatz zu einem Symbolsystem steht, das auf Rang, Herkunft, Geschmack verweist, die gleichwohl auch hier sichtbar bleiben.« (Ebd.: 103) So bildeten sich eine Kunst der Konversation und damit verbundene Formen der Geselligkeit heraus, die Standesunterschiede temporär ausblendeten und persönliche Empfindungen verdeckt hielten. Mitte des 18. Jahrhunderts wurde auch das Promenieren durch die Straßen und in den Parks zu einer populären Aktivität, die man unter Fremden vollzog und die wie das Kaffeehaus zu spontanen Begegnungen führen konnte (vgl. ebd.: 106).

Mit dem Bild des *theatrum mundi* macht Sennett deutlich, dass die Ästhetik des Theaters in eine des Alltags mündete, in dem spielerisch Emotionen dargestellt wurden, ohne dass sie der jeweiligen Person des Schauspielers zugerechnet wurden. »Ausdruck als Darstellung von Emotion ist Sache des Schauspielers; seine Identität beruht darauf, dass es ihm gelingt, Ausdruck in Darstellung umzusetzen.« (Ebd.: 130) Daher befanden sich die öffentliche Sphäre, in der es gerade nicht um das Ansehen der Person ging, und die Privatsphäre, die dem Umgang mit natürlichen Gefühlen vorbehalten war, in einem harmonischen Gleichgewicht.

Im dritten Teil seines Werks zeigt Sennett, wie auf der einen Seite der Industriekapitalismus, der eine Warenöffentlichkeit hervorbrachte und die intime Welt der Familie als Gegenpol zu seiner öffentlichen Welt erscheinen ließ, auf der anderen Seite der damit verbundene Prozess der Säkularisierung im 19. Jahrhundert zu einer Störung dieses Gleichgewichts führten. So wurde in den Kaufhäusern die Ware als Spektakel inszeniert, die die auratischen Eigenschaften der Fremdheit und Mystifikation hatte und gerade deshalb als kaufenswert erschien (vgl. ebd.: 170). Aber nicht nur die industriell hergestellten und in Überfülle vorhandenen Waren beschäftigten die Menschen in Paris und in London. Man begriff die äußere Erscheinung im öffentlichen Leben immer mehr als einen Hinweis auf das private Empfinden und den individuellen Charakter. »So wie Marx selbstbewußt feststellte, daß sich die Waren zum scheinhaften Ausdruck der Persönlichkeit des Käufers entwickelten, so deuteten andere, die sich ihrer Eindrücke weniger sicher waren, das flüchtige Bild der äußeren Erscheinung als Hinweis auf einen inneren, dauerhaften Charakter.« (Ebd.: 172)

An die Stelle eines als natürlich angenommenen Charakters, der allen gemeinsam war, trat nun die individuell unterschiedliche Persönlichkeit, die in der öffentlichen Sphäre der Großstadt zu einer gesellschaftlichen Kategorie wurde. Damit war die Anschauung verbunden, dass die äußere wahrnehmbare Erscheinung Einblick in das ihr entsprechende innere Wesen ermöglichen würde. Am Beispiel *La Comédie humaine* von Honoré de Balzac zeigt Sennett, wie sich fortan die Aufmerksamkeit auf die Details und Einzelheiten der Selbstdarstellung richtete, die Hinweise auf die Persönlichkeit gaben. Dabei ging es Balzac in seiner Darstellung typischer Charaktere darum, ein Bild der Gesellschaft seiner Zeit zu entwerfen. »Jede noch so unscheinbare Lebensäußerung enthält ein Miniaturbild der gesamten Gesellschaft, aber um dem Alltagsdetail dieses Geheimnis zu entlocken, müssen Autor und Leser ihre ganze Kraft und Empfindungsfähigkeit aufwenden.« (Ebd.: 183) Wie bereits Georg Lukács (vgl. 1985: 349ff.) zeigte, gelingt es Balzac zu veranschaulichen, wie sich gesellschaftliche Strukturen in einfachen alltäglichen Zusammenhängen manifestieren. »Die Personalisierung der Gesellschaft, wie sie mit dem Aufblühen des Details und seiner Miniaturisierung, also seiner Verwandlung in ein Miniaturbild der Gesellschaft einhergeht, hat zwei Ergebnisse: die Wahrnehmungen verlieren ihre Beständigkeit, und der Wahrnehmende wird passiv« (Sennett 1983: 185). Sennett (vgl. ebd.: 186) kommt zu dem Schluss, dass den Romanen Balzacs eine säkulare Konzeption der Bedeutungsimmanenz zugrunde liegt. Die gesellschaftlichen Beziehungen drücken sich in den Details der individuellen Erscheinung aus.

Die immer stärker geteilte Vorstellung, dass der Erscheinung im öffentlichen Leben immanente Bedeutungen innewohnen, die zu entziffern seien, ließ die Angst entstehen, unwillkürlich sein Inneres zu enthüllen, was zu einer gesteigerten Selbstkontrolle in der Öffentlichkeit und damit verbunden zur Herausbildung einer voyeuristischen Beobachterrolle führte.

> »Schweigend, unter dem Schutz der Isolation bewegt er sich im öffentlichen Raum, beobachtet das Leben auf der Straße und hält sich durch Phantasien und Tagträume an der Wirklichkeit schadlos. In seinen Bildern von schweigenden, vereinzelten Menschen in einem Café hat Degas das Eigentümliche eines solchen Lebens erfaßt. Wir stehen hier am Ursprung des modernen Paradoxons von Sichtbarkeit und Isolation.« (Ebd.: 226)

Die stumme Interpretation der Gefühle von anderen führt zu einer Abschirmung von ihnen und tritt an die Stelle des Gesprächs (vgl. ebd.: 243). Sennett (ebd.: 151) hält fest, dass die »schweigende Beobachterrolle zu einem Ordnungsprinzip der Öffentlichkeit wird«. Mit der Vorstellung, dass gesellschaftlicher Austausch gleichbedeutend mit der Offenbarung der Persönlichkeit sei, wurde die gesellschaftliche Dimension von Öffentlichkeit ausgehöhlt und die Grundlage für die intime Gesellschaft des 20. Jahrhunderts gelegt, die im vierten Teil des Buches behandelt wird.

In der intimen Gesellschaft, in der die Schranken zwischen der öffentlichen Sphäre und dem Bereich des Privaten gefallen sind, tritt an die Stelle des gesellschaftlichen Engagements die individuelle Selbsterkundung, die die Authentizität zum wesentlichen Kriterium zwischenmenschlicher Beziehungen macht. Die Struktur einer intimen Gesellschaft ist durch zwei Merkmale geprägt: einerseits durch einen Narzissmus, der zu einer Konzentration auf das eigene Innenleben und zu einer Psychologisierung der sozialen Realität führt, andererseits durch destruktive Gemeinschaften, die sich von ihrer Umwelt abschotten und ihre Mitglieder durch wechselseitige Selbstoffenbarungen aneinander binden.

So wird es durch den Prozess der Psychologisierung nicht mehr vorstellbar, ein nichtpersönliches Leben zu führen, das sinnvoll erlebt werden kann. »Sie beraubt es eines bestimmten kreativen Vermögens, das zwar in allen Menschen angelegt ist, das zu einer Realisierung aber auf einer Distanz zum Selbst angelegt ist, nämlich des Vermögens, zu spielen. Die intime Gesellschaft macht aus dem Individuum einen Schauspieler, der seiner Kunst beraubt ist.« (Ebd.: 298) Sennett begreift dies als einen Verlust an Zivilisiertheit, die in der Geselligkeit Distanz zum anderen bewahrt, ihn als Fremden behandelt, aber dennoch eine Beziehung mit ihm pflegt. »Eine Maske zu tragen gehört zum Wesen der Zivilisiertheit.« (Ebd.: 298) In der intimen Gesellschaft dagegen wird die Geselligkeit eingeschränkt oder sogar unmöglich, weil wir den anderen mit der Offenbarung unseres Selbst belasten.

Sennett führt als ein weiteres Beispiel für Unzivilisiertheit an, dass in der intimen Gesellschaft die Glaubwürdigkeit eines Politikers weniger danach beurteilt wird, wie er sein Amt ausführt, sondern wie glaubwürdig er in den Medien als Person dargestellt wird (vgl. ebd.: 300). »Als Persönlichkeit ist der Politiker glaubhaft in seinen Motiven, seinen Empfindungen, seiner ›Integrität‹. Die Aufmerksamkeit für diese Momente geht zu Lasten des Interesses für das, was er mit seiner Macht wirklich anfängt.« (Ebd.: 324) Sennett macht für diese Personalisierung von Politik das Star-System verantwortlich, das sich in der intimen Gesellschaft herausgebildet hat und durch Medien wie das Fernsehen gefördert wird. Die Öffentlichkeit wird zum Spiegel des Ichs und so ihrer politischen Substanz beraubt.

Sennett (vgl. ebd.: 333) ist der Auffassung, dass auf der Basis geteilter intimer Erfahrungen und Gefühle Geselligkeit nicht möglich ist. Stattdessen würden destruktive Gemeinschaften entstehen, die Barrikaden um sich errichten, weil sie Angst vor dem Unbekannten hätten.

»Das Handeln der Gemeinschaft beschränkt sich auf die Pflege ihres Gefühlshaushalts, das heißt auf die ›Säuberung‹ der Gemeinschaft von jenen, die nicht wirklich dazugehören, weil sie nicht so empfinden wie die anderen. Die Gemeinschaft kann von außen nichts aufnehmen, kann sich nicht im Zugriff auf die Außenwelt erweitern, weil sie sich dadurch verunreinigen würde.« (Ebd.: 350)

Zusammenfassend hält Sennett fest, dass in der intimen Gesellschaft die Menschen zu Schauspielern ohne Kunst geworden sind (vgl. ebd.: 352ff.). Im öffentlichen Leben stellen sie nicht mehr Gefühlszustände dar, die unabhängig von ihrer Person sind. Vielmehr verkörpern sie Gefühlszustände, deren Authentizität von der Glaubwürdigkeit ihrer Person abhängt. Die lebenslange Formung durch Erfahrungen wird durch die nie endende Suche nach dem eigenen Selbst ersetzt (vgl. ebd.: 353). Hierdurch geht ein spielerischer Umgang mit der Wirklichkeit und die Fähigkeit zur Selbst-Distanz verloren. Da der Glaube an ein an Geselligkeit orientiertes Maskenspiel nicht mehr vorhanden ist, werden narzisstische Energien mobilisiert. »Das Resultat dieser narzisstischen Realitätsdeutung ist eine Verkümmerung der expressiven Fähigkeiten bei den Erwachsenen. Sie können mit der Wirklichkeit nicht spielen, weil diese Wirklichkeit für sie nur insofern von Belang ist, als sie intime Bedürfnisse widerzuspiegeln verspricht.« (Ebd.: 366). Schließlich bestimmt Sennett den Narzissmus als die protestantische Ethik der Gegenwart (vgl. ebd.: 373ff.). Er könne einen asketischen Charakter annehmen, weil die Selbstversenkung in eine innere Leere und somit in eine Form der Selbstverleugnung münden könne. Die narzisstischen Störungen, die in der Psychoanalyse beschrieben werden, stützen diesen Befund (vgl. Kohut 1976).

Sennett (vgl. ebd.: 380ff.) kommt zu dem Schluss, dass die »Tyrannei der Intimität« das Alltagsleben durchdringt. Psychologische Kategorien bestimmen die Wahrnehmung der Gesellschaft. Die irrige Vorstellung, Beziehungen könnten durch gegenseitige Enthüllungen geschaffen und stabilisiert werden, setze sich in einer Rückkehr des Stammeslebens fort, die Ausdruck einer unzivilisierten Gesellschaft sei (vgl. ebd.: 382).

Die intime Gesellschaft im 21. Jahrhundert. Perspektiven und Gegentendenzen

Zweifellos hat sich der Prozess der Intimisierung in der mediatisierten Gesellschaft des 21. Jahrhunderts fortgesetzt und intensiviert. Die kreative Begegnung mit Fremden im öffentlichen Leben, eine Interaktion, die von der eigenen Person absieht und spielerischen Charakter gewinnt, ist eine Ausnahme und nicht ›normal‹. Persönliche Begegnungen sind immer mehr durch (digitale) Medien vermittelt. Gewählte Spezialkulturen (vgl. Eckert/Winter 1987, Winter/Eckert 1990) oder Neo-Stämme (vgl. Maffesoli 1988) sind charakteristisch für zeitgenössische Gruppenbildungen und ihre Sozialwelten, die von Medien annonciert, gestützt oder verdichtet werden. Man muss sich entscheiden, welcher Spezialkultur man angehören möchte. In ihnen werden dann persönliche Beziehungen eingegangen, die aber nicht von Dauer sein müssen. Die Formen der Partizipation sind oft temporär, flüchtig und unverbindlich. Wenn das spezialisierte Interesse erlahmt, werden die Spezialkulturen verlassen und durch neue ersetzt. Ihre Mitglieder teilen Erfahrungen, Affekte und Gefühle miteinander, die binden und eine Nähe hervorbringen (vgl. Maffesoli 2003). Sie grenzen sich von anderen Gemeinschaften ab. Die erfolgreiche Spezialisierung der eigenen Identität ist von der Spiegelung und Anerkennung durch die gewählte Gemeinschaft abhängig. Diese Formen von intimer Sozialität, die sich voneinander abgrenzen und einen geschlossenen Charakter gewinnen, machen eine Rückkehr zum öffentlichen Leben, wie es Sennett in seiner Studie beschwört, unwahrscheinlich.

Zudem haben die digitalen Medien die Möglichkeiten für Gemeinschaftsbildungen unendlich vervielfacht (vgl. Adams/Smith 2008). Destruktiv werden diese Gemeinschaften, wenn sie durch Ressentiments und Hass gesteuert werden. Dann werden die anderen ausgeschlossen, diskriminiert und verfolgt. Der Gruppennarzissmus kann in Rassismus und manchmal in Gewalt und Mord münden.

Ein weiteres Phänomen, das die Relevanz von Sennetts Studie für die Gegenwart veranschaulicht, ist die gewachsene Intimisierung von Politik. So wird die Glaubwürdigkeit von Politikern in einer mediatisierten Gesellschaft zerstört, wenn destruktive Informationen über ihr Privatleben und ihre Persönlichkeit bekannt werden. Dann verlieren ihre politische Kompetenz, ihr politisches Handeln und ihre damit zusammenhängenden Erfolge ihre Relevanz. Auch das von Sennett beschriebene Starsystem hat sich in eine Kultur der Berühmtheit (vgl. Turner 2018) ausgedehnt, die die Influencer in den digitalen Medien umfasst.

Zwar ist es Sennett gelungen, die Probleme und Pathologien einer intimen Gesellschaft aufzudecken, doch gibt es auch gesellschaftliche Tendenzen, die seiner Deutung zuwiderlaufen. Die bereits erwähnten Spezialkulturen sind nämlich nicht nur narzisstisch strukturiert und spiegeln nicht nur das Selbst ihrer Teilnehmer wider. Gerade in Fankulturen geht es z.B. um die intensive Beschäftigung mit einer Musikrichtung, einem Filmgenre oder einer Fernsehserie, um die ›Produktion‹ von Wissen, die für sich alleine Bestand haben und nicht auf die eigene Person bezogen sind (vgl. Winter 2010). In den Fankulturen wird auch spielerisch und expressiv gehandelt, wenn z.B. ein populärer Sänger parodiert oder eine Szene aus einem Horrorfilm nachgespielt wird. Hier werden eine Distanz zum eigenen Selbst und Formen der Geselligkeit eingeübt. Dafür ist es nicht notwendig, die anderen als Personen näher kennenzulernen. Hinzu kommt, dass die Digitalisierung unterschiedliche Formen einer partizipatorischen Kultur hervorgebracht hat, die auf ein gemeinsames Lernen und nicht-parlamentarische Formen der Politik ausgerichtet sind (vgl. Jenkins 2019).

Dennoch kann uns *The fall of public man* auch heute helfen, die intime Gesellschaft zu verstehen, zu kritisieren und nach Alternativen zu suchen. Sennetts anschließende historische Studien zur Stadtkultur *Civitas. Die Großstadt und die Kultur des Unterschieds* (1991) und *Fleisch und Stein. Der Körper und die Stadt in der westlichen Zivilisation* (1995) unterstreichen, wie wichtig die Stadt als ein Ort der Begegnung zwischen Fremden und für die Entwicklung von Zivilisiertheit ist.

Literatur

Adams, T.L./Smith, S.A. (Hg.) 2008: Electronic tribes. The virtual worlds of geeks, gamers, shamans, and scammers. Austin.

Eckert, R./Winter, R. 1987: Kommunikationstechnologien und ihre Auswirkungen auf die persönlichen Beziehungen. In: Lutz, B. (Hg.): Technik und sozialer Wandel. Verhandlungen des 23. Deutschen Soziologentages in Hamburg 1986. Frankfurt a.M./New York: 245-266.

Jenkins, H. 2019: Participatory culture. Interviews. Cambridge/UK.

Kohut, H. 1976: Narzissmus. Eine Theorie der psychoanalytischen Behandlung narzisstischer Persönlichkeitsstörungen. Frankfurt a.M.

Lukács, G. 1985: Schriften zur Literatursoziologie. Mit einer Einführung von Peter Ludz. Berlin.

Maffesoli, M. 1988: Le temps des tribus. Le déclin de lindividualisme dans les sociétés de masse. Paris.

Maffesoli, M. 2003: Notes sur la postmodernité. Le lieu fait lien. Paris.

Mills, C.W. 1973: Kritik der soziologischen Denkweise. Neuwied.

Riesman, D./Denney, R./Glazer, N. 1958 (1950): Die einsame Masse. Eine Untersuchung der Wandlungen des amerikanischen Charakters. Mit einer Einführung von Helmut Schelsky. Reinbek.

Sennett, R. 1977 (1974): The Fall of Public Man. New York.

Sennett, R. 1983 (1974): Verfall und Ende des öffentlichen Lebens. Die Tyrannei der Intimität. Frankfurt a.M.

Sennett, R. 1991: Civitas. Die Großstadt und die Kultur des Unterschieds. Frankfurt a.M.

Sennett, R. 1995: Fleisch und Stein. Der Körper und die Stadt in der westlichen Zivilisation. Berlin.

Turner, G. 2018: Celebrities. In: Hoffmann, D./Winter, R. (Hg.): Mediensoziologie. Handbuch für Wissenschaft und Studium. Baden-Baden: 285-293.

Winter, R. 2010 (2., durchges.u. erw. Aufl.): Der produktive Zuschauer. Medienaneignung als kultureller und ästhetischer Prozess. Köln.

Winter, R./Eckert, R. 1990: Mediengeschichte und kulturelle Differenzierung. Zur Entstehung und Funktion von Wahlnachbarschaften. Opladen.

Kultur

Jörn Lamla

Kulturen des Kapitalismus

Der soziologische Blick auf die Sphäre der Kultur gilt zumeist einem Ausschnitt des gesellschaftlichen Lebens, in dem sich besondere und bedeutsame Fähigkeiten entwickeln und reproduzieren. Das Spektrum all dessen, was unter Kultur gefasst wird und werden kann, ist dabei so ausgesprochen breit, dass manche den Begriff der Kultur lieber beiseitelassen und die Dinge, die er bezeichnen soll, direkt beim Namen nennen, etwa Kunst oder Sprache oder Sinn oder Geschmack oder Kritik oder Religion oder Artefakt oder Ritual, um nur einige Phänomene beispielhaft anzuführen, die sich mit Kultur assoziieren lassen. Oft wird der Kulturbegriff in der Soziologie auch dekonstruiert, weil er sich, sobald er halbwegs fixiert ist, auf Ausgeschlossenes absuchen lässt, das eigentlich zum Kulturellen dazugehört, etwa das Körperliche, das Affektuelle oder das Materielle einer Kultur, die zu gern auf ein symbolisch-sinnhaftes Universum sprachlicher Zeichen reduziert werden, oder auch die Natur, die nicht in allen, sondern nur in bestimmten Gesellschaften den Gegenpol zur Kultur bildet und in dieser Funktion dann hilft, die Welt gemäß partikularer westlicher Interessen zu strukturieren (vgl. Descola 2013). Fortsetzen lässt sich dieses Spiel mit dem Kulturbegriff auf seiner Innenseite, wenn damit etwa bestimmte hochkulturelle oder anderweitig hegemoniale Praktiken und Codierungen assoziiert werden, die andere Kulturen marginalisieren, etwa Popkultur, queere Kultur oder die Kultur der Kolonialisierten. Wer trotz dieser Unschärfen und Fallstricke am Kulturbegriff soziologisch festhalten will, muss schon einen guten Grund haben.

Ein möglicher Grund könnte die mit dem Begriff der Kultur verbundene Intuition sein, dass er etwas gesellschaftlich Grundlegendes einzufangen verhofft, dem das Fach seit seinen Anfängen nachjagt, dessen Status aber prekär und voraussetzungsvoll ist und die Sache, um die es geht, geheimnisvoll erscheinen lässt. Tugend, Moral oder Zivilität sind Bezeichnungen hierfür, aber auch Gemeinschaft, Anerkennung oder »Respekt« (vgl. Sennett 2004). Als übergreifender und zugleich analytisch offenerer Begriff wird immer wieder der des *sozialen Bandes* ins Spiel gebracht (vgl. Bedorf/Herrmann 2016). Im Sinne eines solchen Erkenntnisinteresses an den Bildungsgesetzlichkeiten und Reproduktionsbedingungen *spezifischer sozialer Bindungskräfte* ist Richard Sennett schon immer und durch und durch ein Kultursoziologe. Ein so verstandener Kulturbegriff läuft bei ihm auch dann immer mit, wenn der Fokus seiner soziologischen Analysen nicht explizit auf Kultur, sondern auf anderes gerichtet ist, etwa auf Arbeit, Politik oder Formen der Kooperation. In dem 2005 noch vor der englischen Ausgabe in deutscher Sprache erschienen Buch zur »Kultur des neuen Kapitalismus« (Sennett 2005), das auf Vorlesungen zurückgeht, die Sennett 2004 im Rahmen der Castle Lectures in Ethics, Politics, and Economics an der Yale University gehalten hat, geht es jedoch ganz explizit um *die* Kultur. Dahinter liegen zwei Motive, die für das Buch prägend sind, nämlich zum einen der Versuch, bilanzierend auf den Kern seiner bisherigen Arbeiten zu blicken und diesen herauszuarbeiten sowie zum anderen die Absicht, auch bislang vernachlässigtes Terrain einzubeziehen, nämlich die Konsumkultur. Damit sind Eckpfeiler des Vorhabens benannt, das Sennett auch selbst als schwieriges Unterfangen beschreibt (vgl. ebd.: 6). Sich seine Herausforderung zu vergegenwärtigen, hilft, das Buch sowohl im Werkkontext zu verorten als auch für weiterreichende Fragestellungen fruchtbar zu machen: Sennett spannt über den Kulturbegriff den Bogen vom grundlegenden normativen Impuls seiner Gesellschafts- und Kapitalismuskritik bis hin zur zeitdiagnostischen Deskription der Formen und Erscheinungen, in denen sich das kulturelle Leben gegenwärtig vollzieht. Er versucht so seine Verfallsdiagnosen kultursoziologisch zu verankern und zu verorten.

Mit dem Fokus auf die Kultur des neuen *Kapitalismus* stellt er seinen Deutungsvorschlag in die lange Tradition von kultursoziologischen Zeitdiagnosen, die an Max Webers wegweisende Arbeit zur »protestantischen Ethik und dem Geist des Kapitalismus« (Weber 1996/1920) anschließen. Zu denken ist hier nicht nur an die konkurrierenden Lesarten der damaligen Zeit, etwa Werner Sombarts (1996/1912) Idee einer Genese des Kapitalismus aus dem verschwenderischen Lebensstil der höfischen Aristokratie heraus, sondern insbesondere auch an die vielen späteren Anschlüsse, wie Daniel Bells (1991/1976) Untersuchungen der kulturellen Widersprüche des Kapitalismus, Albert O. Hirschmans (1984/1977) Rekonstruktion von politischen Ideen, die den Kapitalismus vorbereitet haben, oder auch Colin Campbells (2018/1987) Übertragung der Weber-These auf die romantische Ethik und den Geist des Konsumismus. Nicht zuletzt muss auch das bahnbrechende Werk von Luc Boltanski und Ève Chiapello (2003/1999) zum »neuen Geist des Kapitalismus« Erwähnung finden. Tatsächlich bilden Weber und mit ihm viele andere Klassiker der Soziologie, wie Marx oder Schumpeter, den Bezugsrahmen für Sennetts Ansatz (vgl. Sennett 2005: 22-41). Hierbei konzentriert er sich zunächst ganz auf die Bürokratiethese und geht vom zugespitzten Ergebnis der Zeitdiagnose Max Webers aus, von der Etablierung eines stählernen Gehäuses der Hörigkeit. Dieser Begriff steht für den organisierten Kapitalismus, der inzwischen jedoch einem erweiterten liberalen oder flexiblen Kapitalismus weichen musste (vgl. hierzu Wagner 1995). An diese Diagnose anschließend richtet Sennett in seinen kultursoziologischen Analysen den Blick auf das kulturelle Innenleben von ökonomischen Institutionen. Er interessiert sich für die kulturellen Bildungsprozesse, die in diesen Institutionen angeregt werden und möglich sind. Institutionen bilden hierbei einen Rahmen und prämieren bestimmte kulturelle Lebensformen (vgl. zu diesem Begriff Jaeggi 2014), determinieren diese aber nicht. Daher braucht es eine Analyse dieser kulturellen Innenseite, für die Sennett insbesondere biographieanalytische Perspektiven anlegt. Ohnehin liefern die *zeitlichen* Horizonte und Rhythmusstörungen für ihn einen Schlüssel zur Analyse des Verhältnisses von Institutionen und Kultur (vgl. etwa Sennett 2005: 140). In seinem vielleicht bekanntesten Buch, in dem er den Sozialtypus des flexiblen Menschen rekonstruiert, hat er ausführlich gezeigt, wie die mit dem Arbeitsleben verbundenen biographischen Identitätsentwürfe durch ökonomische Settings, in denen kurze Zeithorizonte und somit schnelle Relevanzverschiebungen regieren, durch »ständiges Umtopfen« (Sennett 1998: 105) infrage gestellt werden und den Leidensdruck stark erhöhen. Die Folge ist eine kulturelle Entleerung der ökonomischen Institutionen, ähnlich wie sie schon Weber beobachtete. Allerdings passe das Bild des stahlharten Gehäuses nicht mehr, da es Statik und Dauer suggeriert, wo der flexible Kapitalismus längst das Flüchtige zum ökonomischen Prinzip erhoben hat (vgl. Bauman 2003). Die Kultur des *neuen* Kapitalismus kann in diesem Sinne als Neuerzählung der Weber-Diagnose vom Entweichen des ethisch grundierten Geistes gelesen werden (vgl. Sennett 2005: 64), die allerdings von einem veränderten institutionellen Rahmen ausgeht und den Blick auch in andere kulturelle Regionen als Arbeit und Religion schweifen lässt.

Kultur dient Sennett als Sonde, mit der er die zerstörerischen Konsequenzen und inneren Verfallsprozesse kapitalistischer Institutionen und Organisationsmuster nachweisen will. Kultur ist damit auch ein normativer Gradmesser, an dem Sennett bestimmte Qualitäten des sozialen Lebens festmacht. Dass hierbei die Vorstellung sozialer Bindungsfähigkeiten leitend ist, zeigt sich am Begriff des Sozialkapitals, wie ihn Sennett versteht: »In meinen Augen ist das Sozialkapital gering, wenn die Menschen sagen, ihr Engagement sei von geringer Qualität, und es ist groß, wenn sie ihre Verbindungen als gut einschätzen.« (Ebd.: 53) Kulturelle Qualitäten macht er an institutionell nicht zu garantierenden Kapazitäten der Kooperation fest, die wachsen müssen und sich nicht erzwingen lassen. Ein Beispiel ist das informelle Vertrauen einer Belegschaft, das auf sozialem Erfahrungswissen beruhe und zeige, wie wichtig die organische Aneignung von und Verbindung mit institutionellem Wissen seitens der Mitglieder einer Organisation sei, wenn Abläufe darin funktionieren sollen (vgl. ebd.: 55-59). Bisweilen erinnern die Ausführungen von Sennett an klassische Entgegensetzungen von Gemeinschaft und Gesellschaft, die in der gesellschaftlichen Anonymität, der Globalisierung, dem schnellen gesellschaftlichen Wandel, dem abstrakten Leistungsvergleich etc. nur kulturelle Erosionsprozesse und keinerlei Bildungs- oder Emanzipationsgewinne ausmachen. Doch so einfach will er seine Diagnosen nicht verstanden wissen und betont daher durchaus auch die Freiheitsgewinne, die der institutionelle Wandel mit sich bringe (vgl. ebd.: 144). Was ihm zu bewahren oder neu zu entwickeln wert erscheint, sind spezifische Fähigkeiten, die Sennett für nicht kompensierbar hält. Wenn er daher das *Handwerk* als eine Quelle von kulturellen Fähigkeiten sehr stark hervorhebt, geht es ihm nicht um die Reaktivierung aller möglichen Tugenden, sondern um eine sehr spezifische Form der *Bindung oder Hingabe an eine Sache*: Bei dieser Haltung geht es darum, »etwas um seiner selbst willen gut (zu) machen. In allen Bereichen handwerklicher Einstellung spielen Disziplin und Selbstkritik eine wichtige Rolle. Man orientiert sich an gewissen Standards, und im Idealfall wird das Streben nach Qualität zum Selbstzweck.« (Ebd.: 84; vgl. auch Sennett 2008) Damit ist zwar nicht die gesellschaftskritische Qualität gemeint, die Adorno (vgl. 1972: 576f.) in seiner Diagnose des Verfalls der Bildung zur Halbbildung mit einer solchen Hingabe assoziiert. Aber es ist auch keine reaktionäre Beschwörung vormoderner kultureller Lebensformen. Denn wie Sennett insbesondere in seiner Analyse von Kooperationsprozessen (vgl. Sennett 2012) nicht müde wird zu zeigen, geht es ihm um ein solidarisches Tätigsein, das mit gesellschaftlicher Heterogenität zurechtkommt und nicht auf Homogenisierungen der vor- oder spätmodernen Art angewiesen ist.

Konsumkritik

Während Sennett im zweiten Kapitel der Studie die meritokratische Entleerung handwerklicher Tugenden analysiert, geht es ihm im dritten und letzten Kapitel um deren politische Bedeutung für die Demokratie. Im Falle der Meritokratie prämiere die moderne Umstellung der sozialen Wertschätzung auf Talent, auf bloßes Potential, keine konkrete Könnerschaft mehr, sondern sachliche Beliebigkeit und Oberflächlichkeit, was zur massenhaften Verbreitung von Gefühlen der Nutzlosigkeit führe (vgl. Sennett 2005: 92-98). Diese Diagnose ließe sich womöglich noch genauer fassen, würde sie die Unterscheidung von Leistung und Erfolg aufnehmen, die Sighard Neckel (vgl. 2008: 21-33, 45-64) seinem Verständnis vom spätmodernen kulturellen Kapitalismus zugrunde legt. Dieser steuere auf eine verallgemeinerte Erfolgskultur zu, die das Leistungsprinzip aushöhle. Bei Neckel wird das Leistungsprinzip noch mit konkreten Fähigkeiten und Anstrengung assoziiert, wohingegen für die vollständig durchökonomisierte Existenz allein der Markterfolg zählt, bei dem es nicht darauf ankommt und niemand danach fragt, wie er zustande gekommen ist und ob es gerecht ist, wenn nur wenige in dessen Genuss kommen. Im Feld der Politik können sich solche Beliebigkeiten ebenfalls ausbreiten. Für den Verfall der handwerklichen Fähigkeiten von Staatsbürgerinnen und -bürgern wird aber nicht die Meritokratie, sondern eine andere defizitäre Kultur verantwortlich gemacht. So beobachtet Sennett (2005: 107-140), dass sich die Politik mehr und mehr an das Modell der Werbung anlehne, Politiker und Politikerinnen als Marken medial inszeniere und Bürgerinnen und Bürger zu bloßen Zuschauern dieses Geschehens degradiere. Es ist die *Konsumkultur*, die hier an die Stelle der *Intimität* tritt, die Sennett (1983/1974) viele Jahre zuvor für den »Verfall des öffentlichen Lebens« verantwortlich gemacht hatte. Die Konsumkultur ist ähnlich individualistisch ausgerichtet und lässt sich von der handwerklichen Einstellung scharf abgrenzen: Denn wenn sich die Bürgerinnen und Bürger im Umgang mit der Politik »wie moderne Konsumenten verhalten, denken sie nicht mehr wie Handwerker«, schreibt Sennett, und dies sei problematisch, denn »[als] bloßer Konsument kann sich der Bürger von politischen Problemen abwenden, wenn sie ihm zu schwierig oder zu unangenehm werden« (2005: 134). Auch die politischen Probleme verlangen demnach eine Hingabe an die Sache, wie sie das Handwerk kennzeichnet.

Als normatives Konzept für zivile kulturelle Kompetenzen im Feld der Politik weist das Konzept des Handwerks einige Besonderheiten auf, die für die politisch-soziologische Verortung von Sennett wichtig sind. So rechnet das Handwerk stärker als andere politische Ethiken und Tugendlehren von vornherein mit Fehlern und Unvollkommenheiten (vgl. zum Folgenden auch Lamla 2013: 160f.): »Der klumpfüßige Hephaistos – mit seinem Stolz auf die eigene Arbeit und auch auf sich selbst – ist die würdigste Gestalt, die wir werden können«, heißt es abschließend im erstem Band von Sennetts Homo-Faber-Trilogie (2008: 392). Starke Authentizitäts-, Solidaritäts- oder Gemeinschaftsideale hält er demgegenüber für verfehlt, da sie zu übermäßiger Beschäftigung mit dem Selbst oder der Identität führen, die in der Politik ebenso wie im Konsum keine Stoppregeln kenne. Die alternative kulturelle Praxis- oder Lebensform, die den konsumistischen und narzisstischen Verfall der Demokratie aufzuhalten in der Lage sein soll, indem sie den Blick und das Verständnis für kollektive Problemlagen schult, sucht er demnach nicht im Kommunitarismus, sondern im *Pragmatismus*. Sozialpolitisch sympathisiert Sennett (vgl. 2005: 148f.) mit der Idee eines bedingungslosen Grundeinkommens oder Grundkapitals, das den Bürgerinnen und Bürgern einen hohen Vertrauensvorschuss gibt. Vor allem aber zeigt sich die pragmatistische Ausrichtung in der Vorstellung von einer sozialen und politischen Kooperationsform, die auf einer *dialogischen* Einstellung zwischen den Menschen beruht. Die dialogische Haltung ist das politische oder diplomatische Moment handwerklicher Unvollkommenheit und hebt darauf ab, dass Aushandlungen insbesondere dann zufriedenstellende und inklusive Lösungen hervorbringen, wenn sie nicht verbissen auf völlige Übereinstimmung abzielen, sondern primär ein besseres Verständnis für Unterschiede in den Perspektiven und Positionen von Beteiligten und Betroffenen hervorbringen. Gegen eine *dialektische* Argumentationsweise, die möglichst alle Differenzen aufzuheben trachtet, zielt das *Dialogische* auf eine Form von Empathie, die ein soziales Band zwischen Fremden zu weben vermag, ohne deren Differenzen zu leugnen oder aufzuheben (vgl. Sennett 2012: 34-39). Es geht Sennett um die Schaffung eines Raumes, »in dem Fremde sich gemeinsam aufhalten können« (ebd.: 40).

Als ein solches Ideal lässt sich die Handwerkskunst nicht nur auf Arbeit, Bildung und Politik beziehen, sondern letztlich auch auf den Konsum selbst. Denn auch hier kann das Bestreben, eine Sache um ihrer selbst willen gut zu machen, vorliegen – und das heißt immer auch, das Handeln an kollektiven, unpersönlichen und objektivierbaren Kriterien der Wertschätzung und nicht an selbstbezogenem Hedonismus oder »verzehrender Leidenschaft« (vgl. Sennett 2005: 111-115) auszurichten. Dies gilt für Kochen und Ernährung nicht weniger als für das Lesen, Musizieren oder Ausüben einer Sportart. In seiner Kulturanalyse des neuen Kapitalismus untersucht Sennett die Konsumkultur jedoch gar nicht im Detail auf solche Unterschiede hin, sondern von vornherein als defizitäre, übergriffige und deplatzierte Form der Aneignung von Politik und der Ausübung politischer Rollen. Was er über die Konsumleidenschaften schreibt (vgl. ebd.: 119-125), ist von Klassikern der Konsumsoziologie als konsumistische Disposition zur hedonistischen Imagination und unerschöpflichen Mobilisierung von Wünschen vielfach beschrieben worden (vgl. etwa Campbell 2018; Baudrillard 1991). Sennett (vgl. 2005: 128) geht es um die passivierenden Effekte, die das imaginierende und projizierende Mischwesen aus Konsument, Bürgerin und Zuschauer erfassen, wenn die Politik auf Marketing umgestellt wird. Damit stellt er sich in eine Tradition soziologischer Konsumkritik, die von seiner Lehrerin Hannah Arendt (1981) über die Kulturindustriekritik der Frankfurter Schule (Horkheimer/Adorno 1988/1947) bis hin zu vielen zeitgenössischen Polemiken (vgl. etwa Barber 2007; Hartmann 2009) sehr verbreitet ist. Der Konsum erscheint als eine Rumpfform von Sozialität, deren Entgrenzung auf das Feld der Politik Schaden anrichtet. Zugleich wird genau diese kolonialisierende Tendenz des Konsumismus, die in einer politisch-kulturellen Fragmentierung des gesellschaftlichen Zusammenlebens mündet, diagnostiziert.

Sennett lässt sich somit als Vertreter einer Fragmentierungsthese in das Spektrum soziologischer Ausdeutungen zum Verhältnis von Kultur und Kapitalismus einordnen. Auch wenn er den Begriff nicht verwendet, so zieht er doch Schlüsse, die stark an Diagnosen einer »postdemokratischen Wende« (vgl. Blühdorn 2013) erinnern. Die politischen Institutionen entfalten keine Autorität wie das stählerne Gehäuse mehr, sondern halten durch Politikinszenierung und -simulation nur noch eine Fassade demokratischer Beteiligung und Kommunikation aufrecht. Faktisch haben sie sich jedoch längst von solchen Bindungen und wechselseitiger Verantwortlichkeit losgesagt und sind außerstande, auf »akkumulierter Erfahrung« aufbauend »dauerhafte Beziehungen« zu stiften (Sennett 2005: 140). Insgesamt setzt Sennett mit dieser Studie zur Kultur des neuen Kapitalismus somit seine Verfallsdiagnosen zum öffentlichen Leben fort. Er erneuert sie, indem er die neuen Formen nachzeichnet, mit denen die ökonomischen Imperative in das kulturelle und politische Leben der kooperativ und politisch tätigen Menschen eindringen. Zu fragen ist abschließend allerdings, ob seine Diagnosen die *neuesten Metamorphosen* in diesem einseitigen Wechselspiel von Kultur und Kapitalismus überhaupt erfassen – oder ob nicht (auch) andere Dynamiken im heutigen kulturellen Kapitalismus vorherrschend sind.

Kultureller Kapitalismus – digitale Metamorphosen einer Verfallsdiagnose

Mit dem Begriff des *kulturellen Kapitalismus* wird der Blick auf das Wechselverhältnis von Kultur und Kapitalismus erweitert. Nicht nur die Gegensätze in der Art und Weise, wie ein soziales Band geknüpft wird und wie die Dominanz des Kapitalismus spezifisch kulturelle Bindungskräfte auszuhöhlen droht, kommen mit ihm in den Blick, sondern auch die zunehmende Abhängigkeit des Kapitalismus von diesen kulturellen (Gratis-)Leistungen. Denn wie Jeremy Rifkin (vgl. 2002: 193), der diesen Begriff zuerst geprägt hat, betont, wird mit der permanenten Landnahme und Verwertung kultureller Inhalte, etwa von Wissen, Erfahrung, subkulturellen Ausdrucksweisen oder regionalen Traditionen auch die Reproduktion solcher kulturellen Gehalte und ihrer Absatzmärkte zu einer dauerhaften Aufgabe für den Kapitalismus (vgl. hierzu und im Folgenden Lamla 2003: 306-350). Er muss sich folglich den spezifischen (Re-)Produktionsanforderungen kultureller Lebensformen zumindest soweit anpassen, dass diese weiterhin ihre Motivations- und Bindungskräfte entfalten oder sogar steigern können. Was aus diesem symbiotisch-antagonistischen Verhältnis resultiert, gilt es soziologisch offener und umfassender in den Blick zu nehmen, als mit einer starken Voreinstellung auf die Analyse von Fragmentierungsdynamiken möglich ist.

Unbestritten kommt es in diesem Beziehungsgeflecht zu neuen Formen der *Verschmelzung* von Kultur und Kapitalismus (vgl. Neckel 2008: 31). Diese breiten sich insbesondere in der digitalen Welt mit ihrer Share Economy, ihrer Plattformökonomie und ihren smarten Technologien, die den gesamten Lebensalltag der Menschen durchdringen, aus. Sennett interessiert sich durchaus für diese neuesten Metamorphosen des kulturellen Kapitalismus. Er wählt seine Beispiele gern und häufig aus dem weiten Einzugsbereich des Silicon Valley, und er hat auch ein Gespür für die Paradoxien, die mit der digitalen Modellierung von Kultur und anspruchsvoller Sozialität einhergehen (vgl. Sennett 2005: 122f.). Aber die Tiefe und Dynamik, mit der sich gesellschaftliche Transformationen im und durch den digitalen kulturellen Kapitalismus vollziehen, bleiben doch außerhalb seiner Betrachtungen. Sie werden in anderen Zeitdiagnosen detaillierter untersucht und auf den Punkt gebracht (vgl. etwa Zuboff 2018).

Die neueste Metamorphose der soziologischen Verfallsdiagnose von Richard Sennett müsste das Verhältnis von Sozialität und Digitalität genauer analysieren, das im heutigen kulturellen Kapitalismus die Formen bestimmt, in denen sich die Ökonomisierung des kulturellen Lebens vollzieht. Charakteristisch für dieses Verhältnis sind symbiotische Verwicklungen von Sozialität und Digitalität, die in dem Maße verstärkt werden, wie das ökonomische Wertpotenzial der kulturellen Bindungskräfte nicht nur erkannt wird, sondern mehr und mehr auch digital modelliert und darüber systematisch erschlossen werden kann. Was daraus für die sozialen Bindungskräfte folgt, die Sennetts Erkenntnisinteresse an der Kultur bestimmen, ist noch nicht ausreichend erforscht worden. Was bei ihm (vgl. Sennett 2012: 42-49) noch als kulturelles Unverständnis, als Aufeinandertreffen fremder sozialer Welten von Programmierenden und Nutzenden einer Google-Kooperationsplattform erscheint, hat sich inzwischen zu einem hyperdynamischen Feedbacksystem entwickelt, in welchem den lebendigen Kulturen keine starren digitalen Architekturen mehr übergestülpt werden und einen festen Rahmen vorgeben, sondern eine neue, hybride »Kultur der Digitalität« (vgl. Stalder 2016) entsteht. Mit dieser hat sich der flexible Kapitalismus eine neue Entfaltungsform geschaffen, in der komplexes Verhalten nicht nur umfassend datenförmig erfasst und verarbeitet wird, sondern zu laufenden Nachjustierungen auf der Seite der Technik ebenso wie auf der Seite des zunehmend technikorientierten und -abhängigen (Sozial-)Verhaltens führt.

Was noch immer etwas mystifizierend künstliche Intelligenz oder maschinelles Lernen genannt wird, ist in erster Linie eine komplexe sozio-digitale Trainingskonstellation (vgl. Engemann 2018), die nach und nach zur neuen infrastrukturellen Grundlage des gesellschaftlichen (Zusammen-)Lebens und seiner nun digital modellierten und gestützten Bindungskräfte ausgebaut wird. Diese Trainingskonstellation dient der Herstellung – aber damit eben gleichzeitig auch dem Einüben und Einschleifen – von *Passfähigkeit* zwischen dem komplexen Ausdrucksvermögen einer handfesten kulturellen Praxis und ihrer Erscheinungsformen einerseits und der algorithmischen Hervorbringung einer vergleichbaren Performanz durch digitale Rechenmaschinen andererseits. Dafür findet dieses Training nicht länger in abgeschlossenen Laboren weit weg von der kulturellen Wirklichkeit statt, sondern nutzt letztere unter Echtzeitbedingungen als Reallabor, um die Kapazitäten zur digitalen Modellierung und Vermarktung des kulturellen Lebens laufend zu testen und zeitgleich zu erweitern. Hierzu verbindet es sich mit Techniken zur Erzeugung affektiver Bindungen, etwa des *Nudging* oder der *Gamifikation*, wodurch die Tiefe und der Charakter der neuen digitalen Kultur-Transformation sichtbar werden. Warum auch diese neue Transformation der Kultur als Verfallsprozess erscheint, wo doch die Verschmelzung von Sozialität und Digitalität auf eine nahezu vollständige Kopie und perfekte digitale Zwillinge des kulturellen Lebens hinauszulaufen verspricht, wird erst sichtbar, wenn mit Sennett an den kulturellen Bildungswert der Erfahrungen von Heterogenität, von Brüchen, von Scheitern und von Idiosynkrasien in der Praxis erinnert wird. Es ist dieser kulturelle Bildungsgehalt, eine Erfahrungsqualität und die mit ihr verbundene Kompetenz zur kritischen Distanznahme sowie zum Aushalten des Ungewissen, Ungleichen und Unbekannten, die in einer algorithmisch, probabilistisch und am vorreflexiven Verhaltensapparat ausgerichteten, zugleich ökonomisch getriebenen Digitalkultur stetig weiter abgeschliffen zu werden drohen. Der fundamentale *Bias*, der diese Kultur des digitalen Überwachungskapitalismus durchzieht, ist die maschinenförmige Zweitcodierung und Stabilisierung von Routinepraktiken, die damit immer weniger errungen und in handwerklicher Selbstkritik geprüft und verfeinert, sondern auf neue, flexiblere Weise statisch und sinnentleert werden – genauso wie einst die Bürokratie.

Literatur

Adorno, T.W. 1972: Soziologische Schriften I. Frankfurt a.M.

Arendt, H. 1981: Vita activa oder vom tätigen Leben. München/Zürich.

Barber, B.R. 2007: Consumed. Wie der Markt Kinder verführt, Erwachsene infantilisiert und die Demokratie untergräbt. München.

Baudrillard, J. 1991: Das System der Dinge. Über unser Verhältnis zu den alltäglichen Gegenständen. Frankfurt a.M./New York.

Bauman, Z. 2003: Flüchtige Moderne. Frankfurt a.M.

Bedorf, T./Herrmann, S. (Hg.) 2016: Das soziale Band. Geschichte und Gegenwart eines sozialtheoretischen Grundbegriffs. Frankfurt a.M./New York.

Bell, D. 1991 (1976): Die kulturellen Widersprüche des Kapitalismus. Frankfurt a.M./New York.

Blühdorn, I. 2013: Simulative Demokratie. *Neue Politik* nach der postdemokratischen Wende. Berlin.

Boltanski, L./Chiapello, È. 2003 (1999): Der neue Geist des Kapitalismus. Konstanz.

Campbell, C. 2018/1987: The Romantic Ethic and the Spirit of Modern Consumerism. New Extended Edition. Basingstoke.

Descola, P. 2013: Jenseits von Natur und Kultur. Berlin.

Engemann, C. 2018: Rekursionen über Körper. Machine Learning-Trainingsdatensätze als Arbeit am Index. In: Engemann, C./Sudmann, A. (Hg.): Machine Learning – Medien, Infrastrukturen und Technologien der Künstlichen Intelligenz. Bielefeld: 247-268.

Hartmann, K. 2009: Ende der Märchenstunde. Wie die Industrie die Lohas und Lifestyle-Ökos vereinnahmt. München.

Hirschman, A.O. 1984 (1977): Leidenschaften und Interessen. Politische Begründungen des Kapitalismus vor seinem Sieg. Frankfurt a.M.
Horkheimer, M./Adorno, T.W. 1988 (1947): Dialektik der Aufklärung. Philosophische Fragmente. Frankfurt a.M.
Jaeggi, R. 2014: Kritik von Lebensformen. Berlin.
Lamla, J. 2013: Verbraucherdemokratie. Politische Soziologie der Konsumgesellschaft. Berlin.
Neckel, S. 2008: Flucht nach vorn. Die Erfolgskultur der Marktgesellschaft. Frankfurt a.M./New York.
Rifkin, J. 2002: Access. Das Verschwinden des Eigentums. Frankfurt a.M.
Sennett, R. 1983 (1974): Verfall und Ende des öffentlichen Lebens. Die Tyrannei der Intimität. Frankfurt a.M.
Sennett, R. 1998: Der flexible Mensch. Die Kultur des neuen Kapitalismus. Berlin.
Sennett, R. 2004: Respekt im Zeitalter der Ungleichheit. Berlin.
Sennett, R. 2005: Die Kultur des neuen Kapitalismus. Berlin.
Sennett, R. 2008: Handwerk. Berlin.
Sennett, R. 2012: Zusammenarbeit. Was unsere Gesellschaft zusammenhält. München.
Sombart, W. 1996 (1912): Liebe, Luxus und Kapitalismus. Über die Entstehung der modernen Welt aus dem Geist der Verschwendung. Berlin.
Stalder, F. 2016: Kultur der Digitalität. Berlin.
Wagner, P. 1995: Soziologie der Moderne. Freiheit und Disziplin. Frankfurt a.M./New York.
Weber, M. 1996 (1920): Die protestantische Ethik und der ›Geist‹ des Kapitalismus. Weinheim.
Zuboff, S. 2018: Das Zeitalter des Überwachungskapitalismus. Frankfurt a.M./New York.

Demokratie

Vincent August

Soziologie und Republikanismus

Dieser Beitrag entsteht zu einem Zeitpunkt, an dem das öffentliche Leben fast vollständig zum Erliegen gekommen ist, die europäischen Städte ihre Begegnungsorte geschlossen haben und Regierungen massiv in die Freiheiten ihrer Bürger:innen eingreifen. Es ist daher kein Zufall, dass der Berliner *Tagesspiegel* Richard Sennett zu dieser Situation befragt hat, hat Sennett doch immer wieder vor dem Verfall des öffentlichen Lebens gewarnt und dagegen für offene Städte und aktives Engagement von unten geworben.

Aber es ist kein politischer oder kultureller Verfall, sondern ein Virus, das den Ausnahmezustand im März 2020 binnen weniger Wochen herbeigeführt hat. Auch von Sennett ist daher keine Kritik der Maßnahmen an sich zu hören, wohl aber Besorgnis – dass der Ausnahmezustand genutzt werden könnte, um mehr Kontrolle und Überwachung der Bürger:innen zur Normalität zu machen, und dass die Corona-Krise in ›schwachen Zivilgesellschaften‹ zu noch mehr sozialer Ungleichheit führt (vgl. Sennett/Peitz 2020).

Es sind diese oft düsteren Warnungen, die viele von Sennetts Büchern kennzeichnen. Sven Opitz (2011: 392) beklagte einmal, dass diese Passagen mit ihrem »populistischen Kulturpessimismus und ihrem reduktionistischen Moralismus für soziologische Leser schwer erträglich sind«. Sennett hat freilich nie nur für ein soziologisches Publikum geschrieben; er war stets an Breitenwirkung und Intervention interessiert. Dabei ging er auch über das Schreiben hinaus, indem er sich an zahlreichen Stadtentwicklungsprojekten beteiligte und als politischer Berater gearbeitet hat, etwa für die United Nations. Doch wofür tritt der öffentliche Intellektuelle und Stadtplaner Richard Sennett dabei ein? Welches politische Denken leitet sein Engagement und bildet den Maßstab seiner kritischen Soziologie?

Diese Frage nach dem Demokratie- und Politikverständnis von Richard Sennett ist bisher nicht systematisch gestellt worden.[1] Sie ist auch kein leichtes Unterfangen. Sennett hat weder seine normative Sicht auf das Politische systematisch entwickelt, noch hat er die politischen Prozesse und Institutionen im engeren Sinne zum Gegenstand seiner Analysen gemacht. Dennoch hatten seine Schriften stets eine politische Dimension. Dies wird daran deutlich, dass er oft dezidiert politische Begriffe heranzieht, um soziale Praktiken und ihre Folgen zu evaluieren. So hat er schon den Verfall des öffentlichen Lebens als eine Entwicklung zur Tyrannis gedeutet, in der die »Herrschaft einer alleinigen, souveränen Autorität« zur »Verdrängung der *res publica*« führe (Sennett 1985a: 379, 381).

Diesen demokratietheoretischen Spuren in Sennetts Werken werde ich im Folgenden nachgehen. Ich vertrete dabei die These, dass sein Demokratie- und Politikverständnis von zwei grundlegenden Positionen getragen wird, die man als die *analytische Matrix* und den *normativen Maßstab* von Sennetts Studien beschreiben kann: In analytischer Hinsicht versteht Sennett *Demokratie als eine Lebensform*, sodass politische Fragen in allen Bereichen der Gesellschaft aufgerufen werden können. Wenn sich Demokratie nicht nur als eine Staatsform, sondern als eine Lebensform realisiert, dann muss man sie gerade außerhalb der Politik analysieren, z.B. am Arbeitsplatz oder in der Architektur von Städten und Gebäuden, die unser Leben prägen.

Für die kritische Evaluation der Analyseergebnisse legt Sennett dann normative Kriterien an, die er allerdings nirgendwo explizit entwickelt. Um sie aufzuspüren und einzuordnen, gehe ich seinen Urteilen über soziale Trends und die politischen Antworten auf diese Trends

1 Für ihre überaus hilfreiche Unterstützung bei der Recherche danke ich Anna Sandberger und Manuel Kautz.

ebenso nach wie seinen Appellen für Zivilität, Konflikt und Kooperation. Diese normativen Kriterien lassen sich in eine politische Tradition einordnen, auf die Sennetts Gegenüberstellung von Tyrannei/Souveränität und *res publica* bereits verweist (auch wenn seine Gleichsetzung von Tyrannis und Souveränität eher zweifelhaft ist). Denn genau diese Gegenüberstellung stand schon am Anfang des neuzeitlichen Republikanismus (vgl. Machiavelli 2016: 5). Sennetts normativer Maßstab kann aber in einer spezifischen Richtung republikanischer Ansätze verortet werden: dem *konfliktiven Republikanismus*.

Gegen Solidarität: Demokratie als Lebensform und die Perversion der Politik

Es ist kein Geheimnis, dass Richard Sennett große Stücke auf Alexis de Tocqueville hält. So stellte er seinem Buch *Verfall und Ende des öffentlichen Lebens* ein Tocqueville-Zitat voran, das die programmatische Stellung von Tocquevilles Thesen für das Buch sehr deutlich macht. In seinen Amerika-Studien entwickelte Tocqueville auch die Idee, dass Demokratie nur als eine Lebensform zu begreifen sei. Dabei war sein Anliegen zunächst ein analytisches: Es ging um die Begründung einer Wissenschaft, die die gesellschaftlichen Entwicklungen erfasst und ins Verhältnis zum politischen System setzt (vgl. Krause 2017: 14). Gesellschaftliche und politische Entwicklung sind demnach ineinander verzahnt. Demokratie steht daher bei Tocqueville nicht nur für das politische System, sondern auch für eine soziale Lebensweise, die *gleichzeitig* zu Individualismus und zu einer »Gleichheit der Sozialbeziehungen, Umgangsformen und Erwartungshaltungen der Menschen« führe (ebd.).

Sennetts Zeitdiagnose schloss an diese Perspektive und ihre Diagnosen an. Wie Tocqueville hielt er die Trends zu Individualismus und demokratischer Gleichheit für hochgradig problematisch, weil sie eine Form von Intimität befördern, die zu politischer Apathie führe:

> »Tocqueville's genius was in seeing why the very forces that create individual anxiety also block the translation of private unrest into po-

> litical discontent. […] A society of equality promotes the illusion that politics is a diversion from the primary tasks of life, which are those of making meaning in the personal sphere.« (Sennett 1979: 416)

Die schlagende These von Sennett lautete daher: Die Kombination von Gleichheit und Individualismus löse Herrschafts- und Machtbeziehungen gerade nicht auf. Stattdessen verhindere sie, dass die Menschen sich ihnen aktiv politisch zuwenden. In seiner Studie über den Verfall des öffentlichen Lebens übertrug Sennett diese These auch auf den Teilbereich der Politik. Es sei demnach nicht nur so, dass die Individuen sich aus dem öffentlichen Leben zurückziehen und in ihren persönlichen Problemen aufgehen; sie verwenden die Kriterien der Intimität dann auch zur Beurteilung von Politik. Statt die Interessen, Konflikte und Folgen von Politik in den Blick zu nehmen, konzentrieren sich Wähler:innen und Politiker:innen nur noch auf Persönlichkeit und Charisma. Die intime Gesellschaft und ihr narzisstischer Individualismus führen zu einer ›Perversion‹ der Politik (vgl. Sennett 1985a: 304-330; Schroer 2005: 252-253).

Diese Kritik hatte im Kontext der 1970er und 1980er Jahre gleich mehrere Stoßrichtungen (zum Regierungsdenken der Zeit vgl. August 2019). *Erstens* wandte sich Sennett damit explizit gegen die *Neokonservativen*. Sie hatten ebenfalls an Tocqueville angeschlossen, indem sie seine Skepsis gegenüber Individualismus, Gleichheit und Demokratie aufgriffen, um die traditionellen Werte von Status und Familie zu profilieren (vgl. Sennett 2013: 250-252; Audier 2007: 79). Aus Sennetts Sicht hatte Tocqueville aber auf etwas ganz anderes abgestellt, nämlich auf die Sorge um kollektive Handlungsräume, die die notwendige Bedingung für freiheitliche Gesellschaften seien. Und tatsächlich drängte Tocqueville darauf, dass man die bloß repräsentative Demokratie durch eine stets aktive Bürgerschaft überwinden müsse, wenn man die freiheitliche Ordnung nicht gefährden wolle (vgl. Krause 2017: 14-15). Diesen – dezidiert republikanischen – Grundzug teilt auch Sennett.

Damit war – *zweitens* – seine Ablehnung der *neoliberalen Politikvorschläge* der 1970er und 1980er Jahre bereits vorprogrammiert. Bei Sennett treten diese Konzepte als ›rationale Politik‹ auf, was angesichts ihrer Herkunft aus der Rational-Choice-Theorie durchaus Sinn macht. Für deren (vermeintliche) Rationalität hatte Sennett aber nur beißende Kritik übrig. Denn wer darauf bestehe, nur das aktuell Sichtbare zum Maßstab der Politik zu machen, könne sich nur noch an der ›Personality‹ der Politiker:innen orientieren. Man schere sich dann überhaupt nicht mehr um die »künftigen Konsequenzen« des Handelns, weil sie empirisch nicht zugänglich seien (Sennett 1985a: 312).

Und genau das beobachtete Sennett bei den Anhänger:innen dieser populären Theorie: »Wenn ein Politiker voll selbstgerechter Empörung erklärt, er wolle den ›Trittbrettfahrern des Wohlfahrtsstaates‹ entgegentreten, müßte man sich vorstellen können, wie es wäre, wenn man in der nächsten Depression selbst auf die Arbeitslosenunterstützung angewiesen ist« (Sennett 1985a: 312) – doch genau diese Vorstellungskraft gehe dem rationalen Politikverständnis ab. Sennetts Politikverständnis ist dem genau entgegengesetzt: Es bedarf »einer Suspendierung des unmittelbaren Augenblicks, eines Raumes für Gedanken-Spiele und politische Phantasie« (ebd.).

Trotz seiner Distanz zu neokonservativen und neoliberalen Politikentwürfen stand Sennett – *drittens* – aber auch der *Neuen Linken* kritisch gegenüber. Dafür gibt es mehrere Gründe. Zunächst einmal grenzt er sich mit seiner Kritik der sozialen Gleichheit ausdrücklich von einem linken Projekt ab, das Gleichheit zum obersten Ziel erklärt. Damit unterschätze die Linke nicht nur die potenziellen Gefahren sozialer Gleichheit, sondern überschätze zugleich ihre herrschaftskritische Dimension. Denn was Sennett mit Tocqueville beobachtete (vgl. 1979: 418), war ja gerade, dass die Paarung von Individualismus und Gleichheit zu einer Stabilisierung von Herrschaftsverhältnissen führe, weil sie politische Abstinenz befördere. Ein weiterer Ausbau der Gleichheit würde daher dieses Problem nicht beheben; man müsste andere Strategien finden.

Die Strategien, die manche in der Neuen Linken wählten, machten Sennett aber nur noch skeptischer. Insbesondere war er nicht bereit, die traditionelle Kulturkritik mitzutragen, wie sie unter anderem von der Frankfurter Schule seiner Zeit vorgetragen worden sei (vgl. Sennett 1985a: 293, 2011: 392). Instrumentelle Rationalität und soziale Distanz erscheinen hier nur als Formen der Unterdrückung und Entfremdung von einem authentischen Leben. Darauf antworten dann viele mit der »Wiedererrichtung lokaler Gemeinschaften«, um Nähe und direktes Erleben wieder zu ermöglichen und auf diese Weise »die politische Erneuerung der Gesellschaft als ganzer« zu erreichen (Sennett 1985a: 333). Doch dieser Vorschlag, der auch im Kommunitarismus auftauchte, war in Sennetts Augen hochgradig elitär und »falsch«, denn auf der Basis intimer Gefühle lasse sich keine »neue Form von Geselligkeit« entwickeln; sie begründe nur eine »Gemeinschaft gegen die Welt«, die mit eklatanten Gefahren einhergehe (ebd.).

Dies bringt Sennett dazu, den Kampfbegriff der Solidarität rundheraus abzulehnen. Denn eine solche Gemeinschaft baue auf einer homogenen Identität auf und neige dazu, diejenigen auszuschließen, die nicht der Gruppenidentität und ihren Werten entsprechen. In einer solchen Gemeinschaft haben Fremde und andersartige Vorstellungen von der Welt keinen Platz. Dieser Ausschluss des Anderen setze sich bis in die Gruppe fort, weil man auch gegen innere Widersprüche vorgehen müsse, um eine homogene Gruppenidentität herzustellen: »Solche Brüderlichkeit mündet schließlich im Brüdermord«, warnte Sennett (1985a: 300), und er befürchtete außerdem, dass der Appell an Solidarität auch zu obrigkeitlichen Strukturen führen würde, die sich im Namen der Einheit rechtfertigen ließen. Auch sein 2012 erstmals erschienenes Buch über *Zusammenarbeit* schloss er daher mit einem flammenden Plädoyer gegen die »perverse Macht der Solidarität« (2013: 279; deutsch V.A.).

Sennetts kritischer Maßstab: Zivilität, Kooperation und Konflikt

Betrachtet man diese Frontstellungen, dann steht Sennett allen drei ›politischen Ideologien‹ der Moderne skeptisch gegenüber. Konservatismus, Liberalismus und Sozialismus scheinen ihm – jedenfalls in der aktuellen Form – keine hinreichenden Demokratiemodelle bereitzuhalten. Wenn er daher Demokratie einmal definiert, greift Sennett weiter zurück, nämlich auf das Polis-Verständnis von Aristoteles:

> »A democracy supposes that people can consider views other than their own. This was Aristotle's notion in the *Politics*. He thought that the awareness of difference occurs only in cities because every city is formed by *synoikismos*, a drawing together of different families and tribes, of competing economic interests, of natives with foreigners.« (Sennett 1999: 276)[2]

Sennetts Demokratieverständnis ist damit auf zwei Grundsätze verpflichtet: Eine demokratische Gesellschaft zeichnet sich durch Vielfalt und Pluralität aus, muss gleichzeitig aber ermöglichen, dass diese vielfältigen Perspektiven physisch und diskursiv zusammenkommen können, ohne dass sie sich in einer höheren Einheit aufheben oder durch einen endgültigen Sieger aufgelöst werden. Daher bedarf es einerseits Orte und Strukturen, die die Bürger:innen zum aktiven Engagement in der Welt befähigen, wie Sennett mit Verweis auf den ›Capability-Approach‹ der Neoaristotelikerin Martha Nussbaum immer wieder betont (vgl. Sennett 2013: 29, 147). Andererseits muss das Engagement aber auch eine spezifische *Form* annehmen, die sich der diffizilen Balance zwischen Differenz und Kooperation verschreibt.

Diese Ethik und Praxis des Zusammenlebens findet bei Sennett seinen Ausdruck im *Ideal von Zivilität und Kooperation*. Sie bilden gewissermaßen die Gegenbegriffe zu Intimität und Solidarität, wobei es Sennett – genauer gesagt – darum geht, eine *andere* Form der Kooperation als die der Solidarität zu entwickeln. Wenn die Demokratie von unterschiedlichen Interessen und Perspektiven lebt, dann muss Kooperation mit *Konflikt* rechnen und ihm so begegnen, dass er eine *integrative Funktion für die Gesellschaft* entfalten kann:

> »The good alternative is a demanding and difficult kind of cooperation; it tries to join people who have separate or conflicting interests,

2 Sennett (vgl. 2013: 4) ist darüber hinaus der Auffassung, dass auch das Subjekt in sich vielfältig und ohne einheitliche Identität ist. Zu Sennetts aristotelischer Konzeption des Handwerks als kritischer Norm vgl. Tweedie (2017).

> who do not feel good about each other, who are unequal, or who simply do not understand one another. The challenge is to respond to others on their own terms. This is the challenge of all conflict management.« (Sennett 2013: 6)

Die Idee der Zivilität (*civility*) steht dabei für eine Form zugewandter Distanz in den Sozialbeziehungen. Sie zielt darauf ab, Begegnungen zwischen Menschen so zu gestalten, dass sie »an der Vielfalt von Erfahrungen Gefallen finden und sogar Bereicherung aus ihr ziehen« (Sennett 1985a: 387). Dieses Ziel wäre unerreichbar, wenn man die Vielfalt der Kommunikation auf die Dimension einer authentischen Persönlichkeit reduzieren würde. Man müsse daher »die anderen mit der Last des eigenen Selbst« (ebd.: 299, vgl. 304) verschonen und anderen begegnen, »ohne daß gleich der zwanghafte Wunsch hinzuträte, sie als Person kennen zu lernen« (ebd.: 382). Ziviles Verhalten verbindet bei Sennett daher Schutz- und Freiheitsgewinn: Man zwingt das Gegenüber nicht zu Offenbarungseiden und kettet es nicht an seine Positionen; gerade dadurch gewinnen aber beide Seiten die Freiheit, neue Rollen und Ideen durchzuspielen.

Diese ethische Haltung der Zivilität blieb in Sennetts Arbeiten oft vage, obwohl sie den kritischen Maßstab abgab. Erst in *Together* erkundet er konkrete Techniken und Praktiken, die eine solche Zivilität herstellen könnten. Dazu gehören auf der einen Seite Fähigkeiten des Zuhörens und Beobachtens, um Differenzen zu registrieren und dadurch ›Anschlusskommunikation‹ zu ermöglichen. Sennett bringt dies auf die Formel, nicht Mitleid (*sympathy*) zu zeigen und sich mit dem Gegenüber zu identifizieren, sondern Empathie zu zeigen und sich für das Gegenüber zu interessieren (vgl. Sennett 2013: 20-22). Auf der anderen Seite stehen dann besondere Fähigkeiten, sich selbst zu äußern. Statt deklarativ seine Meinung nur kundzutun, ginge es eher darum, in indirekter Rede Möglichkeiten zu erkunden. Eine solche konjunktive Haltung (*subjunctive mood*) zeigen wir laut Sennett mit Adverbien wie »vielleicht«, »möglicherweise«, »eventuell« und in Formulierungen wie »Ich hätte gedacht...« (ebd.: 22-24).

Ein Vorbild dieser indirekten Kommunikation ist für ihn die Diplomatie (vgl. Sennett 2013: 120-124, 238-241). Sie habe die Praxis der Zivilität professionalisiert, indem sie Rituale entwickelte, mit denen Ideen unabhängig von der Person gesammelt werden können (z.B. *bout de papier* und *démarche*) und mit denen Blockaden zwischen den Personen durch den Wechsel auf formellere oder informellere Formate überbrückt werden (z.B. diplomatische Zeremonie und Cocktail-Partys). Solche Rituale lassen sich aber auch im Alltag finden und sind für Sennett wichtige Steigbügel, um Zivilität einzuüben. Zivilität wiederum schaffe die Bedingungen für »an open, inquisitive discussion about problems, procedures and results« (ebd.: 127).

Diese Form der offenen Kooperation bietet letztlich die Alternative zu der Perversion, die Sennett der intimen Gesellschaft und den destruktiven Gemeinschaften attestiert hatte: Sie rückt die Differenzen und Möglichkeiten des Zusammenlebens ins Zentrum eines ständigen Dialogs (vgl. Sennett 2013: 14-20). Gemeinschaft wäre dann eben nicht mehr als eine Einheit geteilter moralischer Werte zu verstehen, sondern ist der Effekt jenes Prozesses, »in dem im Laufe der Zeit die Differenzen ihrer Mitglieder verarbeitet werden« (Sennett 1998a: 198). In diesem Prozess stifte gerade die informelle Suche nach Problemen und Lösungen eine Form der Sozialbeziehung, die das Gegenüber wertschätzt. Die lokale Gemeinschaft ›unter Anwesenden‹ wird *auf diese Weise* für Sennett doch wieder der Ort, an dem das *gute Leben* verfolgt werden kann (vgl. 2013: 270-273).

Diese normative Folie macht die kritischen, mithin pessimistischen Töne von Sennetts Studien besser verständlich. Denn das diffizile Arrangement von Pluralität und Konflikt, Zivilität und Kooperation kann schnell unterlaufen werden. Neben der ohnehin voraussetzungsreichen Kultur der Zivilität hat sie auch strukturelle Vorbedingungen: Eine Stadt, die monofunktional strukturiert ist und die unterschiedlichen Gruppen sorgsam voneinander trennt, statt Begegnungen zwischen ihnen zu ermöglichen, gefährdet die Ausübung von Zivilität und damit die Qualität der Demokratie. Das gleiche gilt für Technologien und Medien der Kommunikation, die die Zuschauer passivieren und die Darsteller zur Personalisierung zwingen (wie es Fernsehen und

Sozialen Medien nachgesagt wird). Und natürlich gilt es auch für die Arbeitsbedingungen der Menschen, die das Selbstwertgefühl entziehen und die nötige Stabilität für politisches Engagement unterlaufen können.

Stadt, Öffentlichkeit und Arbeit – die drei großen Themen von Sennetts Arbeiten – können und sollen also Orte der Ein- und Ausübung von Zivilität und Kooperation sein; sie können aber ebenso zu Katalysatoren des Verfalls werden. An dieser Stelle treffen sich daher der soziologische Demokratiebegriff, der Demokratie als Lebensform begreift, und der republikanische Demokratiebegriff, der sich beständig um die »sozio-moralischen Grundlagen« des Gemeinwesens sorgt (vgl. Münkler 2010). Die Brücke bildet bei Sennett wie bei Tocqueville, dass ihre Sorge der Stabilität eines *freiheitlichen* Gemeinwesens gilt. Sie können damit weder dem liberalen Modell folgen, das auf eine Institutionenmechanik setzt, um die Stabilität zu garantieren; noch können sie auf eine metaphysische Gemeinschaftsidee setzen, die auf Harmonie und Einheit abzielt. Stattdessen verfolgen beide einen konfliktiven Ansatz, der die Freiheit des Einzelnen mit der Freiheit kollektiven Handelns verbindet. In dieser Tradition soll Sennetts Politik- und Demokratieverständnis im Folgenden verortet werden.

Konfliktiver Republikanismus: Konturen einer politischen Tradition

Der *konfliktive Republikanismus* – auch »Republikanismus des Dissenses« genannt (vgl. Thiel/Volk 2016) – grenzt sich von einem *identitären Republikanismus* ab, der vor allem mit Rousseau verbunden wird. Allerdings nimmt dieser identitäre Republikanismus im Gedächtnis der Sozialwissenschaften (und der modernen politischen Theorien im Besonderen) eine prominentere Rolle ein, weil zum Beginn der Moderne auch die Krise dieses Modells gehörte. Die Idee eines harmonischen, authentischen Gesamtwillens, dem sich die Einzelnen unterzuordnen haben, disqualifizierte sich im Tugendterror der Französischen Revolution. Gerade dadurch wurde der identitäre Republikanismus zum

Abgrenzungspunkt für die politischen Traditionen der Moderne (vgl. Münkler/Rzepka 2015).

Aber auch der konfliktive Republikanismus hat sich klar von diesem Modell distanziert. Dies kann man nicht nur bei Sennett beobachten. Schon Hannah Arendt, die wohl prominenteste Vertreterin des konfliktiven Republikanismus, hat scharf über die französischen Revolutionäre und ihren Tugend-Begriff geurteilt: »[D]iese Tugend war nicht mehr römisch, ihr Gegenstand war nicht die *res publica* […], und sie hatte mit politischer Freiheit nichts zu tun.« (Arendt 2011: 94) Stattdessen stellten die Revolutionäre auf die totale Identifikation mit einem metaphysischen Volk ab, das durch die Kraft des Mitleids zusammengehalten werden sollte (vgl. ebd.: 93-111), aber effektiv durch den Terror gegen den imaginierten »Feind im Innersten jedes Bürgers« (ebd.: 98) hergestellt wurde. Die Französische Revolution galt Arendt als gescheitert.

Im Unterschied dazu ist der Ausgangspunkt des konfliktiven Republikanismus »das Faktum der Pluralität« (Arendt 2010: 17). Erst wegen der Pluralität der Menschen komme das Politische überhaupt in die Welt, weil es Austausch, Abstimmung und Entscheidung erforderlich mache. Infolgedessen seien Konflikte nicht nur ein notwendiger Bestandteil menschlichen Zusammenlebens, sie können sogar eine integrative Kraft für das Gemeinwesen sein, indem sie das Engagement der Menschen fördern. Weil sie sich dabei auf *unterschiedliche Weise* auf *gemeinsame, öffentliche Sachen* (*res publica*) beziehen, bauen sie eine gemeinsame Welt auf, ohne dass sich Pluralität in Identität auflöse. Gleichzeitig werde durch den aktiven Widerspruch auch verhindert, dass Einzelne oder einzelne Gruppen einer Gesellschaft unkontrolliert Macht ausüben können. Der Konflikt wird damit auch zur *Sperre gegen Korruption und Unterdrückung.*[3]

Diese Argumentation für die stabilisierende Leistung von Konflikten hatte der frühneuzeitliche Republikanismus gegen die allgegenwärtige Alternative der Alleinherrschaft gerichtet, die ständig davor warnte, dass sich die Bürger in Faktionen oder Familien aufspalten würden,

3 Als Beispiel für diesen Argumentationsgang vgl. Arendt (2010: 62-73, 2011: 190-201, 302-306).

deren Feindschaft in Verfolgung und Bürgerkrieg münde (vgl. Münkler 2010: 27). In jüngeren Varianten tritt daneben die Abrechnung mit dem Totalitarismus und die produktive Kritik der liberalen repräsentativen Demokratie, die Zerfalls- und Verfallstendenzen befördere.

Sennetts Plädoyer für Konflikte stützt sich allerdings nicht nur auf die republikanische Tradition, sondern auch auf soziologische Erkenntnisse. Mit Lewis Coser und gegen Kommunitarismus und Solidaritätsbekundungen argumentiert er, dass ein »realistischerer Blick« auf Gemeinschaften verstehe, dass es gerade der Konflikt sei, der die Gemeinschaft erst konstituiere (vgl. Sennett 1998a: 197). Die Chicagoer Soziologie habe diese konstitutive Funktion aber sogar deutlich besser erfasst als seine Lehrerin Hannah Arendt (vgl. Sennett 2011). Für Arendt bestünde Öffentlichkeit darin, die Unterschiede zwischen den Menschen zu transzendieren, indem sie ihre sozialen Eigenschaften hinter sich ließen. Die soziologische Konzeption erkenne dagegen, dass erst die Unterschiede es notwendig machen, einen zivilen Modus der Interaktion trotz Differenzen zu finden. Dieser Modus bestehe darin, dass die Menschen eine schauspielerische Darstellung *für andere* erbringen. Die Welt kann daher als ein Theater verstanden werden.

Auch bei diesem Ansatz sieht Sennett aber ein Problem. Er stehe nämlich letztlich der Beschaffenheit der Öffentlichkeit politisch indifferent gegenüber und scheitere daran, ein normativ anspruchsvolles Öffentlichkeitskonzept zu entwickeln: »What Goffman, Geertz, and I have failed to address in our work is what a liberated politics is – what is a liberating theatricality in the city and what is a repressive one?« (Sennett 2011: 396) Die soziologischen Modelle aus Chicago helfen in dieser Hinsicht wenig weiter, wie Sennett selbstkritisch bemerkt (vgl. ebd.: 397), weil sie nicht in der Lage seien, aktives Engagement zu stimulieren und die Voraussetzungen für dieses ›befreiende‹ Engagement zu reflektieren.

Allerdings hat Sennett mit seiner schroffen Abgrenzung von Arendt die Chance verpasst, genau dieses Defizit zu bearbeiten. Denn auch Arendt entwickelte ein dramaturgisches Öffentlichkeitsmodell, das Sennett schlichtweg ignoriert und so eine fruchtbare Schnittstelle zu seiner soziologischen Perspektive ungenutzt lässt. Arendt betonte, dass der »politische Bereich« einer »immerwährenden Bühne« gleiche und die Menschen sich und ihre Verschiedenheit erst in der Inszenierung für das Gegenüber und das Publikum auf der Bühne erfahren (vgl. Arendt 2010: 247). Gerade weil das Theater genau dieses schauspielerische Handeln imitiere, ist es für Arendt »in der Tat die politische Kunst par excellence« (ebd.: 233).

Arendts Öffentlichkeitsmodell steht mit genau dieser dramaturgischen Ausrichtung in der republikanischen Tradition, gewinnt aber einen neuartigen Grad an Komplexität. Ihre Ausführungen machen nämlich deutlich, dass das dramaturgische Modell drei Dimensionen hat: Es umfasst zum einen die »agonal-expressive Dimension«, in der es um die sichtbare Darstellung von Differenzen geht, und verbindet diese Konflikt-Dimension dann mit der »kommunikativ-assoziative[n] Dimension der gemeinsamen Beratung und Entscheidung«. Schließlich macht Arendt darauf aufmerksam, dass Öffentlichkeit außerdem eine »narrativ-mnemotische Dimension« hat (alle Zitate Straßenberger 2015: 100). In ihr wird mittels Inszenierungen, Symbolen und Ritualen an politisches Handeln erinnert, was dem Gemeinwesen Stabilität verleiht.

In dieses analytisch fruchtbare Modell von Öffentlichkeit ist bei Arendt freilich eine normative Perspektive eingelassen, die auf die Stimulation und Bewahrung aktiven Engagements angelegt ist – also auf die Probleme, die Sennett nach eigener Ansicht mit dem Chicagoer Ansatz nicht lösen kann. Der konfliktive Republikanismus erkennt Öffentlichkeit nur dann als qualitativ hochwertig an, wenn substanziell unterschiedliche Meinungen in ihr auftreten (vgl. Thiel/Volk 2016: 355). Daher müssen politische Ordnungen so weit herausgefordert werden können, dass sich Machtformationen neu sortieren können. Denn nur diese Aussicht auf Veränderung motiviere aktive Teilnahme (vgl. August 2018a: 149f.). Gleichzeitig müssen auch die Gefährdungen dieser konfliktiven Ordnung durch Exklusion, Oligarchisierung und Tugendverfall permanent reflektiert und besprochen werden (vgl. Thiel/Volk 2016: 356f.).

Dies schlägt sich in einer langen Tradition republikanischer Dekadenzdiskurse nieder; der konfliktive Republikanismus wendet sich aber gegen bloße Verfallsnarrative. Dazu unterbreiten seine Vertreter:innen Vorschläge zur *Institutionalisierung von Konflikten*, z.B. öffentliche Gerichtsverfahren mit Laienbeteiligung (Machiavelli, Tocqueville), die Diskussion von Mischverfassungsmodellen (Machiavelli, Arendt) oder das Plädoyer für lokale Face-to-face-Öffentlichkeiten (Arendt, Sennett). Daneben stehen Vorschläge und Mahnungen, dass die kritische, dissentive Dimension eines *tradierenden Gegengewichts* bedarf. Seit der römischen Republik lagert sich diese Vorstellung im Begriff der *auctoritas* ab, und es war wiederum Hannah Arendt, die die Bedeutung von Autorität als einer ratgebenden, bewahrenden Instanz erneut herausgestellt hat (vgl. Straßenberger 2014). Dafür brachte sie eine institutionelle Verankerung der Autorität im Verfassungsgericht ins Spiel und wies auf die mnemotische Funktion von Öffentlichkeit hin, die vorbildliches Handeln tradieren müsse, ohne neues Handeln auf genau diese eine Form des Handelns festzulegen.

Der konfliktive Republikanismus betont damit, dass politischer Dissens und kreatives Handeln auf einen stabilen Rahmen angewiesen sind, ebenso wie dieser Rahmen nur von dem kritischen Engagement der Bürger:innen aufrechterhalten werden kann – Stabilität und Neuanfang bedingen sich gegenseitig. Auch Sennetts Haltung ist von diesem Wechselspiel geprägt. Während er ähnlich wie Arendt eine Vorliebe für das vor Ort organisierte Handeln hat, lehnt er zugleich radikale Institutionenkritik grundsätzlich ab, die er etwa bei der Neuen Linken vorfand (vgl. Opitz 2011: 388).

Bereits Anfang der 1980er Jahre unterstrich er die Relevanz von Autoritätsbeziehungen. Sie bieten den Menschen notwendige Vorbilder, an denen man sich zugleich orientieren und kritisch abarbeiten könne (vgl. Sennett 1985b: 24f.). Gegen den postmodernen Glauben hält er dabei daran fest, dass es für das Subjekt zentral ist, sich eine eigene Lebensgeschichte erzählen zu können. Und auch Sennett bleibt ein Erzähler (vgl. Schroer 2005: 263). Obwohl seine Narrative dabei oft als plakative Verfallsgeschichten erscheinen, bergen sie stets historische Gegenbeispiele und gelungene Experimente. Auch sie sollen Orientierung stiften, ohne die Vergangenheit zur Zukunft zu verklären (vgl. Sennett 1998b: 71).

Diese stabilitätstheoretische Dimension ist in seinen jüngeren Werken immer deutlicher geworden, weil der Aufstieg des ›flexiblen Kapitalismus‹ ihn dazu gezwungen hat, seine Zeitdiagnose anzupassen. Laut dieser neuen Diagnose sei das größte Problem, dass die neuen Formen des Arbeitens alle Möglichkeiten unterlaufen, stabile Beziehungen aufzubauen, die für Loyalität und Vertrauen notwendig seien. Die Orientierung auf Kurzfristigkeit und Flexibilität gefährde in dramatischer Weise das aktive Engagement für die Arbeit und die lokale Gemeinschaft, weil das Subjekt keinerlei Halt mehr erfahre und sich infolgedessen zurückziehe (vgl. Sennett 1997, 2013: 150-190, v.a. 156; Opitz 2011: 390-392).

Kritik des Eklektizismus: Produktivität und Probleme

Sennetts Projekt einer öffentlichen, kritischen Soziologie liegt erkennbar eine analytische und normative Haltung zugrunde, die ihm erlaubt, seine Befunde immer wieder zu einer Zeitdiagnose zuzuspitzen. Doch eine systematische Explikation dieser Haltung sucht man vergebens. Wenn man aber das Puzzle aus Abgrenzungen und Positionierungen wohlwollend zusammensetzt, zeigt sich, dass Sennett über seine Werke hinweg einen erstaunlich kohärenten Rahmen anlegt: Als *analytische Matrix* dient ihm die Idee der Demokratie als Lebensform, und der *normative Maßstab* seiner Kritik steht in der Tradition eines konfliktiven Republikanismus.

Mit dieser Ausrichtung überschreitet Sennett die disziplinären Grenzen. Dies führt mitunter dazu, dass seine Evaluationen missverstanden werden. So verleitet die gängige Differenzierung von Gemeinschaft und Gesellschaft dazu, Sennett als einen Verteidiger der kühlen, modernen Gesellschaft gegen alle Formen der Gemeinschaft zu interpretieren (vgl. Schneider 1988). Dass er Zivilität als ein distanziertes, geselliges Verhalten profiliert, scheint diese Interpretation noch zu stützen. In ein solches Bild lässt sich aber weder sein aristotelisches Demokratieverständnis eingliedern, noch sein ständiger Appell an die

Pflichten der Bürger:innen, die laut Sennett im Begriff der Zivilität auch aufgehoben werden (vgl. Sennett 1992: 264).[4]

Es ist die ungewöhnliche Verbindung eines eher republikanischen und eines eher soziologischen Demokratieverständnisses, die Sennetts Position auszeichnet (zumal ihn auf soziologischer Seite Tocqueville und der Pragmatismus gleichzeitig prägen). Dabei demonstriert er einmal mehr, dass der konfliktive Republikanismus keine bloße Polis-Nostalgie ist, von der in modernen Gesellschaften kein Mehrwert zu erwarten sei, wie viele Kritiker:innen meinen. Im Gegenteil: Das republikanische Denken erweist seine analytische und normative Produktivität *gerade* mit Blick auf die moderne Gesellschaft. Dieses Potenzial ist aber in der Soziologie bisher nicht systematisch fruchtbar gemacht worden.

Dabei bietet die republikanische Tradition sowohl *Kultur-* als auch *Strukturkritik* an. Die kulturkritische Perspektive argumentiert, dass auch moderne Gesellschaften auf die soziomoralische Haltung der Menschen und ihre aktive politische Praxis angewiesen sind. Diese kollektive Praxis wird aber durch die sozial-strukturellen Rahmenbedingungen – und insbesondere die ökonomisch-kapitalistischen Rahmenbedingungen – der modernen Gesellschaften regelmäßig unterlaufen. Für diese These ist dann eine entsprechende Analyse dieser modernen Bedingungen und ihrer Folgen notwendig. Diese Notwendigkeit schlägt sich in Alexis de Tocquevilles Amerika-Studien ebenso nieder wie in Hannah Arendts Analyse der »Krisenstruktur der Moderne«, die – fast immer wird es vergessen – erst die Grundlage für ihre politische Theorie lieferte (Straßenberger 2015: 26; Hervorhebung entfernt).

Richard Sennetts Studien reihen sich in diese republikanisch grundierten Moderne-Analysen ein und seine Orientierung an der modernen Urbanität zeigt, dass die normativen Ideen des konfliktiven Republikanismus auch zu den Herausforderungen der Diversität und

4 In der mir vorliegenden deutschen Übersetzung fehlen die entsprechenden Ausführungen (vgl. Sennett 1985a: 298).

Differenz in modernen Gesellschaften sprechen können. Sein eklektisches Vorgehen erschwert es dabei aber nicht nur, seine Position überhaupt auszumachen. Sennett verpasst auch produktive Schnittstellen mit der republikanischen Tradition, die analytisch und normativ einen Mehrwert für seine Problemstellung geboten hätten. Allerdings hat sein Eklektizismus auch gravierende Nachteile, insofern einige seiner normativen Positionierungen kaum systematisch begründet oder reflektiert werden, in der Gegenwart aber in einem durchaus problematischen Licht erscheinen.

Ein Beispiel dafür ist die ethisch-politische Sonderstellung der Stadt in Sennetts Denken. Schon früh kippte seine analytische Beschäftigung mit der Stadt als einem Labor modernen Lebens in eine normative Dogmatik, die die Stadt als den eigentlichen, den wahren Ort sieht, an dem öffentliches Engagement eingeübt wird (vgl. Sennett 1985a: 387). Eine solche Dogmatik dürfte normativ nicht nur schwer zu rechtfertigen sein, sondern trifft gegenwärtig auch auf eine gesellschaftliche Situation, in der die Spaltung zwischen Stadt und Land zu einer sozialen Konfliktlinie mit erheblichen politischen Folgen geworden ist, wie die Wahlen für rechtspopulistische ›Alternativen‹ in den letzten Jahren zeigen.

Dazu kommt, dass Sennetts jüngst entwickelte ›Ethik der offenen Stadt‹ vermutlich unbemerkt an das semantische Arsenal des flexiblen Kapitalismus anschließt. Die offene Stadt zeichne sich durch Flexibilität, Anpassungs- und Erneuerungsbereitschaft aus, wie Sennett (vgl. 2018: 354) explizit festhält. Ein Grund für diese seltsame Überschneidung könnte sein, dass er hier nicht mehr nur auf Pragmatismus und Republikanismus zurückgreift, sondern auch auf Netzwerk- und Systemtheorien, um deren Konzepte des offenen Systems als Vorbild für die Ethik der offenen Stadt zu verwenden (vgl. ebd.: 14). Diese Konzepte stammen aus kybernetischen Überlegungen, die schon seit den 1970er Jahre auf Unternehmens- und Stadtentwicklung, Politik und Gesellschaft angewandt wurden (vgl. August 2021). Auf diesem Weg formen dann Ideen der Offenheit, Flexibilität, Resilienz, Anpassungsfähigkeit und Ko-Produktion jenen ›neuen Geist des Kapitalismus‹, den Boltanski und Chiapello (2013/1999) und auch Sennett kritisieren.

Während Sennett also im ersten Fall eine Begründung seiner Position vor dem Hintergrund erkennbarer sozialer Konflikte schuldig bleibt, scheint er hier durch seinen Eklektizismus in einen Selbstwiderspruch zu geraten: Seine Ethik der Stadt birgt – allein durch die Proliferation einer bestimmten Semantik – die Gefahr, jene gesellschaftlichen Entwicklungen zu fördern, die er selbst für problematisch hält. Um derlei Probleme zu bearbeiten, müsste Sennett deutlich mehr in die begriffliche Präzision, ideengeschichtliche Reflexion und konzeptionelle Kohärenz investieren, als er das tut. Setzt man hier aber an, lassen sie sich womöglich produktiv weiterdenken.

Literatur

Arendt, H. 2010: Vita activa oder Vom tätigen Leben. München.

Arendt, H. 2011: Über die Revolution. München/Zürich.

Audier, S. 2007: The return of Tocqueville in contemporary political thought: individualism, associationism, republicanism. In: Geenens, R./de Dijn, A. (Hg.): Reading Tocqueville. From oracle to actor. Basingstoke/New York: 71-89.

August, V. 2018: Theorie und Praxis der Transparenz. Eine Zwischenbilanz. In: Berliner Blätter 21(76): 129-156.

August, V. 2021 (i.E.): Technologisches Regieren. Der Aufstieg des Netzwerk-Denkens in der Krise der Moderne. Foucault, Luhmann und die Kybernetik. Bielefeld.

August, V. 2019: Von ›Unregierbarkeit‹ zu Governance: Neoliberale, teleologische und technologische Staatskritik. In: Cavuldak, A. (Hg.): Die Grammatik der Demokratie. Das Staatsverständnis von Peter Graf Kielmansegg. Baden-Baden: 287-312.

Boltanski, L./Chiapello, È. 2013 (1999): Der neue Geist des Kapitalismus. Konstanz.

Krause, S. 2017: Eine neue politische Wissenschaft für eine neue Welt. Alexis de Tocqueville im Spiegel seiner Zeit. Berlin.

Machiavelli, N. 2016: Der Fürst. Stuttgart.

Münkler, H. 2010: Sozio-moralische Grundlagen liberaler Gemeinwesen. Überlegungen zum späten Ralf Dahrendorf. In: Mittelweg 36 19(2): 22-37.

Münkler, H./Rzepka, V. 2015: Die Hegung der Öffentlichkeit. Der Challenge-and-Response-Ansatz und die Genese des Liberalismus aus der Krise des Republikanismus. In: Reinalter, H. (Hg.): Neue Perspektiven der Ideengeschichte. Innsbruck: 49-74.

Opitz, S. 2011: Richard Sennett: Das Spiel der Gesellschaft – Öffentlichkeit, Urbanität und Flexibilität. In: Moebius, S./Quadflieg, D. (Hg.): Kultur. Theorien der Gegenwart. Wiesbaden: 379-393.

Schneider, W.L. 1988: Auf dem Weg zurück zur Gemeinschaft? Überlegungen zu Richard Sennetts Buch ›The fall of the public man‹. In: Soziologisches Jahrbuch 4(2): 135-151.

Schroer, M. 2005: Richard Sennett. In: Käsler, D. (Hg.): Aktuelle Theorien der Soziologie. Von Shmuel N. Eisenstadt bis zur Postmoderne. München: 250-266.

Sennett, R. 1979: What Tocqueville feared. In: Partisan Review 46(3): 406-418.

Sennett, R. 1985a: Verfall und Ende des öffentlichen Lebens. Die Tyrannei der Intimität. Frankfurt a.M.

Sennett, R. 1985b: Autorität. Frankfurt a.M.

Sennett, R. 1992: The fall of public man. New York/London.

Sennett, R. 1997: The new capitalism. In: Social Research 64(2): 161-180.

Sennett, R. 1998a: Der flexible Mensch. Die Kultur des neuen Kapitalismus. Berlin.

Sennett, R. 1998b: Thinking in public. A forum. In: American Literary History 10(1): 71-74.

Sennett, R. 1999: The spaces of democracy. In: Beauregard, R.A./Body-Gendrot, S. (Hg.): The urban moment. Cosmopolitan essays on the late 20th century city. Thousand Oaks: 273-285.

Sennett, R. 2011: Reflections on the public realm. In: Bridge, G./Watson, S. (Hg.): The new Blackwell companion to the city. Malden u.a.: 390-397.

Sennett, R. 2013: Together. The rituals, pleasures and politics of cooperation. London.

Sennett, R. 2018: Die offene Stadt. Eine Ethik des Bauens und Bewohnens. München.

Sennett, R./Peitz, C. 2020: ›Wir müssen wachsam sein.‹ Richard Sennett zur Corona-Krise. In: Der Tagesspiegel vom 19.03.2020. https://www.tagesspiegel.de/kultur/richard-sennett-zur-corona-krise-wir-muessen-wachsam-sein/25657932-all.html (19.03.2020).

Straßenberger, G. 2014: Autorität in der Demokratie. Zur republikanischen Rezeption des römischen *auctoritas*-Konzepts bei Hannah Arendt. In: Zeitschrift für Politische Theorie 5(1): 67-82.

Straßenberger, G. 2015: Hannah Arendt zur Einführung. Hamburg.

Thiel, T./Volk, C. 2016: Republikanismus des Dissenses. In: Dies. (Hg.): Die Aktualität des Republikanismus. Baden-Baden: 345-369.

Tweedie, D. 2017: The normativity of work: retrieving a critical craft norm. In: Critical Horizons 18(1): 66-84.

Stadt

Frank Eckardt

Die Stadt erklären und erzählen

Richard Sennett nimmt in der öffentlichen Debatte um Städte weltweit eine einsame Position ein. Einen Intellektuellen, der sich so konstant und intensiv mit Städten auseinandergesetzt hat, scheint es auf weiter Flur nicht noch einmal zu geben. Die Stadt ist für ihn nicht nur eine Stichwortgeberin oder ein Ort, an dem sich die Gesellschaft beobachten lässt. Vielmehr durchzieht sie als eine eigene und übermächtige Thematik sein Werk und Leben. Es ist von daher nicht verwunderlich, dass der dritte und abschließende Teil seiner Trilogie wiederum auf die Stadt zurückkommt. Hier kristallisieren sich viele Gedanken und Argumentationen seiner sonstigen intellektuellen Arbeiten, wie über das Handwerk und den flexiblen Menschen.

Mit dem Beharren auf einer eigenständigen urbanistischen Perspektive, in der die Stadt nicht auf das Spiegelbild der Gesellschaft reduziert wird, repräsentiert Richard Sennett eine Art von Intellektuellen, die sich nicht ohne weiteres einordnen lässt. Seine praktische Tätigkeit als Stadtplaner, von der er bedauert, sie nicht intensiver ausgeführt zu haben, macht ihn anschlussfähig für ein Fachpublikum in der Architektur und Stadtplanung, für das er seit Jahrzehnten eine wichtige Lektüre und eine Art VIP geworden ist. Der öffentliche Erfolg Sennetts erklärt sich aber nicht nur durch seine Nähe zur Praxis der Stadtplanung, er resultiert auch aus seinem Rede- und Schreibstil, der nicht dem akademischen Duktus folgt. Seine an die Alltagssprache anschließbare Wortwahl und seine Kenntnisse aus der Planungspraxis haben in seinem Werk unterschiedlich stark dazu beigetragen, dass er seinen Auffassungen Plausibilität verleihen konnte. Oft akademisch kritisiert wegen einer eher schwachen empirischen Unterfütterung, wurden seine Sichtweisen gerade von einem breiteren Publikum, interessiert an städtischen Themen, umso mehr dankbar aufgenommen. In einem guten Sinne hat Sennett eine Orientierung bietende und ethisch argumentierende Stadtforschung betrieben, die in *Die offene Stadt* (Sennett 2018) nun noch deutlicher, anschaulicher und überzeugender als zuvor formuliert wird.

Auch wenn von Rezensent/innen oftmals eingewandt wird, dass Sennetts übergroßer Gedankenreichtum und die manchmal sprunghaften Referenzen eine Identifikation seiner Kernargumentation erschweren oder gar unmöglich machen, soll dies nun in einem ersten Schritt versucht werden. In *Die offene Stadt*, so die Grundthese dieses Beitrags, lässt sich die grundlegende Thematik in Sennetts Denken wiedererkennen, die sich als auf die Frage nach der Beziehung zwischen Gesellschaft und physischem Raum fokussiert beschreiben lässt. In einem zweiten Schritt soll *Die offene Stadt* ansatzweise mit früheren Arbeiten Sennetts zur Stadt verglichen werden. Der Vergleich mit einer beschränkten Auswahl seiner vorherigen urbanistischen Arbeiten bestätigt, dass Sennett sich durchgängig bemüht hat, aus einer individuell erfahrbaren Stadt intellektuelle Schlussfolgerungen zu ziehen, die er für das Verstehen urbanen Lebens für entscheidend hält.

Maßgeblich ist für Sennett die Idee der direkten Wahrnehmbarkeit von Stadt, die er selbst vor allem geistesgeschichtlich einordnet und weniger als eine Theorie ausarbeitet. Dennoch lässt sich seine Stadtbetrachtung theoretisch einordnen, wozu im dritten Teil dieses Kapitels Sennetts Diskussion des US-amerikanischen Pragmatismus und der Chicago School der Stadtsoziologie (1892-1936, vgl. Hennig 2012) aufgegriffen werden soll. Zwar referiert Sennett auch intensiv und immer wieder Georg Simmels berühmten Essay über »Die Großstadt und das Geistesleben« und auch Max Webers fragmentarischen Text »Die Stadt«, doch scheinen diese nicht so prägend gewesen zu sein. Im Sinne einer erfahrungsbezogenen Stadtsoziologie kann man davon ausgehen, dass das Aufwachsen in den Hochhäusern der Cabrini Greens, einem gemischten Wohnungskomplex im Norden Chicagos, und die persönlichen Beziehungen seiner Mutter zu den Soziolog/innen der Chicago School für Sennett wichtiger gewesen sind. Dabei soll abschließend verdeutlicht werden, wie neue Anschlüsse an diese vor allem in Deutschland verdrängt-vergessene Tradition der pragmatischen Stadtsoziologie von Richard Sennett profitieren können, aber auch, wie sie mit seinen Schwächen umgehen müssten.

Building and Dwelling

Man weiß nicht, was den Verlag dazu bewogen hat, im Gegensatz zum englischsprachigen Originaltitel *Building and Dwelling* den deutschen Titel *Die offene Stadt* zu wählen, der zu einer Verkürzung der von Sennett aufgebauten Argumentation verleiten kann. Das Buch ist zwar ein Plädoyer für eine ethische Betrachtung des Bauens und Bewohnens, aber es ist alles andere als eine simple Lobhudelei auf die weltoffene Kosmopolis und die grenzenlose Stadt. Die Ethik der offenen Stadt ergibt sich stattdessen aus dem Spannungsfeld von Gesellschaft und gebauter Stadt oder »Form«, wie es Sennett stadtplanerisch ausdrückt. Sennett greift immer wieder Kants Bild vom ›krummen Holz‹ auf, um zu verdeutlichen, dass Unsicherheiten, Ambivalenzen und Komplexität dazu führen, dass es für die Planung einer offenen Stadt keinen einfach zu beschreibenden Weg gibt. Die ersten beiden Kapitel des Buches bauen dabei den Spannungsbogen auf, der die Geschichte der Stadtplanung in der Art Revue passieren lässt, dass sich ein dualer Kontrast abzeichnet, bei dem auf der einen Seite die *cité* in ihrer gesellschaftlichen und sozialen Funktionsweise erscheint und auf der anderen Seite die *ville* als die Stadt der Größe und der Masse – kurz: Gelebtes und Gebautes. Vom ersten Kapitel an geht es dabei um die Rolle der Stadtplanung, die Sennett an ikonischen Beispielen diskutiert und für die er trotz Kritik seine Bewunderung zum Ausdruck bringt. Die Stadt ist für Sennett von einem Skalen-Problem gekennzeichnet, sodass er sich weder auf die großmaßstäblichen Planungen der Moderne, wie den *Plan Voisin* von Le Corbusier, noch auf die der Nachbarschaftsebene im Sinne von Jane Jacobs einlassen will. Laut Sennett benötigt die Stadtplanung beide Perspektiven, und in der Einleitung deutet er an, dass er im Laufe seines Lebens und vor allem in seiner Beratungstätigkeit für UN-Habitat, bei der er mit der massiven Verelendung in den Städten des Globalen Südens konfrontiert war, mehr jenen Perspektiven sich zuwandte, die, wie schon Lewis Mumford, Lösungen für die Gesamtstadt ins Auge fassen. Dass er aber mit dem Herzen eher bei Projekten geblieben ist, die sich, wie in Medellín mit ihren lokalen Bibliotheken, für ortsangepasste Stadtplanung engagieren, zeigt jedoch, dass Sennett keinen Helikopter-Urbanismus, wie Rem Koolhaas für Lagos, im Auge hat, der die Bodenhaftung verliert und die Bewohner/innen außen vor lässt.

In den drei Kapiteln des ersten Teils des Buches vertritt Sennett die grundlegende These, dass für die Balance zwischen Gelebtem und Gebautem eine Versöhnung von *cité* und *ville* notwendig ist. Um diese Balance zu erreichen, sind sowohl städtisch orientierte Bewohner/innen, als auch eine angemessene Art und Weise notwendig, wie Städte geplant werden sollten. Sennett beschreibt Stadtplanung als einen offenen Prozess, in dem es den Stadtplaner/innen, die er auch als Held/innen oder Genie beschreibt, bedarf, um das System der Stadt offen zu halten. Unter dem Eindruck des problematischen Wachstums der Metropolen des Globalen Südens führt Sennett die Perspektive eines IT-Reparateurs vom Nehru Place in Dehli ein, dessen Zufallsbekanntschaft er machte und der für ihn eine paradigmatische Haltung gegenüber der Stadt formuliert, die die Bedeutung der Aneignungsmöglichkeit von Orten für unterschiedliche Zwecke – und insbesondere für das Überleben von informellen Bewohner/innen und Armen – verdeutlichen soll. Zugleich ist dieser im Laufe des Buches immer wieder angeführte Mr. Sudhir für Sennett ein Repräsentant eines Überlebens- und Anpassungswillens, den er ehrt und scheinbar auch für beispielhaft hält. Mit Widerständen umzugehen, so ein in verschiedenen Weisen hergeleiteter Anspruch an die Städter/innen, ist eine essenzielle Kompetenz, die man im Dschungel der Stadt erlernen muss, um zu überleben. Die kompetenten Städter/innen fliehen nicht, wie Martin Heidegger, auf die Berghütte, um sich dort vor den Schwierigkeiten des Lebens in der Stadt zu schützen, zu denen vor allem auch der Umgang mit den Fremden gehört. Entweder um vor den unbekannten Menschen zu fliehen oder sie einzusperren, wie etwa in jüdische Ghettos – beides kritisiert Sennett als Reaktionsformen, um der Komplexität des Zusammenlebens in der Stadt zu entkommen. Im Anschluss an Georg Simmels (1903) mikrosoziologische Annahme der Blasiertheit, mit der man in der urbanen Masse geistig durch Abschirmung überlebt, behauptet Sennett, dass Rituale wie das Grüßen und eine gewisse Höflichkeit zwar aus Fremden keine Freunde, aber doch zumindest eine oberflächliche Soziabilität entstehen lassen. Potenziell kann auch die Smart City eine solche Beziehungsordnung herstellen, die Verbindungen zwischen Menschen »glätten« (Sennett 2018: 179) kann. Dabei dürfen sie aber nicht so baulich abgeschlossen sein, wie die Bubble-Stadt der Googleplexe, und nicht zentralistisch-autoritär kontrolliert sein, wie Songdo in Südkorea oder Marsdar in Indien. Nach wie vor müssen Städter/innen, so Sennett, auch in der Smart City die Möglichkeit haben, sich Herausforderungen und Widerständen auszusetzen. Technologien können, vereinfacht gesagt, bei der Koordination helfen, sie dürfen die Bewohner/innen durch Simplifizierung und Effizienz aber nicht verdummen. Nur dann können Städter/innen das lernen, was Sennett Bruchmanagement nennt und wofür er die Migrant/innen als Vorbild nennt, weil diese mental immer zwischen verschiedenen Welten manövrieren müssen.

Schließlich kommt er in Kapitel acht dazu, die Synthese von *ville* und *cité* in ihrer planerischen und urbanistischen Dimension auszuarbeiten. Mit seinen »fünf offenen Formen« werden anschaulich Prinzipien bei der Gestaltung von Räumen diskutiert, die in der Tat durch die vorherige Narration vom Spannungsfeld zwischen *ville* und *cité* begründet erscheinen und darauf immer wieder Bezug nehmen. Anschaulich etwa sein Eintreten für das Schaffen von Übergangsräumen, die er als Saum bezeichnet und die harte bauliche Grenzen vermeiden, den Raum aber auch nicht konturlos lassen sollen. Anstelle festgelegter Bautypen sollen seitens der Planer/innen Typenformen als Orientierung für lokale Planungsvorhaben gelten, die den beteiligten Bewohner/innen einen breiten Interpretationsraum lassen sollen, ohne Orientierungslosigkeit hervorzurufen. Die offene Stadt zu gestalten ist demnach mit dem Versuch gleichzusetzen, sie als eine »Vielzahl in unterschiedlichster Art zusammengefügter Bilder« (ebd.:255) zu gestalten, in der sich nicht eine Lesart durchsetzt, sondern die für die Menschen immer wieder adaptier- und änderbar ist. Sennett drückt darin seinen starken Glauben aus, dass durch das Bauen zwischen den Menschen Bande hergestellt werden können. Hierbei kommt er auf seinen Leitgedanken des *homo faber* zurück und propagiert das Prinzip der Ko-Produktion (anstelle der bloßen Expert/innen-Konsultation) in Planungsprozessen. Hierbei werde eine Art von Brüderlichkeit oder Sozialität erreicht, die die vorherrschende Unpersönlichkeit überwinden könne. Interaktivität sei dabei wichtiger als die Suche nach der allerbesten Lösung, und es sei deshalb vorhersehbar, dass die Planungsergebnisse nicht alle befriedigen werden, obwohl danach gestrebt werden sollte. Diese Haltung sieht Sennett insbesondere in Zeiten der ökologischen Krise für dringend erforderlich, wobei er den bewussten Bruch mit der Vergangenheit (im Sinne der bisherigen geplanten Stadt) für wichtig erachtet, der sich allerdings nicht in den Tabula-rasa-Phantasien der Moderne, wie bei Le Corbusier, umsetzen darf, bei denen die Stadt quasi gewaltsam abgerissen und neu gebaut wird. Vielmehr geht es um einen Bruch als Umbruch, der den lokalen Kontext hervortreten und nicht verschwinden lässt. Wiederum ist der *homo faber* beispielhaft: »Wie im Handwerk ist eine gut gebaute Umwelt eine, die sich reparieren lässt.« (Ebd.:353)

Die Stadt erklären

Die offene Stadt gliedert sich in eine schier unüberschaubare Menge von Publikationen ein, in denen Sennett sich mit der Stadt als solcher beschäftigt und diese von verschiedenen thematischen Schwerpunkten aus differenziert betrachtet. Für seine Auseinandersetzung mit der Stadt scheinen dennoch gewisse rote Fäden sichtbar zu sein, die sich ungeachtet der Diversität und Fülle seiner Arbeiten identifizieren lassen, wobei es vor allem um die Bedeutung von Ethik in der Stadtplanung geht. Der Aufbau des Buches *Die offene Stadt* spiegelt eine chronologische Verschiebung von Sennetts Aufmerksamkeit vom Erklärer zum Beschreiber der Stadt wider. Der erste Teil des Buches kann als der ›theoretische‹ Teil seiner Sichtweise gesehen werden, der Schwerpunkt der weiteren Kapitel liegt hingegen bei den Schlussfolgerungen und der Ethik von Stadtplanung. Die ethische Haltung, die Sennett begründet, ruft dabei die Sympathie hervor, die Leser/innen haben können, die sich weder mit autoritären Regimen und größenwahnsinnigen Stadtplanungen in China und anderswo identifizieren können, noch sich mit der ›Unordnung‹ ungeplanter und verwahrloster Stadtteile, die sich selbst überlassen sind, abfinden wollen. Sennett zelebriert die Vielfalt und liefert dafür eine ausführliche philosophische Gedankenskizze mit den unterschiedlichsten Referenzen ab, die seine Schlussfolgerungen unterstützen sollen. Die zumeist vollkommen quellenunkritische Adaption von Gedanken der Geistesgrößen des Abendlandes und Sennetts Interpretation konstruieren auf diese Art und Weise ein Narrativ, das die von ihm vorgeschlagenen Planungsprinzipien und konkreten Umsetzungen sprachlich und intellektuell verbindet. In *Die offene Stadt* hat dieser Aspekt der Narration über das Städtische den Vorzug erhalten und ist dadurch auch als eine Art biographische Bilanz der intellektuellen Entwicklung seiner Stadt-Beschäftigung zu betrachten.

Angefangen hatte Sennett biographisch vielmehr mit soziologischen und historischen Arbeiten, die noch wesentlich stärker um das Erklären der Stadt kreisten, auch wenn bereits die ersten Texte in erheblichem Maße ethische Implikationen formulieren und sich eine normative Grundeinstellung bereits damals als Grundmotiv seiner Arbeit diskutieren lässt, die seinen erklärenden Ansatz zumindest motiviert hat, teilweise aber auch konterkariert. Mit seiner Promotionsschrift *Families against the city: middle class homes of industrial Chicago: 1872-1890* versucht Sennett (1970a) zu begründen, wie sich die weiße Mittelschicht aus den damaligen Konflikten in der Stadt herauszieht und in Isolation flieht. Zudem will er in dieser Arbeit herausfinden, wie die Kernfamilien die Individuen auf die Arbeit in der Industriestadt vorbereiten. Sennett will anhand des bürgerlichen Stadtteils Union Park in Chicago zeigen, dass die Kernfamilie sich gegen die wahrgenommene Unordnung und Feindlichkeit der Großstadt auf sich selbst zurückgezogen hat (vgl. Duis 1971). Die Annahme einer sich bedroht fühlenden weißen Mittelschicht, die sich statt in die Gemeinschaft vor Ort einzubringen, lieber zu Hause einschließt, wird zu einem Grundthema der weiteren Arbeiten Sennetts und sie lässt sich bis in *Die offene Stadt* nachvollziehen. Sennett verlässt die Cabrini-Greens-Siedlung, die, nachdem die weiße aufstrebende Mittelschicht – zu der Sennett gehörte – sich zumeist in die Vorstädte zurückgezogen hat, man später wegen der rassistischen Stigmatisierung als schwarzes Ghetto abgerissen hat. Wie für viele Menschen, die solchen Stadtteilen entwachsen, behält für Sennett die Frage, wie man sich dennoch für die Benachteiligten dieser Stadtteile und für urbane Vielfalt engagieren kann, weiter große Bedeutung. In *Families against the city* versucht Sennett, seine Erfahrung zu historisieren und behauptet, für die Benachteiligung dieser Stadtteile sei die Begrenztheit der Familie und das Versagen der Väter verantwortlich. Dieser Erklärungsversuch misslingt komplett. Sennett versucht vergeblich, anhand von statistischen Zensus-Angaben und Berichten der Stadtverwaltung seine Annahmen empirisch zu beweisen: »Sennett provides us with unusually imaginative hypotheses but falls short of proving them.« (McLaughlin 1971: 299) Es ist offensichtlich, dass Sennett stärker von seiner persönlichen Motivation in seiner Arbeit als durch die kritische Auseinandersetzung mit der historischen Quellenlage geleitet wurde. Das von Sennett rückdatierte Entstehen einer Stadt der Furcht und sexuellen Frustration der weißen Männer erklärt sich eher aus der Entwicklung der US-Städte in den 1960er Jahren, bei denen die weiße Mittelklasse massiv die Innenstädte wegen des Zuzugs der Afro-Amerikaner/innen verließ. Wie Roy Lubove (1972) in seiner Rezension von *Families against the city* schrieb, projizierte Sennett die damals aktuelle Angst und sexuelle Frustration zurück in die Vergangenheit und hat dafür auch gegensätzliche Befunde, etwa die relative Normalität von Bordellen in jener Zeit, ausgeblendet.

Mit *The hidden injuries of class* unternimmt Sennett dann einen ernsthaften Versuch, um eine soziologische Herangehensweise an das Thema umzusetzen, bei der er in Zusammenarbeit mit Jonathan Cobb (Sennett/Cobb 1972) mit hunderten Interviews die Lage der Arbeiter/innen in Chicago erforschen will. Es soll Sennetts einzige Arbeit bleiben, die sich mit einer explorativen Methodik um die Rekonstruktion der Gesellschaft bemüht, und er zitiert sie in *Die offene Stadt* auch noch fünf Jahrzehnte später. Der Titel der Arbeit ist allerdings irreführend, denn im Grunde soll die Arbeit zeigen, dass jeder oder jede, egal ob Professor/in oder Klempner/in, verletzlich ist und von Respekt abhängig. In diesem Sinne soll diese Studie den Beweis erbringen, dass es kein Klassenbewusstsein gibt und die soziale Position eigentlich nicht entscheidend ist. Vielmehr komme es darauf an, dass Menschen die Möglichkeit haben, Selbständigkeit zu demonstrieren, und dass Arbeiter/innen beispielsweise erniedrigende Tätigkeiten tun könnten, um ein Opfer für ihre Familie zu bringen. Nach Sennett haben Arbeiter/innen die dominanten Wertvorstellungen internalisiert, ohne sich über ihre soziale Position Illusionen zu machen. Die Chancengleichheit, die Arbeiter/innen erwarteten, sei nicht die der gleichen Startbedingungen, sondern der Gelegenheiten, um ihren Charakter zu entwickeln.

Die grundsätzliche Problematik der ersten Arbeit Sennetts besteht darin, dass er zu wenig »kritische Distanz« (Lubove 1972: 392) zu seinem Forschungsgegenstand hat und sich nicht mit den Ursachen der gesellschaftlichen Entwicklung auseinandersetzt, vielmehr diese immerzu individualisiert und auf Werte-Orientierungen zurückführen möchte. Diese Grundauffassung lässt sich bereits in seinem 1970 erschienen Buch *The uses of disorder: personal identity and city life* auffinden. Dort versucht Sennett (1970b) anhand einer Übertragung der individualpsychologischen Forschungen von Eric H. Erikson zu erklären, wie sich die aus der *White Flight* – dem Wegzug von Weißen, wenn Afro-Amerikaner in ihre Nachbarschaft ziehen – ergebende soziale Homogenisierung und Isolation auf Menschen auswirke. Die Verantwortung für das Entstehen der getrennten Lebenswelten in der Stadt versucht Sennett an einzelne Orte anzusiedeln, anstatt die Segregation der Stadt als einen komplexen gesellschaftlich-räumlichen Prozess zu verstehen, der sich nur auf der Ebene der Gesamtstadt und der gesellschaftlichen Raum-Ordnung (Stadt, Vorstadt, privilegierte Orte, virtuelle Räume etc.) ändern lässt. Statt die soziale Raum-Ordnung insgesamt zu kritisieren, betreibt Sennett einen Lokalismus, wonach sich soziale Ungleichheiten an einem Ort und individuell verändern lassen.

Wie T.J. Jackson Lears (1972) richtig analysiert, geht es in den ersten Büchern Sennetts um eine grundlegende Erzählung von »disorder« und »decline« in der Stadt, in der es dann auf individuelle charakterliche Stärke ankomme. Sennett reproduziert auf diese Weise eine US-amerikanische Imagination, die er empirisch nicht beweisen kann und nicht reflektiert. Die in *The uses of disorder* beschriebene Anarchie US-amerikanischer Städte knüpft vielmehr an eine Konstante der Wahrnehmung der Städte durch die weiße Mittelschicht an, die in der US-Kultur omnipräsent ist und die Selbstverständlichkeit von Angst vor den Afro-Amerikanern kultiviert (vgl. Row 2019). Dass sich Sennett hier einem Narrativ anschließt, das durch die damalige Bürgerrechtsbewegung und die Riots Ende der 1960er Jahre eine besondere Aktualität zu erhalten schien, ist deshalb im Rückblick ebenfalls nicht als seine individuelle und empiriebestätigte Einschätzung zu sehen. Sennetts erste Bücher über die Stadt »revealed more about the author's attitude than about their subjects« (Jackson 1985: 85). Sie sind Ausdruck eines damals entstehenden neuen Konservativismus, den Kevin M. Kruse (2007) in der Analyse des White Flight anhand umfangreicher Studien zu Atlanta überzeugend rekonstruieren konnte. Nach Kruse besetzte der Konservatismus jener Jahre Topoi, wie die Wahrnehmung eines Verfalls der Stadt und der Gesellschaft im Allgemeinen sowie die Rückbesinnung auf das Individuum und dessen Glorifizierung. Einerseits ziehen sich diese eher konservativen Topoi durch Sennetts Werk bis heute, andererseits hat er immer auch Sympathie für liberale und progressive Positionen zum Ausdruck gebracht. Die damalig entstehende Neue Linke, für die Sennett Sympathien hegte, wendete sich – aus Frustration über die allgemeine US-amerikanische Politik – wieder den vom *White Flight* verlassenen »brownstone«-Nachbarschaften zu (vgl. Osman 2012). Ungewollt legten diese Bewegungen den Grundstein dafür, dass beispielsweise New York seit den 1980er Jahren gentrifiziert wird (vgl. Zukin 2011). Richard Sennett behielt sich bei aller Sympathie für die Graswurzel-Bewegungen eine gewisse Distanz zu gemeinschaftsorientierten Ansätzen in der Stadtplanung vor, da er vor allem in seiner Beratertätigkeit für UN-Habitat die Schwierigkeiten erkannt hat, wie er in der Einleitung zu *Die offene Stadt* darstellt, dass der Massivität der städtischen Problemlagen damit nicht Herr zu werden ist (vgl. Leeuwen 2014).

Die Stadt erzählen

Seine Idee von der urbanen Zivilisation wird besonders in seinem Buch über *Verfall und Ende des öffentlichen Lebens* (1976/1974) deutlich, in dem er eine gewisse Distanz zwischen Menschen als notwendig erachtet, um in einer Stadt mit Fremden umgehen zu können. Wiederum wird der große Abgesang vom gesellschaftlichen Verfall angestimmt, den andere, eher konservative Intellektuelle, wie Philip Rieff und Christopher Lasch, seinerzeit schon prominent vertraten. Intimität wird hier als tyrannisch eingeführt und das Buch warnt vor der »destructive Gemeinschaft« (ebd.: 9). Seine Beispiele für eine funktionierende Öffentlichkeit sind, wie bei Habermas, die entstehenden Formen der Selbst-Repräsentanz und Theatralisierung im London des 19. Jahrhunderts. Nach dem Zusammenbruch dieser viktorianischen Öffentlichkeit erfolgte der Aufstieg der totalitären Persönlichkeiten im 20. Jahrhundert und die Invasion der Intimität in das Privatleben der Menschen. Der Wunsch nach Authentizität und Totalitarismus gehören für Sennett in seiner kulturhistorischen Erzählung vom Ende des »public man« zusammengedacht. Somit wird spätestens mit diesem Buch deutlich, dass er eine eindirektionale Geschichte über die Gesellschaft erzählen möchte, deren Weg eindeutig nach unten geht. Spätestens hier kippt Sennett vom Erklärer zum Erzähler, der sein Narrativ über große Zeiträume aufbaut und versucht, diese nicht analytisch, sondern in ein dualistisches Vorher-Nachher-System einzuteilen, in dem parallele Entwicklungen, Un-Gleichzeitigkeiten, achronische Geschichte, widersprüchliche Befunde und Einwände nicht vorkommen.

Nach diesen Publikationen der 1970er Jahre hat sich Sennett in den 1980er Jahren in literarischer Form der Stadt gewidmet und drei Romane veröffentlicht. Das erscheint konsequent angesichts dessen, dass er von Beginn an einen narrativen Stil in seinen Arbeiten benutzt, der ihm schon damals die Kritik einbrachte, notwendige Quellenhinweise und Zitate nicht aufzuführen. Dennoch kehrt er mit *The conscience of the eye* (Sennett 1990), ein Buch über urbane Gestaltung, sowie *Flesh and stone* (Sennett 1994), eine grundlegende historische Studie über die Frage des Verhältnisses von Gebautem und Gelebtem, zu jener Schreibform zurück, die sich vielleicht am ehesten als stadtphilosophisch kategorisieren lässt. Durch den freien Umgang mit Quellen und Diskursen sowie die Integration eigener Beobachtungen und Schilderungen, etwa von zufälligen Begegnungen, wie mit Mr. Sudhir in *Die offene Stadt*, wird es schwierig, diesen Arbeiten noch den Status von wissenschaftlichen Texten zuzusprechen, zumindest in dem gängigen Verständnis von Wissenschaft.

In Anbetracht der Selbstzuordnung Sennetts zum US-amerikanischen Pragmatismus muss man hierzu allerdings einen kritischen Einwand gelten lassen, der sich damit auseinanderzusetzen hat, dass zwischen der Präsentation einer Argumentation und ihrem Überzeugungsgehalt immer eine Differenz besteht und diese bei akademisch verfassten Texten nur nicht auftritt, weil sie keine nicht-akademische Leserschaft zu überzeugen versuchen. Sennett wäre im Sinne der ursprünglichen Soziolog/innen des Pragmatismus ein glaubhafter Nachfahre, weil er sich eben nicht an einen eingeschränkten Leserkreis richtet, sondern ganz im Sinne der Herausgeber der ersten Ausgaben des *American Journal of Sociology* noch auf Nicht-Soziolog/innen ausgerichtet ist. Wenn man sich deren Jahrgänge vom Ende des 19. Jahrhunderts bis zum Zweiten Weltkrieg anschaut, wird man deutlich erkennen, dass die Soziolog/innen der ersten Stunde sehr darum bemüht waren, im Sprachduktus allgemein verständlich und ohne überbordendes Anschlussbemühen an Theorien auszukommen. Die Anschaulichkeit als Ziel der Publikation drückte sich z.B. auch darin aus, dass Photographien veröffentlicht wurden – etwas, das in heutigen Soziologie-Zeitschriften ein absolutes Tabu ist (vgl. Eckardt 2008).

Der Schreibstil von Richard Sennett ist deshalb nicht nur einer gewissen Laxheit zuzuschreiben, die einem souveränen Intellektuellen ansonsten zustehen mag (vgl. Reutlinger 2019), sondern sie ist als Ausdruck einer Tradition in den Wissenschaften anzuerkennen, die sich durch die Arbeiten der Pragmatisten (Peirce, James, Dewey) inspiriert und legitimiert fühlt. Sennett bezieht sich explizit auf diese und setzt deren Wissenschaftsverständnis, wie Richard Rorty, in einer Weise um, die versucht, den Anschluss an die Lebenswelt der Leser/innen durch zugängliche Sprache zu erreichen (vgl. Down 2001). Wenn man Sennett als eine Art urbanistischen Neo-Pragmatisten versteht, dann könnte dies dazu führen, dass man die Bedeutung von Narrationen für seine intellektuelle Auseinandersetzung mit der Stadt anders auffasst. Folgt man hingegen dem etablierten Wissenschaftsverständnis, dann dürfte nur die Qualität des Arguments und der dargestellten Evidenz hinreichend sein, um die Leser/innen von deren Richtigkeit zu überzeugen. Dem pragmatischen Wissensschaftsverständnis nach gelingt dies allerdings nur, wenn die vorgetragenen Argumente an die Erfahrungen der Leserschaft anschließen. Damit wird nicht die Bedeutung von Argumenten relativiert, aber ihr Potential durchzudringen und die Auffassungen der Rezipient/innen zu ändern, wird somit in Frage gestellt. Erkenntniserweiterung geht im nicht-pragmatistischen Wissenschaftsverständnis mit dem Anspruch einer Zumutung einher, die Leser/in auf die Stufe der folgsamen Schüler/in stellt, die ihre eigenen Erfahrungen nicht reflexiv einbringen kann. Durch die Erzählung aber, so Michael Hampe (2014), wird die Diskussion über Wahrheitsgehalte aus der engen Debatte um den Wissenschaftsskeptizismus geführt und durch die Ansprache der Erfahrungswelt der Leser/innen ein Reflexionsprozess in Gang gesetzt, der Orthodoxien im Denken verhindern kann.

Sennett mag sich also durch die neo-pragmatische Positionierung des Erzählens von Argumenten in seiner Schreibweise legitimiert und sich mit der in *Die offene Stadt* imaginierten Gemeinschaft mit der pragmatischen Chicago School der Stadtsoziologie im Einklang fühlen. Bei genauerem Hinsehen stellen sich allerdings Zweifel ein, ob eine solche Erbschaft auch tatsächlich von ihm angetreten wird. Wie die Chicagoer Soziolog/innen führt er Stimmen in seine Arbeiten ein, die er selbst gehört hat, von ›einfachen‹ Menschen von der Straße bis zur Bar. Die Repräsentanz im O-Ton bedeutet, dass die Selbst-Deutungsfähigkeit der Menschen nicht in Frage gestellt wird. Sennett behauptet nicht, die zitierten Menschen besser zu verstehen als sie sich selbst. Der auffallende Unterschied zur Chicago School ist allerdings, dass diese mit der von ihnen begründeten »participant observation« Menschen und Orte über einen längeren Zeitraum beobachteten und zu Wort kommen ließ. Robert Park, den Sennett fälschlicherweise als Gründer der Chicago School bezeichnet, ging davon aus, dass Studien der teilnehmenden Beobachtung in der Regel zumindest ein Jahr zu dauern hätten. Herausragende Arbeiten, wie die über den Hobo von Nils Andersson, beruhen ferner darauf, dass die Milieu-Kenntnisse der Forschenden auch durch biographische Bezüge begründet waren. Die Verkürzung der Begegnung mit der empirischen Welt der Stadt bei Sennett ist aber nicht nur als ein methodischer Unterschied zur damaligen Chicago School zu werten. Vielmehr haben die Chicagoer Soziolog/innen ihre Studien unternommen, um Wandel und Veränderung aufzuzeigen. Das ist insbesondere auch bei der von Sennett zitierten Forschung über die polnischen Bauern der Fall, bei denen William I. Thomas und Florian Zaniecki untersuchen wollten, wie sich deren Lebensstil nach der Migration nach Chicago geändert hat. Im Ergebnis der vielen Studien, die dann folgten, formulierten Park und Burgess den sogenannten Race Relation Cycle, der darin endet, dass eine Assimilation stattfindet, »a process of interpenetration and fusion in which persons or groups acquire the memories, sentiments, and attitudes of other persons or groups, and, by sharing their experience and history, are incorporated with them in a common cultural life« (Park/Burgess 1921: 360).

Dieser Assimilationsprozess wurde weder als automatisch noch als unumkehrbar gesehen. Im Gegensatz zu Sennetts viktorianischer Höflichkeit, die er als einzige Möglichkeit des Zusammenlebens von ethnisch-religiösen Gruppen in einem Stadtteil sieht, geht die Chicago School davon aus, dass es die Möglichkeit gibt, ein »common cultural life« aufzubauen, wenn man die Erinnerungen, Gefühle und Haltungen der anderen teilt. Dass dies passiert, konnten sie anhand ihrer Studien zu den unterschiedlichen Einwanderergruppen beobachten. Park und seine Mitstreiter/innen gingen von einem Wandel in der Hinsicht aus, dass Unterschiede von Klasse, Herkunft, Religion, politischer Meinung etc. auf Dauer überwunden werden können. Sennett hingegen hält diese Unterschiede für unüberbrückbar und plädiert für die Anerkennung der Unterschiede, bei gleichzeitiger Aufforderung zur Kooperation. Assimilation war damit – entgegen dem heutigen Sprachgebrauch – nicht als Anpassung gemeint, sondern im Gegenteil, als eine Art intensiver Auseinandersetzung mit den Unterschieden, mit dem Ziel, diese zu überwinden. Dies hält Sennett für zu anspruchsvoll. Die Chicagoer Soziolog/innen mussten sich eingestehen, dass der sogenannte *Black Belt*, das Ghetto der Afro-Amerikaner/innen, von Prozessen der Assimilation ausgeschlossen zu sein schien. Man tat sich schwer, dies zu erklären und wohl auch emotional anzuerkennen. Dennoch war das Thema struktureller Rassismus für sie kein Tabu. Dies wurde beispielhaft deutlich, als sie von den Chicagoer Behörden aufgefordert worden waren, zusammen mit der Polizei die Ursachen für die »color line riots« 1919, mit 23 toten Schwarzen, 15 toten Weißen, 291 Verwundeten und 537 Verhaftungen zu untersuchen; sie wurden ausgelöst durch die Steinigung eines Schwarzen Jugendlichen durch Weiße – nachdem dieser versehentlich auf die ›weiße Seite‹ des Stadtstrands geschwommen war und unter den Augen der dabeistehenden Polizisten (vgl. Tuttle 1970). In ihrem abschließenden Bericht kamen sie zu eindeutigen Ergebnissen. Als Ursachen für die Gewalt identifizierten sie neben unmenschlichen Wohnbedingungen der Schwarzen, deren Benachteiligung im Bildungswesen und in der Arbeit auch die schlechte öffentliche Meinung über sie. Ganz im Gegensatz zu Sennett war für die Chicagoer Soziolog/innen die wichtigste Schlussfolgerung, dass es Ursachen für Rassismus gibt, die sich weder aus der konkreten (lokalen) Situation noch aus einer individuellen Moralität heraus erklären lassen. Wer das Zusammenleben zwischen Schwarzen und Weißen verbessern will, muss strukturelle Benachteiligungen verändern, die sich in Schule, Arbeitsmarkt, Staat und Gesellschaft im weitesten Sinne verorten lassen. Eine solche Perspektive fehlt in Sennetts Werk weitgehend. Deswegen ist auch der Anschluss seiner Arbeiten an die Diskurse in der Stadtforschung schwierig, die unter dem Slogan der »just city« (vgl. Marcuse 2009) oder dem »Recht auf Stadt« (vgl. Mullis 2014) auf die Veränderung der gesamtstädtischen Ungleichheiten zielen und dabei Fragen nach Macht, Zugehörigkeit, radikaler Demokratie und Verteilungsfragen stellen.

Von Sennett lernen?

Ja, das sollte die Stadtsoziologie dringend. In Zeiten der Forderungen nach »öffentlicher Soziologie« (vgl. Neun 2018) kann sie anhand der Erfolge von Sennett begründen, dass sie eine Narration für die Gesellschaft bereithalten sollte, die die individuellen Partikularismen über den Raum der Stadt einbinden kann und somit ein Reflexionswissen bereitstellt, das nicht von der Top-down-Perspektive und unzugänglichen Begrifflichkeiten geprägt ist, sondern auf der Erfahrungs- und Sprechergemeinschaft zwischen Adressat/innen und Stadtforscher/in beruht. Die Stadt sollte erklärend erzählt und erzählend erklärt werden.

Allerdings hat Sennett zugleich einem möglichen Revival einer Erneuerung der pragmatischen Soziologie einen schlechten Dienst erwiesen, indem er seine eigenen Beobachtungen nicht selbstkritisch reflektiert und der Korrektur unterzogen hat. Es überwiegt bei ihm der Wunsch, für die Stadtplanung und die Praxis eine annehmbare Erzählung zu konstruieren und hierfür eine geistreiche, aber keineswegs überzeugende Ethik zu formulieren, die letztlich voraussetzt, dass man die Strukturen gesellschaftlicher Ungleichheiten für unüberwindbar hält und soziale und kulturelle Identitäten von Menschen und sozialen Gruppen nicht als deren Folge analysiert.

Das führt dazu, dass nur noch kulturelle Konflikte gesehen werden, selbst wenn die Vertreibung von Armen vor der eigenen Haustür im Londoner Stadtteil Clerkenwell geschieht. In *Die offene Stadt* wird dies anhand der von ihm beschriebenen Ablehnungen zwischen Muslimen und Juden nach einem Diebstahlsdelikt deutlich. Wohlarrangierte Pflanzen im öffentlichen Raum und eine allgemeine Höflichkeit zwischen beiden Gruppen hätten laut Sennett eine neue Soziabilität geschaffen, ungeachtet der sozialen Gegensätze. Hierzu meint der Londoner Professor für Stadtplanung John Tomaney:

> »Clerkenwell seems to exemplify the unsocially sociable ›open city‹. But at Exmouth Market, a diverse local retail centre has rapidly been replaced by a socially homogenous upmarket restaurant destination,

largely beyond the means of the residents in nearby social housing. The extant newsagent and ironmonger are only a rent rise away from extinction, but you can buy a £12 artisan loaf of bread. The open city that Sennett prizes is blocked by insurmountable pecuniary borders that a few well-placed potted plants seem unlikely to breach.« (Tomaney 2019)

Eine kritischere, offenere und intensivere empirische Haltung würde es ermöglichen, solche gesellschaftlichen Blindstellen zu vermeiden und eine andere Ethik zu formulieren. Höchstwahrscheinlich würde es dabei um Kämpfe, Solidarität, Macht, Rassismus, Ungerechtigkeiten, Benachteiligungen und reale Politik, nicht zuletzt auch um den Staat gehen müssen. Auch hierfür kann man Erzählungen konstruieren, die das Individuum in seiner partikularen Erlebniswelt abholen, doch es bedürfte der Autor/innen, die auf die Meta-Erzählung von Werten und Erwachsenwerden, Genies und Held/innen, sozialem »disorder« und Untergang der Öffentlichkeit, fehlenden Respekt und Autorität verzichten. Es wäre an der Zeit, dass die Stadt soziologisch aus einer wirklich unorthodoxen Perspektive rekonstruiert wird, die mit der Einordnung der eigenen Wahrnehmungen, Empfindungen und Haltungen in die gesellschaftlichen Kontexte beginnen müsste.

Literatur

Down, S. 2001: The return of popular social science? In: Human Relations 54: 1639-1649.

Duis, P. 1971: Book Review. Richard Sennett: Families against the city: middle-class homes of industrial Chicago, 1872-1890. In: American Journal of Sociology 76(5): 956-959.

Eckardt, F. 2008: Chicago School revisted – Zur Fotografie als stadtsoziologische Erkenntnismöglichkeit. In: Sack, D./Thöle, U. (Hg.): Soziale Demokratie, die Stadt und das randständige Ich. Kassel: 196-218.

Hampe, M. 2014: Die Lehren der Philosophie. Frankfurt a.M.

Hennig, E. 2012: Chicago School. In: Eckardt, F. (Hg.): Handbuch Stadtsoziologie. Wiesbaden: 95-124.

Jackson, T.J. 1985: The two Richard Sennetts. In: Journal of American Studies 19(1): 81-94.

Kruse, K.M. 2007: White Flight: Atlanta and the making of modern conservatism. Princeton.

Leeuwen, B. van 2014: Urban civility or urban community? A false opposition in Richard Sennett's conception of public ethos. In: European Journal of Social Theory 17(1): 3-23.

Lubove, R. 1972: Families against the city: middle class homes of industrial Chicago, 1872-1890. In: Journal of Social History 5(3): 388-391.

Marcuse, P. (Hg.) 2009: Searching for the just city: debates in urban theory and practice. London.

McLaughlin, V.Y. 1971: Book review. Families against the city: middle class homes of industrial Chicago, 1872-1890. In: Labor History 12(2): 297-300.

Mullis, D. 2014: Recht auf die Stadt. Von Selbstverwaltung und radikaler Demokratie. Münster.

Neun, O. 2018: Öffentliche Soziologie. Baden-Baden.

Osman, S. 2012: The invention of brownstone Brooklyn: gentrification and the search for authenticity in postwar New York. Oxford.

Park, R./Burgess, E. 1921: Introduction to the science of sociology. Chicago.

Reutlinger, C. 2019: Richard Sennett: Die offene Stadt. Eine Ethik des Bauens und Bewohnens. In: socialnet Rezensionen, https://www.socialnet.de/rezensionen/24947.php (01.10.2019).

Row, J. 2019: White Flights: Race, fiction, and the American imagination. Minneapolis.

Sennett, R. 1970a: Families against the city: middle class homes of industrial Chicago: 1872-1890. Cambridge.

Sennett, R. 1970b: The uses of disorder: personal identity and city life. London.

Sennett, R. 1972: The hidden injuries of class. New York.

Sennett, R. 1976 (1974): Verfall und Ende des öffentlichen Lebens. Die Tyrannei der Intimität. Frankfurt a.M.

Sennett, R. 1990: The conscience of the eye. New York.

Sennett, R. 1994: Flesh and Stone. London.

Sennett, R. 2016: Respekt im Zeitalter der Ungleichheit. Hamburg.

Sennett, R. 2018: Die offene Stadt. Eine Ethik des Bauens und Bewohnens. München.

Simmel, G. 1903: Die Großstädte und das Geistesleben. In: Petermann, T. (Hg.): Die Großstadt. Vorträge und Aufsätze zur Städteausstellung. Dresden: 185-206.

Tomaney, J. 2019: Book review. Building and Dwelling: Ethics for the City. Richard Sennett. Allen Lane. 2018. https://blogs.lse.ac.uk/lsereviewofbooks/2018/04/18/book-review-building-and-dwelling-ethics-for-the-city-by-richard-sennett (31.03.2020).

Tuttle, W.M. jr. 1970: Race riot Chicago in the Red Summer of 1919. New York.

Zukin, S. 2011: Naked city: the death and life of authentic urban places. Oxford.

Arbeit

Alexandra Scheele

Flexible Arbeit im neuen Kapitalismus

Als Richard Sennett 1998 die Diagnose des flexiblen Menschen in die deutschsprachige Debatte einbrachte und damit die *Kultur des neuen Kapitalismus* – so der Untertitel der deutschsprachigen Ausgabe – skizzierte, betrug die Zahl der gemeldeten Arbeitslosen in Deutschland mehr als 4,2 Millionen, was einer Arbeitslosenquote von 11,1 Prozent entsprach. Acht Jahre nach der deutsch-deutschen Vereinigung, die insbesondere für die Menschen in Ostdeutschland nach einer Phase der Euphorie von zunehmender Ernüchterung geprägt war, hatte sich der real existierende Kapitalismus als ›Raubtierkapitalismus‹ gezeigt, der die neuen Bundesländer – so die späteren soziologischen Analysen – zu einem Experimentierfeld (vgl. Engler 2004) des Westens machte, auf dem die Möglichkeiten ökonomischer Rationalisierung getestet wurden, deren Kern die Vermarktlichung und Flexibilisierung war (vgl. Brinkmann 2003). Vor diesem Hintergrund war es wenig überraschend, dass die Ausführungen von Richard Sennett auch in Deutschland viel Resonanz erhielten.

Richard Sennett zeigt, mit welchen Zumutungen der ›flexible Kapitalismus‹ – im Unterschied zum industriellen Kapitalismus oder zum Staatskapitalismus – für die Arbeitnehmer*innen verbunden ist. Er verlange von den Arbeitnehmer*innen, »sich flexibler zu verhalten, offen für kurzfristige Veränderungen zu sein, ständig Risiken einzugehen und weniger abhängig von Regeln und förmlichen Prozeduren zu werden« (Sennett 1998: 10). Durch die Betonung der Flexibilität verändere sich die Bedeutung der Arbeit selbst, die Vorstellung eines planbaren, tendenziell linearen beruflichen Werdegangs werde ersetzt durch die einer Reihe von ›Jobs‹, der wechselnden Verrichtung unterschiedlicher Tätigkeiten (vgl. ebd.). Dies verursache bei den Menschen Angst, sei aber zugleich eingebettet in eine Ideologie, nach der Flexibilität mit Freiheit, Eigenverantwortung und Autonomie einhergehe. Sennett begriff sein Essay, das sich nur auf die Entwicklungen in den USA bezieht, »als eine Art Warnung an die Europäer«, so sein Zitat in einem Beitrag des Deutschlandfunks (1998), und als Appell, diese Art der Flexibilisierung von Arbeit zu verhindern, da sie nur ein Instrument sei, um den Profit zu steigern.

Mit dieser Kritik des modernen Kapitalismus lässt sich Richard Sennett einreihen in eine Vielzahl von Autor*innen in dieser Zeit, die die Auflösung stabiler Beschäftigungsverhältnisse ebenso wie die veränderten betrieblichen Organisationsprinzipien als Ausdruck eines neuen Akkumulationsregimes analysieren. Ein Jahr zuvor hatte Viviane Forrester (1997) mit dem Buch *Der Terror der Ökonomie* beklagt, dass die ›Bedürfnisse‹ der Märkte über die Bedürfnisse von Menschen gestellt werden. Und auf einer Veranstaltung zum Thema Prekarisierung in Europa im Dezember 1998 in Grenoble stellte Pierre Bourdieu die These »Prekarität ist überall« auf. Sie sei Teil einer neuartigen Herrschaftsform, »die auf der Errichtung einer zum allgemeinen Dauerzustand gewordenen Unsicherheit fußt und das Ziel hat, die Arbeitnehmer zur Unterwerfung, zur Hinnahme ihrer Ausbeutung zu zwingen« (Bourdieu 1998: 101). Die Zunahme von befristeten Beschäftigungsverhältnissen und Teilzeitstellen führe nicht nur für die direkt Betroffenen zu Prekarität, sondern erzeuge bei allen Arbeitnehmer*innen große Unsicherheit. Während den von Prekarität Betroffenen »jede rationale Vorwegnahme der Zukunft und vor allen Dingen jenes Mindestmaß an Hoffnung und Glauben an die Zukunft, das für eine vor allem kollektive Auflehnung gegen eine noch so unerträgliche Gegenwart notwendig ist« (ebd.: 97) verwehrt werde, entstünden bei jenen, die in vermeintlich sicheren Beschäftigungsverhältnissen sind, Dispositionen der Unterwerfung. Die allgegenwärtige Unsicherheit verhindere Solidarität und eine mögliche Mobilisierung gegen Flexibilisierung und Ausbeutung.

In der bundesdeutschen Arbeitssoziologie belebten diese Interventionen nicht nur die Debatten um prekäre Arbeit (vgl. z.B. Brinkmann u.a. 2006) und um neue Managementkonzepte, sondern auch die Auseinandersetzungen über Subjektivierung und Entgrenzung von Arbeit (vgl. z.B. Nies/Sauer 2012). Darüber hinaus lassen sich in der aktuellen Kartografie des »Digitalen Kapitalismus« (vgl. z.B. Staab 2019) bzw. des »Plattform-Kapitalismus« (vgl. Srnicek 2018) und der damit verbundenen »Verflüssigung von Arbeit« (vgl. Kawalec/Menz 2013) neue Kontrollformen von Arbeit finden, die vordergründig ebenfalls mit den positiven Dimensionen von Freiheit, Eigenverantwortung und Autonomie besetzt, zugleich jedoch mit Prozessen des Outsourcings und der Informalisierung von Arbeit verbunden sind. Über die Umdeutung als Netzwerk oder Projekt werden betriebliche Organisationen nicht nur an den Rändern, sondern auch in ihren Zentren geöffnet und die Arbeit von Arbeitskräften ohne Arbeitsvertrag oder auch von Konsument*innen bzw. Nutzer*innen geleistet. Der ›neue Kapitalismus‹ und die mit ihm verknüpften veränderten Anforderungen an Wirtschaftsorganisationen und Arbeitskräfte erfahren im digitalen Kapitalismus eine weitere Revolution, die in dieser Form von Richard Sennett zwar noch nicht antizipiert wurde, deren Grundzüge sich aber dennoch in seinen Schriften nachvollziehen lassen. Im Folgenden wird zunächst der Beitrag Richard Sennetts zur Analyse der gesellschaftlichen Bedeutung von Arbeit rekapituliert. Anschließend wird die Bedeutung von Flexibilisierung im Kontext von Digitalisierungsprozessen in den Blick genommen, bevor abschließend die Leerstelle ›Geschlecht‹ in Sennetts Arbeitsverständnis aufgezeigt wird.

Sennett und Arbeit

Für die Auseinandersetzung mit ›Arbeit‹ nimmt das Buch *Der flexible Mensch* (Sennett 1998) eine zentrale Rolle ein. Entlang der Personen Rico, dessen Vater Enrico und Ricos Frau Jeanette zeigt Richard Sennett anhand von zentralen Begriffen, wie sich die Arbeitswelt in den USA in den letzten Jahrzehnten verändert hat. Im Mittelpunkt stehen die Begriffe ›Drift‹ – der Zerfall der Erfahrung in der modernen Arbeitswelt –, ›Flexibilität‹, ›Undurchschaubarkeit‹ und ›Risiko‹ sowie ein gewandeltes ›Arbeitsethos‹, um die herum Sennett anhand der interviewten Personen und unter Rückgriff auf philosophische und soziologische Werke die Merkmale des neuen Kapitalismus entwickelt. Sennett sieht in den neuen Organisations- und Managementkonzepten, insbesondere in der Abkehr von fordistischen Produktionsmodellen und in der Einführung von Gruppenarbeit, eine große Gefahr für die einzelnen Beschäftigten. Unter dem Begriff der Flexibilität entstünde ein neues Kontrollregime, das die ungleiche Verteilung von Macht und Ressourcen verschleiere. Im Unterschied zur bürokratischen Organisation würden Hierarchien vordergründig abgebaut, tatsächlich seien sie jedoch nur schwerer zu durchschauen und im Ergebnis würden sich über sie effektivere Formen der (Selbst-)Kontrolle durchsetzen (vgl. ebd.: 11). Der flexible Kapitalismus verhalte sich indifferent, sein System sei weniger klar definiert und weniger lesbar, mit der Folge, dass es keine Verbindlichkeit mehr gäbe. Diese Entwicklung sei mit einer Schwächung des Charakters verbunden (vgl. ebd.: 201ff.). Die Beschäftigten würden ihrer Möglichkeiten zur Gestaltung ihres eigenen Lebens beraubt, da es keine Sicherheit mehr gäbe, dass die einmal erworbenen Qualifikationen langfristig Bestand haben und dass sie selbst auch in Zukunft noch gebraucht werden. Hinzu komme die Sorge, dass sie dem dauerhaften Druck im Wettbewerb mit ihren Kolleg*innen und zwischen den einzelnen Cost- und Profit-Centern in den Unternehmen nicht standhalten können. Menschen würden behandelt, als wären sie problemlos ersetzbar.

Zum Verständnis dieser Entwicklungen greift Sennett auf die Ergebnisse der Studie *The hidden injuries of class* zurück, die er 1971 mit Jonathan Cobb (Sennett/Cobb 1977/1972) in Boston durchgeführt hat. Die in diesem Band interviewten Arbeiter folgen einem meritokratischen und individualistischen Verständnis von Erfolg und sind zugleich auf der Suche nach Respekt. Sie sehen sich vor der Herausforderung, dem eigenen sozialen Aufstieg sowie dem ihrer Kinder nur dann zum Gelingen verhelfen zu können, wenn sie ihre Herkunft und ihre Werte verleugnen. Selbst wenn ihnen der soziale Aufstieg gelingt, fühlen sie sich schuldig, unfähig oder unwürdig (vgl. Wellgraf 2013: 48) bzw. sehen diesen als Zufall an und problematisieren, dass sie andere Chancen nicht ergriffen hätten. Sennett und Cobb interpretieren das als Ausdruck eines Klassensystems, das nicht nur Handlungsmöglichkeiten und -chancen ungleich verteilt, sondern das auch die Würde der Einzelnen angreift und über die materielle Ungleichverteilung hinaus auch mit emotionalen Verletzungen sowie unterschiedlichen Artikulationsmöglichkeiten einhergeht (vgl. ebd.). Die gesammelten Geschichten der Arbeiter zeigen nicht nur, wer sie sind, »but what are the contradictory codes of respect in the America of their generation« (Sennett/Cobb 1977: 23). Die Erfahrung, die eigene Herkunft verleugnen zu müssen, um einen sozialen Aufstieg möglich zu machen und die gesellschaftliche Anerkennung zu erhalten, die mit der erreichten beruflichen Position verbunden ist, wurde auch von Didier Eribon vor wenigen Jahren in seinem vielbeachteten Buch *Rückkehr nach Reims* (2016/2009) thematisiert. Eribon beschreibt die ›soziale Scham‹, die ihn Jahrzehnte lang begleitet hat und der er sich jedoch erst spät bewusst wurde, da er sich intellektuell in erster Linie mit seiner Homosexualität und mit den damit verbundenen Momenten von Ausschluss und Scham auseinandergesetzt hatte. Ähnlich wie in dem Buch von Sennett und Cobb wird hier der Blick auf die wirkmächtige Präsenz von Klassenverhältnissen in Gesellschaften gerichtet, in denen diese vermeintlich keine Rolle mehr spielen.

Zu Beginn des Essays *Der flexible Mensch* beschreibt Sennett (1998), wie er mehr als 20 Jahre nach dieser Studie Rico, den Sohn eines damaligen Interviewpartners, im Flughafen trifft. Sein damaliger Interviewpartner war der aus einer italienischen Einwandererfamilie stammende Enrico, der als Hausmeister arbeitete und dessen Frau Flavia in einer chemischen Reinigung tätig war. Ihrem Sohn Rico scheint auf den ersten Blick genau der Aufstieg gelungen zu sein, den sich seine Eltern erhofft hatten – der ihnen aber verwehrt gewesen ist. Zwar hatten sie es trotz ihrer gering qualifizierten Arbeit zu einem gewissen Wohlstand gebracht, konnten diesen aber nicht als Ergebnis ihrer eigenen Leistung würdigen, weil ihnen im Vergleich zu anderen die nötige gesellschaftliche Anerkennung fehlte. Rico hingegen hat eine eigene Consultingfirma aufgebaut, nachdem er längere Zeit in unterschiedlichen

Hightech-Firmen gearbeitet hatte. Er verfügt damit zwar über deutlich mehr soziales Prestige als seine Eltern, aber schon jetzt weist sein Leben weniger Geradlinigkeit und Stetigkeit auf. Vielmehr lebt er in der Angst, »jede innere Sicherheit zu verlieren [und] in einen Zustand des Dahintreibens [Drifting; Anm. A.S.] zu geraten« (ebd.: 22). Für Sennett repräsentieren die Eltern bzw. der Vater von Rico die Epoche des Fordismus, in der das Leben eine lineare Erzählung werden konnte. Es handelt sich um ein Leben, das in eine bürokratische Struktur eingebettet ist und in dem die Tage von weitestgehend gleichen Arbeiten geprägt sind. Rico hingegen vertritt die Position, dass man offen sein müsse für Veränderungen und Risiken (vgl. ebd.: 19). Seine Ablehnung der routinegeprägten bürokratischen Zeit versteht Sennett als Ausdruck der modernen Gesellschaft (vgl. ebd.: 39).

Die Flexibilität des neuen Kapitalismus fordere den menschlichen Charakter heraus. Sennett (ebd.: 12) fragt:

> »Wie aber können langfristige Ziele verfolgt werden, wenn man im Rahmen einer ganz auf das Kurzfristige ausgerichteten Ökonomie lebt? Wie können Loyalitäten und Verpflichtungen in Institutionen aufrechterhalten werden, die ständig zerbrechen oder immer wieder umstrukturiert werden? Wie bestimmen wir, was in uns von bleibendem Wert ist, wenn wir in einer ungeduldigen Gesellschaft leben, die sich nur auf den unmittelbaren Moment konzentriert?«

Diese Fragen machen deutlich, dass es Sennett weniger um eine arbeitssoziologische Kritik an der Flexibilisierung geht, sondern vielmehr um die Entwicklung einer kulturwissenschaftlichen Perspektive. Entsprechend stehen nicht die konkreten Arbeitsbedingungen im Zentrum, sondern vielmehr die psychosozialen Effekte des ›flexiblen Kapitalismus‹ als einer neuen und besonderen Form des Kapitalismus.

Diese neue Form des Kapitalismus wird ein Jahr nach dem Erscheinen von *Der flexible Mensch* von den französischen Soziolog*innen Luc Boltanski und Ève Chiapello (2003/1999) noch genauer erklärt. Mit Hilfe einer Analyse von Managementliteratur untersuchen sie den Wandel der ideologischen Rechtfertigungen des Kapitalismus und identifizieren – bezugnehmend auf Max Weber – einen ›neuen Geist des Kapitalismus‹. Max Weber ging es in seinem einflussreichen Werk *Die protestantische Ethik und der ›Geist‹ des Kapitalismus* (2016/1920) grundsätzlich darum, eine kulturelle Erklärung für das Entstehen des Kapitalismus zu finden. Der rationale Kapitalismus des Okzidents war in Webers Augen nicht nur eine universalgeschichtlich singuläre Erscheinung, also etwas, zu dem es weltweit in der Menschheitsgeschichte Vergleichbares nicht gab; das kapitalistische Erwerbsprinzip erschien ihm zudem – wie Hartmann Tyrell (1990) zusammenfasst – als etwas ›dem menschlichen Verhaltensinventar‹ (und Affekthaushalt) denkbar Fernliegendes, als etwas ›Unnatürliches‹, nämlich lebensfeindlich-asketisch Infiziertes, bei dem sich Zweck und Mittel des bisherigen Wirtschaftens verkehrt haben: »Der Mensch ist auf das Erwerben als Zweck seines Lebens, nicht mehr das Erwerben auf den Menschen als Mittel zum Zweck der Befriedigung seiner materiellen Lebensbedürfnisse bezogen.« (Weber 2016/1920: 78) Weber fragt nach den kulturellen und insbesondere religiösen Fundamenten des modernen Kapitalismus und identifiziert eine Wahlverwandtschaft zwischen der protestantischen, genauer der calvinistischen Ethik der Askese und der Berufsethik. Luc Boltanski und Ève Chiapello argumentieren nun ein knappes Jahrhundert später, dass der Kapitalismus einen ›neuen Geist‹ hervorgebracht habe. Kern sei die Infragestellung bisheriger institutioneller Sicherheiten und die Betonung von Flexibilität, Mobilität, Kreativität und Eigenverantwortung. Es bilde sich eine projektbasierte Polis heraus, die kreative Selbsttechniken, Individualität und kommunikative Fähigkeiten erfordere und zugleich fördere; und dabei *en passant* Elemente der sogenannten Künstlerkritik, vor allem die Forderungen nach Autonomie und Freiheit, aufgreife und so umdeute, dass das kreative Potential der Beschäftigten zur Produktivitätssteigerung besser genutzt werden kann.

Die Bedeutung der individuellen Erfahrung und der Möglichkeiten, die eigenen Fähigkeiten befriedigend in den Arbeitsprozess einfließen zu lassen, ist wiederum das Thema des zehn Jahre nach *Der flexible Mensch* erschienenen Buches *Handwerk* (Sennett 2008), das den ersten Band der Homo-Faber-Trilogie bildet. In diesem Band stellt Sennett einen Zusammenhang zwischen ›Können‹ und ›Engagement‹ her. Mit dem Begriff des Handwerkers (und der Handwerkerin, könnte man ergänzen) geht es ihm nicht um die Beschreibung handwerklicher Fertigkeiten »nach Art des Schreiners« (ebd.: 32), sondern darum, Personen zu charakterisieren, die »ihrer Arbeit mit Hingabe nachgehen und sie um ihrer selbst willen gut machen wollen« (ebd.: 32). Mit dem langjährig erworbenen handwerklichen Können seien zwei emotionale Belohnungen verbunden: »eine Verankerung in der greifbaren Realität und Stolz auf die eigene Arbeit« (ebd.: 33). Es handelt sich um etwas, das in der Arbeitssoziologie unter dem Begriff des ›Produzentenstolzes‹ diskutiert wird und das einerseits eng mit der Vorstellung von beruflicher und gesellschaftlicher Anerkennung verbunden ist, aber andererseits auch mit der Frage, inwieweit die moderne, kapitalistische Organisation von Arbeit Momente der Emanzipation durch Arbeit überhaupt zulässt (vgl. Wagner 2008; Scheele 2018a).

In seinem Buch *Zusammenarbeit*, das 2012 erschienen ist und den zweiten Band der Homo-Faber-Trilogie bildet, argumentiert Sennett weiter, dass durch die Flexibilität in der modernen Gesellschaft und insbesondere in der New Economy, für die er beispielsweise die Finanzwirtschaft untersucht, die Fertigkeit zur Kooperation geschwächt wurde. Das den Industriekapitalismus prägende »soziale Dreieck« aus »verdienter Autorität, wechselseitigem Respekt und Kooperation während einer Krise« (ebd.: 202) – Sennett bezeichnet betriebliche Herausforderungen, bei denen die Arbeiter*innen Probleme lösen müssen, als ›Krise‹ – gäbe es nicht mehr. Auch wenn es sich bei diesem sozialen Dreieck um ein patriarchalisch geprägtes Sozialverhältnis handele, so hätte es im Unterschied zu den neuen Organisationsformen Autorität, Vertrauen und Kooperation herstellen können – während nun Deregulierung, Flexibilität und Mobilität ins Zentrum rückten und damit die Voraussetzungen für eine Zusammenarbeit unterlaufen würden. In der Arbeitswelt seien nur noch kurzfristige Bindungen – an die Organisation, an die Kolleg*innen, an das Werk – erwünscht (vgl. Meißner 2017: 21).

Die Veröffentlichungen Sennetts zum Thema Arbeit lassen sich unter dem Begriff der ›Zeitdiagnose‹ einordnen und mehr noch als ›Kulturkritik‹ denn als ›Kapitalismuskritik‹, da er kaum auf die Produktions- und Eigentumsverhältnisse, das Akkumulationsregime oder die Marktordnung eingeht. Auch wenn Richard Sennett den Band *Der flexible Mensch* am Ende um Statistiken zur Beschäftigungssituation, zum Einkommen, zur beruflichen Qualifikation und zur Erwerbslosigkeit in den USA ergänzt und selbstverständlich auch zahlreiche Referenzen angibt, so handelt es sich dennoch nicht um eine soziologische Analyse des Arbeitsmarktes in den USA, sondern um ein Essay, mit dem Richard Sennett »einige persönliche Auswirkungen« der sich radikal wandelnden Wirtschaft und Arbeitswelt verstehen möchte (Sennett 1998: 13). Dieses Anliegen wird im englischen Original bereits durch den Titel *The corrosion of character. The personal consequences of work in the new capitalism* deutlich herausgestellt.

Sennett selbst erklärt, dass seine Forschungsmethode der eines »Anthropologen« ähnlich sei, er erforsche – »wie es einem Essay gebührt« – mit Hilfe »verschiedenartiger Quellen« das Alltagsleben um sich herum (ebd.: 12). Es gehe ihm darum, den »Sinn dessen, was [er] gehört habe, präzise wieder[zu]geben«, »nicht dessen genaue Umstände« (ebd.: 13). Dies bedeutet, dass er die Identitäten der Personen, denen er begegnet, verschleiere, Veränderungen in Zeit und Raum vornehme und mehrere Stimmen zu einer bündele oder auch eine Stimme in viele Stimmen aufspalte (vgl. ebd.). Sein methodisches Vorgehen, ausgehend von den Begegnungen und Gesprächen mit einzelnen Personen so etwas wie eine Deutung des Gegenwartskapitalismus zu betreiben, macht Sennett nicht nur zu einem Autor, dessen Texte leicht zugänglich sind und die deshalb aus dem vielfach problematisierten wissenschaftlichen Elfenbeinturm in die breite Öffentlichkeit drängen. Jenseits der essayistischen, explorativen Forschungsmethode und des damit verbundenen Vorgehens eröffnen die dichten Beschreibungen aus den Erzählungen der Personen ein komplexes Bild der gemachten Erfahrungen, der Zumutungen des modernen Kapitalismus. »Gerade jene zentralen Passagen des Buchs, in denen der Autor den Zusammenhang von Zeitregime, Flexibilität und Macht untersucht [...], bieten eher ein Mosaik aus punktuellen Einsichten in die Anatomie des ›neuen Kapitalismus‹ als eine kohärente Analyse.« (Dörre 1998: 170)

Flexibilisierung und Digitalisierung

Die Auseinandersetzungen mit der Kultur des neuen Kapitalismus müssen vor dem Hintergrund der zunehmenden Digitalisierung von Wirtschaft und Arbeit heute neu gelesen werden. Dabei handelt es sich nicht nur um die verstärkte Nutzung digitaler Infrastruktur in Produktions- und Dienstleistungsunternehmen, sondern auch um die Herausbildung neuer Unternehmensorganisationen. Das neue Geschäftsmodell ist die Plattform: Unternehmen bieten digitale Plattformen an, auf denen Waren und Dienstleistungen angeboten werden, und organisieren so eine Infrastruktur für Markttransaktionen zwischen externen Anbieter*innen von Produkten und Dienstleistungen auf der einen Seite und den Kund*innen auf der anderen Seite (vgl. Kirchner/Beyer 2016: 329; Nachtwey/Staab 2020). Über dieses Geschäftsmodell »können immense Mengen von Daten gewonnen und kontrolliert werden, und diese Wende brachte den Aufstieg großer Monopolunternehmen« (Srnicek 2018: 11), wie Amazon oder Google. Den Unternehmen geht es dabei vor allem um den Kampf um Marktanteile, wobei im Sinne einer ›äußeren Landnahme‹ auch Bereiche, die bislang nicht den Marktprinzipien unterlagen, erschlossen werden.

Mit der Digitalisierung werden für den Industriekapitalismus und selbst noch für den Finanzmarktkapitalismus typische Koppelungen gelöst (vgl. Kirchner/Beyer 2016: 327), wodurch die von Sennett beschriebene Flexibilisierung eine weitere Zuspitzung erfährt. Mit Kirchner und Beyer (vgl. ebd.) handelt es sich um die *Delokalisierung*, also den ortsunabhängigen Zugriff auf zentrale Bezugspunkte im Unternehmen, wie Arbeitskräfte, Arbeitsergebnisse oder Kommunikationspartner*innen, um die *Delegation* und um die *Marktorganisation*. Mit dem Begriff der Delegation wird die Entkoppelung von Unternehmen und Arbeitskraft beschrieben. Während der Organisationskern auf die Arbeitskraft einer Stammbelegschaft zurückgreift, lassen sich für einen großen Teil der am Arbeitsprozess Beteiligten Formen einer »hybriden Mitgliedschaft« (vgl. Nachtwey/Staab 2020) ausmachen. In einigen Branchen werden aus abhängig Beschäftigten sogenannte ›Arbeitnehmerselbständige‹. Merkmale der Angehörigen dieser Gruppe sind, dass sie projektförmig und agil arbeiten, keinen festen Arbeitsort haben und/oder über Plattformen im Internet ihre Leistungen anbieten. Es handelt sich dabei um Personen mit unterschiedlichen beruflichen Qualifikationen, die ihre Arbeitskraft unter unterschiedlich prekären Verkaufsbedingungen anbieten. In die veränderte Marktorganisation fließen nicht nur diese beiden Elemente der Delokalisierung und Delegation ein, sondern es findet noch eine Entkoppelung von Unternehmen und ihren Produkten statt (vgl. Kirchner/Beyer 2016). Sie machen sich tendenziell unabhängig von der Frage, wo und von wem die nötige Arbeitsleistung erbracht wird, und davon, welche Produkte und Leistungen letztendlich erbracht werden. Digitale Systeme ermöglichen zudem die bessere Vermessung der Leistung und werden zur Kontrolle und Überwachung von Arbeitsabläufen genutzt. Welche Auswirkungen diese digitalen Entkoppelungen bei gleichzeitig neuen Kontrollformen auf den ›Charakter‹ eines Menschen haben und ob es zu einem weiteren Verfall kommt, bedarf weiterer Analysen.

Erwerbsarbeit und Geschlechterverhältnisse

Abschließend soll eine Leerstelle aufgezeigt werden, die für die Bewertung der von Sennett beschriebenen Umbrüche von Bedeutung ist. Der Zusammenhang von Arbeits- und Geschlechterverhältnissen bzw. die Trennung von Erwerbsarbeit und privat geleisteter unbezahlter Haus- und Sorgearbeit finden bei Sennett keine Berücksichtigung. Vorschnell könnte man argumentieren, dass es ihm in erster Linie darum geht, eine Kulturkritik des modernen Kapitalismus zu entwickeln, und dass er den Schwerpunkt auf die Frage legt: »Welche Werte und Praktiken können den Zusammenhalt der Menschen sichern, wenn die Institutionen, in denen sie leben, zerfallen?« (Sennett 2005: 8); wobei zu diesen Institutionen ›Zeit‹ – im Sinne von stabilen Planungs- und Erwartungshorizonten –, ›Qualifikation‹ – im Sinne eines langfristigen Kompetenzerwerbs – und ›Erfahrung‹ – im Sinne eines Fundaments – zählen. Aber es ist doch zu überlegen, inwieweit diese Institutionen nicht auch einen ›gender bias‹ haben und ob es nicht doch von Bedeutung ist, ›Geschlecht‹ für die Analyse des neuen Kapitalismus nicht nur mitzudenken, sondern auch systematisch in die Analyse mit einzubeziehen.

In einer als Arbeitsgesellschaft verfassten Gesellschaft werden, wie auch Sennett zeigt, materielle Sicherheit und gesellschaftliche Anerkennung über erwerbsförmig organisierte Arbeit hergestellt. Erst die materiellen Grundlagen – ein hoher Grad von Beschäftigungssicherheit und die Möglichkeit von nicht-marktabhängigen Lebensverläufen (Grad der Dekommodifizierung) – ermöglichen persönliche Freiheit. Zugleich basieren diese Vorstellungen auf einer von Sorgearbeit befreiten Normalarbeitskraft. Das von Sennett als positiv dargestellte fordistische Arbeitsmodell ging zwar mit einem klar strukturierten und zuverlässig planbaren Lebenslauf einher, aber auch mit einer geschlechtlichen Arbeitsteilung, in der Frauen für Hausarbeit und Kindererziehung zuständig waren und damit für das »reibungslose Funktionieren der männlichen Erwerbsbiographie« (Geissler 2002: 59) sorgten. Und noch immer ist die Erwerbsarbeit von Frauen – insbesondere in Westdeutschland – von Unterbrechungen und Teilzeit geprägt. Viele Frauen arbeiten zudem in Berufen, die nur wenige Freiräume schaffen, die gesellschaftlich ein eher geringes Ansehen aufweisen, die mit geringeren Verdiensten verbunden sind und nur wenig Perspektiven für die berufliche Entwicklung eröffnen (vgl. Scheele 2013). Das, was Sennett als Merkmale des ›neuen Kapitalismus‹ beschreibt, liest sich streckenweise wie ein trauriger Abschied von einer Welt, in der eine männliche Normalarbeitskraft als Familienvater und Familienernährer lebenslang einem qualifizierten Beruf nachgegangen ist. Dies entspricht empirisch zwar der Realität, aber diese Realität basierte eben zugleich auf zahlreichen Ausschlüssen – entlang der Geschlechterachse, aber auch entlang von Staatsbürgerschaft oder rassifizierten Grenzziehungen (vgl. Scheele 2018b). Diese Ausschlüsse gilt es systematisch einzubeziehen, um einerseits das berechtigte Anliegen zu verfolgen, Veränderungen in der kapitalistischen Transformation zu identifizieren und zu problematisieren, ohne dabei andererseits einem fordistischen Produktionsmodell Stärken zuzuschreiben, die auf einem stark segmentierten Arbeitsmarkt – entlang von beruflichen Qualifikationen, Berufen, Tätigkeiten,

Herkunft, Geschlecht etc. – und einer deutlichen Trennung zwischen Erwerbsarbeit und allen anderen Lebensbereichen basieren.

Um die Geschlechterdimension zu erfassen, reicht es nicht aus, den Flexibilisierungsschub bei den Arbeitszeiten in den USA mit dem vermehrten Eintritt von Frauen aus der Mittelschicht in den Arbeitsmarkt zu erklären (vgl. Sennett 1998: 72f.), sondern es braucht ein Verständnis davon, dass Arbeit als Erwerbsarbeit gesellschaftlich eingebettet ist und dass deshalb die Interdependenz »zwischen den verschiedenen Formen, Inhalten und Segmenten der sozialen Kooperation« (Kurz-Scherf 2007: 278) in den Blick genommen werden muss. Die kapitalistische Wirtschaftsweise basiert auf der »Abspaltung des größten Teils der in der Reproduktion moderner Gesellschaften zu befriedigenden Bedürfnisse und der dazu notwendigen Arbeit und deren Verlagerung in die Privathaushalte« (Kurz-Scherf 2013: 93). Die neuen (?) Unsicherheiten des flexiblen Kapitalismus haben insofern eine Geschlechterdimension. Sie betreffen nicht nur Erwerbsarbeit und die kapitalistische Wirtschaft, sondern wirken auf das gesamte Leben; Orte der Sorgearbeit, der Regeneration und der sozialen Beziehungen werden in ihrer Sicherheit in Frage gestellt. Und zwar nicht nur dahingehend, ob die Menschen die Fähigkeit erhalten können, »ihre Charaktere zu durchhaltbaren Erzählungen zu formen« (Sennett 1998: 37), oder zu verhindern, dass das eigene Leben und das der Familie dahintreibt (vgl. ebd.: 36), sondern auch dahingehend, überhaupt in der Lage zu sein, sich selbst und auch den Kindern, Familienangehörigen, Freund*innen oder Wahlverwandten die Sorge und Aufmerksamkeit zukommen zu lassen, die gebraucht wird. Vielfach besteht die Flexibilität darin, unterschiedliche Logiken und Anforderungen der verschiedenen Arbeits- und Lebensbereiche (Markt- und Effizienzlogik vs. emotionale und relational-leibliche Arbeit, Selbstsorge und Anteilnahme) zu vereinbaren. Vielfach besteht die Flexibilität auch darin, überhaupt Arbeitszeiten sowie Zeiten für sich und andere so zusammenzubringen, dass es keine Zerreißprobe wird. Insofern wirken nicht nur die gesellschaftlichen »Produktions- und Eigentumsverhältnisse, ihr rechtlicher und kultureller Überbau auf die Form der Arbeit, ihre Normen und ihre Bildungskraft zurück«, wie Matthias Greffrath (2008) in seiner Rezension zum Band *Handwerk* schreibt, sondern eben auch und in besonderem Maße die Geschlechterverhältnisse.

Literatur

Boltanski, L./Chiapello, È. 2003 (1999): Der neue Geist des Kapitalismus. Konstanz.

Bourdieu, P. 1998: Gegenfeuer. Hamburg.

Brinkmann, U./Dörre, K./Röbenack, S./Kraemer, K./Speidel, F. 2006: Prekäre Arbeit. Ursachen, Ausmaß, soziale Folgen und subjektive Verarbeitungsformen unsicherer Beschäftigungsverhältnisse. Friedrich-Ebert-Stiftung, Bonn.

Brinkmann, U. 2003: Die Labormaus des Westens: Ostdeutschland als Vorwegnahme des Neuen Produktionsmodells. In: Dörre, K./Röttger, B. (Hg.): Das neue Marktregime. Konturen eines nachfordistischen Produktionsmodells. Hamburg: 250-269.

Deutschlandfunk 1998: Der flexible Mensch. Ein Beitrag von Brigitte Neumann am 03.07.1998. https://www.deutschlandfunk.de/der-flexible-mensch.700.de.html?dram:article_id=79523 (20.05.2020).

Dörre, K. 1998: Das Regime der flexiblen Zeit. Richard Sennetts ›Der flexible Mensch‹. In: Widerspruch 36 (Dezember): 169-172.

Engler, W. 2004: Die Ostdeutschen als Avantgarde. Berlin.

Eribon, D. 2016 (2009): Rückkehr nach Reims. Berlin.

Forrester, V. 1997: Der Terror der Ökonomie. Wien.

Geissler, B. 2002: ›Der Flexible Mensch‹. Eine These auf dem Prüfstand. In: Schnyder, A./Herfeldt, M. (Hg.): Sozialalmanach 2002: Der flexibilisierte Mensch. Luzern: 57-71.

Greffrath, M. 2008: Hirn und Hand. In: DIE ZEIT, 31.01.2008, Nr. 06.

Kawalec, S./Menz, W. 2013: Die Verflüssigung von Arbeit. Crowdsourcing als unternehmerische Reorganisationsstrategie – das Beispiel IBM. In: AIS-Arbeits- und Industriesoziologische Studien 6(2): 5-23.

Kirchner, S./Beyer, J. 2016: Die Plattformlogik als digitale Marktordnung. Wie die Digitalisierung Kopplungen von Unternehmen löst und Märkte transformiert. In: Zeitschrift für Soziologie 45(5): 324-339.

Kurz-Scherf, I. 2007: Soziabilität – auf der Suche nach neuen Leitbildern der Arbeits- und Geschlechterpolitik. In: Aulenbacher, B./Funder, M./Jacobsen, H./Völker, S. (Hg.): Arbeit und Geschlecht im Umbruch der modernen Gesellschaft. Forschung im Dialog. Wiesbaden: 269-284.

Kurz-Scherf, I. 2013: ›The Great Transformation‹ – Ausstieg aus dem Kapitalismus? In: Kurz-Scherf, I./Scheele, A. (Hg.): Macht oder ökonomisches Gesetz? Zum Zusammenhang von Krise und Geschlecht. Münster: 81-107.

Meißner, S. 2017: Techniken des Sozialen: Gestaltung und Organisation des Zusammenarbeitens in Unternehmen. Wiesbaden.

Nachtwey, O./Staab, P. 2020: Das Produktionsmodell des digitalen Kapitalismus. In: Maasen, S./Passoth, J.-H. (Hg.): Soziologie des Digitalen. Digitale Soziologie. Soziale Welt. Sonderband 23: 285-303.

Nies, S./Sauer, D. 2012: Arbeit – mehr als Beschäftigung? Zur arbeitssoziologischen Kapitalismuskritik. In: Dörre, K./Sauer, D./Wittke, V. (Hg.): Kapitalismustheorie und Arbeit. Frankfurt a.M./New York: 34-62.

Scheele, A. 2013: Frauenerwerbstätigkeit im Spannungsfeld von ›Prekarisierung‹ und ›Guter Arbeit‹ – Geschlechterpolitische Erweiterungen. In: Arbeit. Zeitschrift für Arbeitsforschung, Arbeitsgestaltung und Arbeitspolitik 22(3): 187-198.

Scheele, A. 2018a: Erwerbsarbeit und Emanzipation. In: Scheele, A./Wöhl, S. (Hg.): Feminismus – Marxismus. Reihe: Arbeitsgesellschaft im Wandel. Weinheim: Beltz Juventa, 115-129.

Scheele, A. 2018b: Prekarität und Prekärsein als Normalzustand? Überlegungen zu einer Zeitdiagnose. In: Baer, S./Sacksofsky, U. (Hg.): Autonomie im Recht – Geschlechtertheoretisch vermessen. Baden-Baden: 361-372.

Sennett, R. 1998: Der flexible Mensch. Die Kultur des neuen Kapitalismus. Berlin.

Sennett, R. 2012: Zusammenarbeit. Was unsere Gesellschaft zusammenhält. Berlin.

Sennett, R. 2005: Die Kultur des neuen Kapitalismus. Berlin.

Sennett, R. 2008: Handwerk. Berlin.

Sennett, R./Cobb, J. 1977 (1972): The hidden injuries of class. Cambridge.

Srnicek, N. 2018: Plattform-Kapitalismus. Hamburg.

Staab, P. 2019: Digitaler Kapitalismus. Macht und Herrschaft in der Ökonomie der Unknappheit. Berlin.

Tyrell, H. 1990: Worum geht es in der ›protestantischen Ethik‹? Ein Versuch zum besseren Verständnis Max Webers. In: Saeculum 14: 130-177.

Wagner, G. 2008. ›Ausschließlich zahlenorientiert, ausschließlich an Erträgen orientiert.‹ Vermarktlichung als Organisationsprinzip und Anerkennungsproblem. In: Österreichische Zeitschrift für Soziologie 33: 20-42.

Weber, M. 2016 (1920): Die Protestantische Ethik und der ›Geist‹ des Kapitalismus. Ausgabe: Klassiker der Sozialwissenschaften. Wiesbaden.

Wellgraf, S. 2013: ›The Hidden Injuries of Class‹. Mechanismen und Wirkungen von Klassismus in der Hauptschule. In: Giebeler, C./Rademacher, C./Schulze, E. (Hg.): Intersektionen von race, class, gender, body. Theoretische Zugänge und qualitative Forschungen in Handlungsfeldern der Sozialen Arbeit. Opladen u.a.: 39-60.

Soziale Arbeit

Albert Scherr und Holger Ziegler

Die verborgenen Verletzungen der Arbeiterklasse. Sennetts Inspirationen für die Theorie der Sozialen Arbeit

Armut und Ungleichheit sind zentrale Themen in der Sozialen Arbeit. Allerdings ist diese eine wohlfahrtsstaatsbezogene Praxis, in der es nicht um die Umverteilung materieller Güter geht. Sie befasst sich vielmehr mit lebenspraktischen und psychischen Auswirkungen von gesellschaftlichen Macht- und Ungleichheitsverhältnissen und dabei nicht zuletzt mit Formen von beschädigter Subjektivität sowie deren Konsequenzen für die Lebensführung der Betroffenen. Deshalb sind für die Soziale Arbeit sozialwissenschaftliche Analysen bedeutsam, die Ungleichheitsverhältnisse nicht nur mit Blick auf objektive Lebensbedingungen (Einkommen, Wohnen, Arbeitsbedingungen, Arbeitslosigkeit) analysieren, sondern darüber hinaus Fragen nach Lebensformen und Subjektformierungen stellen. Mit ihrem Fokus auf die Bedeutung ungleicher sozialer Bedingungen für die Entwicklung von Selbstachtung und Selbstwertgefühl bietet die bis heute nicht ins Deutsche übersetzte Studie *The hidden injuries of class* von Richard Sennett und Jonathan Cobb (1972) eine solche Perspektive an: Das Problem gesellschaftlicher Ungleichheiten wird im Hinblick auf die dadurch bedingten Beschädigungen von Subjekten und Identitäten analysiert. In den Blick gerückt werden dabei die verborgenen Verletzungen, die daraus resultieren, dass die Verbindung einer individualistischen Leistungsideologie mit Strukturen gesellschaftlicher Anerkennung, die akademische Berufe gegenüber manuellen Arbeitstätigkeiten privilegieren, in den unteren Klassen systematisch Gefühle des Versagens an den gesellschaftlichen Maßstäben der Wertschätzung hervorbringt. Wie im Folgenden zu zeigen sein wird, liegt mit diesen Überlegungen ein Beitrag zu einer Soziologie der Subjektivität vor, der für die Theorie der Sozialen Arbeit hoch relevant ist.

Wenn hier also von der Bedeutung von Sennetts Soziologie für die Theorie der Sozialen Arbeit die Rede ist, kann auf eine kurze Erläuterung zum Verhältnis von Soziologie und Sozialer Arbeit nicht verzichtet werden (vgl. dazu ausführlicher Bommes/Scherr 2012): Dieses Verhältnis ist asymmetrisch. Sozialwissenschaftlich fundierte Theorien der Sozialen Arbeit werden im deutschen Sprachraum seitens der Soziologie kaum zur Kenntnis genommen, ein Verständnis Sozialer Arbeit als Teilgebiet der Soziologie oder als angewandte Soziologie ist hierzulande – anders als z.B. in den USA – nicht etabliert. Dagegen hat sich die Soziale Arbeit als wissenschaftliche Disziplin seit den 1970er Jahren in einem engen Bezug auf die soziologische Theoriebildung entwickelt, wenngleich selektiv und im Rahmen wechselnder Aufmerksamkeitskonjunkturen. Eine Funktion soziologischen Wissens für die Soziale Arbeit besteht dabei darin, dass dieses ihr Gesellschaftstheorien und Gegenwartsdiagnosen zur Verfügung stellt, die seitens der Sozialen Arbeit verwendet werden, um gesellschaftliche Bedingungen der Problemlagen von Individuen, Familien und sozialen Gruppen in den Blick zu nehmen, mit denen sie als verberuflichte und organisierte Hilfe befasst ist. Dem korrespondiert, dass die Zuständigkeit für die Beschreibung und Erklärung psychischer Probleme und problematischer individueller Verhaltensweisen in einschlägigen Studiengängen überwiegend der Psychologie zugewiesen ist. Ein gängiges Verständnis von Sozialer Arbeit betrachtet sie entsprechend als interdisziplinäres Fach, das sich aus der Soziologie mit Wissen über die Gesellschaft, aus der Psychologie mit Wissen über die Individuen versorgt und beides im Hinblick auf sozialarbeiterisch relevante Fragestellungen zu integrieren versucht.

Dass eine solche – hier nur in grober Vereinfachung skizzierte – Sichtweise das Erkenntnispotenzial der Soziologie systematisch unterschätzt, wird dann deutlich, wenn man Soziologie nicht auf Gesellschaftsforschung reduziert, sondern soziologische Autoren und Theorien berücksichtigt, die als Beitrag zu einer »Soziologie des Individuums« (vgl. Ritsert 2001) bzw. der Subjektivität gelesen werden können. Als zentral für diese Perspektive kann das Interesse gelten, die Verschränkungen der persönlichen Sorgen und Nöte von Individuen mit gesellschaftlichen Strukturen und Prozessen, also deren Bedeutung »for the inner life and the external careers of a variety of indviduals« (Mills 1959: 6) zu erforschen.

Im Folgenden werden wir aufzeigen, dass eine Auseinandersetzung mit Richard Sennett hierfür – und damit für den Gegenstandsbereich der Sozialen Arbeit – bislang nur unzureichend ausgeschöpfte Erkenntnispotenziale bietet. Dazu rücken wir Sennett als einen Soziologen in den Blick, der auf die Auswirkungen sozialer Ungleichheiten auf die Selbstachtung hingewiesen hat. Im Anschluss an *The hidden injuries of class* wird akzentuiert, dass ein erheblicher Teil der Problemlagen, mit denen Soziale Arbeit befasst ist, auf Verhältnisse verweist, die gering Qualifizierten die Befriedigung ihres Bedürfnisses nach Selbstachtung und Würde verweigern. Daran anschließend zeigen wir auf, warum die Auseinandersetzung mit den sozialen Bedingungen von Selbstachtung für die Soziale Arbeit relevant ist.

Soziale Arbeit, soziale Probleme und Lebensführung

Eine Vielzahl von Grundlagentexten zur Sozialen Arbeit argumentiert, dass Soziale Arbeit als Reaktion auf und Bearbeitung von sogenannten sozialen Problemen, wie Armut, Arbeitslosigkeit, abweichendes Verhalten Jugendlicher, Gewalt und Vernachlässigung in Familien etc., verstanden werden kann. Eine solche Bestimmung ihres Gegenstands ist zwar nicht falsch, aber mindestens unpräzise. Denn der Terminus ›soziale Probleme‹ ist ein Containerbegriff, der unterschiedliche Sachverhalte umfasst, die als negative Zustände der Gesellschaft bewertet werden – ohne dass weitere Gemeinsamkeiten oder Zusammenhänge damit geklärt wären. Zudem fällt die gesellschaftliche Zuständigkeit für die Bearbeitung sozialer Probleme keineswegs exklusiv in die Zuständigkeit der Sozialen Arbeit; damit sind weit umfassender Institutionen der Sozial-, Sicherheits- und Gesundheitspolitik befasst. Nimmt man Soziale Arbeit deshalb als eine spezifische Form der Erbringung wohlfahrtsstaatlicher Leistungen in den Blick, dann lässt sich der Zusammenhang von Sozialer Arbeit mit sozialen Problemen dahingehend präzisieren, dass Soziale Arbeit auf die Auswirkungen sozialer Probleme auf die Lebensführung von Individuen, Familien und sozialen Gruppen ausgerichtet ist: Sie stellt Hilfen in der Form von Erziehung, Beratung und Betreuung zur Verfügung, die auf die Auswirkungen sozialer Probleme auf die Lebensführung reagieren und dazu beitragen sollen, Individuen, Familien und soziale Gruppen zu einer eigenverantwortlich und zugleich gesellschaftlich akzeptablen Lebensführung zu befähigen und zu motivieren (vgl. Scherr 2002, 2007).

In kritischen Theorien der Sozialen Arbeit ist diesbezüglich akzentuiert worden, dass Hilfe und soziale Kontrolle im Fall der Sozialen Arbeit eng verschränkt sind (vgl. dazu als Überblick Hünersdorf 2010). Ein naives Selbstverständnis als Hilfe blendet also in unzulässiger Weise aus, dass die Institutionalisierung der Sozialen Arbeit mit der Zuweisung eines staatlichen Kontrollauftrags einhergeht. Dies ist nicht sinnvoll zu bestreiten. Aber auch hier gilt: Die Aufgabe abweichendes Verhalten zu kontrollieren, fällt keineswegs exklusiv in ihre Zuständigkeit. Ein soziologischer Blick auf die Soziale Arbeit als Instrument sozialer Kontrolle ist folglich darauf verwiesen, sie als eine bestimmte, näher zu spezifizierende Art sozialer Kontrolle zu thematisieren. Peters (2009: 165) hat diesbezüglich vorgeschlagen, Soziale Arbeit als Kontrollform zu fassen, die auf eine »die Autonomie des Adressaten herstellende oder sichernde Veränderung des Adressaten« zielt. Bommes und Scherr (2012) argumentieren, dass soziale Hilfen schon deshalb eine Kontrolldimension implizieren, weil Hilfe auch im Fall Sozialer Arbeit nicht bedingungslos gewährt, sondern seitens der zuständigen Institutionen und Professionellen zwischen legitimen und illegitimen Anliegen sowie angemessenen und unangemessenen Formen des Helfens unterschieden wird. Soziale Kontrolle erfolgt in der Sozialen Arbeit damit als ein Moment des Helfens, das darauf zielt, Individuen zu einer eigenständigen (›autonomen‹) Ausrichtung an gesellschaftlichen Erwartungen und Normen zu befähigen.

Mit einer solchen Spezifizierung lässt sich die Teilmenge der sozialen Probleme präzisieren, die mittels Sozialer Arbeit bearbeitet werden können. Es geht um solche sozialen Probleme, die zu gesellschaftlich als problematisch geltenden Formen der Lebensführung führen und darauf bezogene Interventionen veranlassen, die immer zugleich eine helfende wie auch eine kontrollierende Seite haben. Diese Formen der Lebensführung werden den Individuen jedoch nicht als selbst verschuldetes und zu verantwortendes Fehlverhalten zugerechnet, sondern gelten als gesellschaftlich bedingt und verursacht. Erst dieser soziale Zurechnungsmodus begründet einen Anspruch auf Hilfe auf Seiten des Individuums. Soziale Arbeit kommt also dann ins Spiel, wenn angenommen wird, dass problematische gesellschaftliche Zustände zu problematischen Verhaltensweisen führen sowie dass mittels Sozialer Arbeit dazu beigetragen werden kann, einen anderen, gesellschaftlich akzeptableren Umgang mit den jeweiligen Lebensbedingungen zu bewirken. In diesem Sinne geht es in der Sozialen Arbeit um Fragen der Praxis sozialer Lebensführung. Da diese Lebensführung als ›problematisch‹ gelten muss, um einen Anspruch auf Hilfe zu begründen, ist Soziale Arbeit darauf verwiesen, die Formen der Lebensführung, die sie in den Blick nimmt, zu bewerten.

Fragen der Bewertung von praktischen Lebensführungen sind ethische Fragen; ihre Beantwortung benötigt normative Kriterien, die begründete Aussagen über Merkmale eines guten oder gelingenden Lebens ermöglichen. Die Relevanz von Sennett für die Soziale Arbeit besteht unseres Erachtens vor allem darin, dass er einen wichtigen soziologischen Beitrag zur Präzisierung von Kriterien einer guten bzw. gelingenden Lebenspraxis leistet, indem er aufzeigt, dass die Auswirkungen sozialer Ungleichheiten nur dann zureichend verstanden werden können, wenn berücksichtigt wird, dass und wie die Selbstachtung von Individuen sowie ihr Anspruch auf Respekt und Würde beschädigt werden.

Sennetts Soziologie der Selbstachtung und Würde

Ein Ausgangpunkt von Sennetts Beitrag zu einer Soziologie des Individuums ist seine auf einer gemeinsam mit Jonathan Cobb durchgeführten Forschung basierende Studie *The hidden injuries of class*. Die dort entwickelte Perspektive führt Sennett später in seinem Essay *Der flexible Mensch. Die Kultur des neuen Kapitalismus*[1] (Sennett 1998) sowie in seiner Studie *Respect* (Sennett 2003) fort. In all diesen Arbeiten stehen die Auswirkungen gesellschaftlicher Verhältnisse, insbesondere von Ungleichheitsverhältnissen und beruflichen Erfahrungen, im Hinblick auf die Frage im Zentrum, welche Bedeutung diese für das Selbstbild und den Selbstwert der Betroffenen entfalten. Um diesen Zusammenhang verstehen zu können, zeichnet Sennett nach, dass in strukturellen Ungleichheitsverhältnissen kulturelle Erfahrungen angelegt sind, die auf der Ebene des normativen und affektiven Selbstbezugs der Betroffenen zu Verletzungen des Selbstwerts führen können, wenn Standards einer als respektabel geltenden Lebensführung nicht erreicht werden.

In den genannten Studien Sennetts geht es um die sozialen Grundlagen der Selbstachtung von Angehörigen der arbeitenden Klasse oder, anders formuliert, um die Frage, worauf sie unter den gegebenen gesellschaftlichen Bedingungen stolz sein können.[2] Insofern können seine Analysen als Beitrag zu einer Soziologie des Individuums gelesen werden, die davon ausgeht, dass dem soziologisch analysierbaren Streben nach Aufrechterhaltung eines positiven Selbstkonzepts, nach Selbstachtung und Selbstwert, eine letztlich anthropologisch zentrale Bedeutung zukommt. »Dignity is as compelling a human need as food or sex, and yet here is a society which casts the mass of its people into limbo, never satisfying their hunger for dignity [...].« (Sennett/Cobb 1972: 191)

---

1 Der Originaltitel lautet treffender *The corrosion of character: the personal consequences of work in the new capitalism*.

2 In *Der flexible Mensch* wird dies um eine Problematisierung sozialer Verhältnisse erweitert, in denen dauerhafte Bindungen an Tätigkeiten, Orte und Personen erodieren.

Das Argument von Sennett und Cobb korrespondiert im Kern mit den Überlegungen von Norbert Elias und John L. Scotson (1993), die in Selbstachtung und Selbstwert Güter sehen, nach denen Menschen universell streben, die jedoch – in ihren konkreten Erscheinungsformen und hinsichtlich der gesellschaftlichen Zusammenhänge, aus denen sie emergieren – genuin soziale Kategorien darstellen:

> »Der harte Kern, um den herum das Selbstwertgefühl eines Menschen aufgebaut ist, kann nicht nur von Individuum zu Individuum, sondern auch von Gesellschaft zu Gesellschaft erheblich variieren. Es gibt Gesellschaften, in denen der Stolz eines Mannes im Kern auf seiner kriegerischen und sexuellen Potenz beruht oder auf seinem Geschick als Hirte. In anderen Fällen ist der Kontakt eines Menschen zur Geisterwelt zentral für seine Selbstachtung. [...] Was es auch ist, Menschen sind immer etwas von Wert für sich und für andere.« (Ebd.: 308)

Dass ein Streben nach Anerkennung, nach Beachtung und Wertschätzung generell für soziale Beziehungen charakteristisch ist (vgl. Todorov 2015), legitimiert jedoch keine Begrenzung soziologischer Anerkennungstheorien auf die Analyse formaler Strukturen von Anerkennungsverhältnissen, sondern impliziert die Aufforderung, Zusammenhänge zwischen ungleichen Chancen der Anerkennung einerseits, sozioökomischen Ungleichheiten und Machtasymmetrien andererseits in den Blick zu nehmen (vgl. Elias/Scotson 1993; Fraser/Honneth 2003; Hafeneger/Henkenborg/Scherr 2002). Soziale Ungleichheiten bestehen so betrachtet nicht allein in einem Mangel an materiellen Ressourcen, sondern darüber hinaus bestehen sie auch darin, dass die Benachteiligten die Bedingungen gesellschaftlicher Wertschätzung nicht erfüllen können – und damit nicht über eine Ressource für die soziale Stabilisierung ihrer Selbstachtung verfügen.

Die fundamentale Relevanz der Selbstachtung wird schließlich auch in John Rawls *Theorie der Gerechtigkeit* (1975) betont. Selbstachtung gehört bei Rawls zu den Grundgütern, deren gerechte Verteilung für eine wohlgeordnete Gesellschaft fundamental ist. Zur Selbstachtung zählen für ihn erstens

> »das Selbstwertgefühl, die sichere Überzeugung, daß die eigene Vorstellung vom Guten, der eigene Lebensplan, wert ist, verwirklicht zu werden. Zweitens gehört zur Selbstachtung ein Vertrauen in die eigene Fähigkeit, seine Ansichten, soweit es einem eben möglich ist, auszuführen. Wenn man das Gefühl hat, die eigenen Pläne hätten wenig Wert, dann kann man ihnen nicht mit Befriedigung nachgehen oder sich über ihr Gelingen freuen. Auch wenn man von Mißerfolg und Selbstzweifeln verfolgt wird, werden die eigenen Anstrengungen gelähmt. Damit ist deutlich, warum die Selbstachtung ein Grundgut ist. Ohne sie scheint nichts der Mühe wert, oder wenn etwas als wertvoll erscheint, dann fehlt der Wille, sich dafür einzusetzen. Alles Streben und alle Tätigkeit wird schal und leer, man versinkt in Teilnahmslosigkeit und Zynismus. Daher möchten die Menschen im Urzustand fast um jeden Preis die sozialen Verhältnisse vermeiden, die die Selbstachtung untergraben.« (Ebd.: 479)

Im Unterschied zu den sozial- und moralphilosophischen Überlegungen von Rawls (aber auch zur Anerkennungstheorie Honneths) geht es Sennett nicht um eine abstrakt-allgemeine Klärung der sozialtheoretischen Bedeutung von Selbstachtung und Anerkennungsverhältnissen. Vielmehr richtet sich sein Interesse auf eine genaue empirische Betrachtung alltäglicher Erfahrungszusammenhänge und deren Bedeutung für die Selbstachtung. Dazu wird in *The hidden injuries of class* eine lebensweltlich orientierte Klassenanalyse vorgelegt, die detaillierte Beschreibungen davon umfasst, wie einzelne Interviewte ihre Erfahrungen deuten und bewerten. Der Fokus des soziologischen Schreibens liegt dabei nicht auf theoretischen Generalisierungen, sondern darauf, im Stil eines ethnographischen Berichts nachvollziehbar zu machen, wie sich gesellschaftliche Entwicklungen auf die Alltagserfahrungen und das Selbstbild Einzelner auswirken. Sennetts Arbeit zielt darauf, Verletzungen von Selbstachtung und damit von Würde als Kerndimension von Ungleichheits- und klassenförmigen Arbeitsverhältnissen herauszuarbeiten – eine Perspektive, die in vergleichbarer Weise auch für neuere Studien, wie z.B. Lamonts Analyse in *The dignity of working men* (2000) oder Sayers *The moral significance of class* (2005), kennzeichnend ist.

In *The hidden injuries of class* und den späteren Arbeiten von Sennett geht es vor allem um zwei Aspekte dieses Zusammenhangs. Erstens analysiert er die Bedeutung von Arbeit für die Herausbildung von Identität, wobei mangelnde Möglichkeiten, den eigenen Arbeitsprozess zu gestalten und zu kontrollieren sowie sich in der Arbeit als Akteur mit eigenen wertvollen Fertigkeiten zu erleben, als Beschädigung von Selbstachtung in den Blick gerückt werden. Zweitens wird die subjektive Bedeutung der gesellschaftlich ermöglichten und zugemuteten Alltagserfahrungen von Arbeitern in einer Weise herausgearbeitet, die akzentuiert, welchen soziokulturellen Kontexten sie die Maßstäbe ihrer Selbstbewertung entnehmen. Dabei weist Sennett auf die Spannungen und inneren Konflikte hin, die aus den unterschiedlichen »codes of respect« der sozialen Klassen resultieren. Wie dies im Fall eines Aufsteigers aus der Klasse der manuell Arbeitenden erlebt wird, verdeutlichen Sennett und Cobb wie folgt:

> »The story these workingmen have to tell is not just who they are but what are the contradictory codes of respect in the America of their generation. [...] Rissarro [einer der Interviewten; Anm. A.S./H.Z.] believes people of a higher class have a power to judge him because they seem internally more developed human beings; and he is afraid, because they are better armed, that they will not respect him. He feels compelled to justify his own position, and in his life he has felt compelled to put himself up on their level in order to earn respect. All of this, in turn – when he thinks just of himself and is not comparing himself to his image of people in a higher class – all of this is set against a revulsion against the work of educated people in the bank, and a feeling that manual labor has more dignity.« (Sennett/Cobb 1972: 23ff.)

Sennett und Cobb zeichnen nach, dass der »code of respect« der Arbeiterklasse den Charakter der ausgeübten Tätigkeit reflektiert: Respektabilität liegt in der eigenen körperlichen Leistungsfähigkeit begründet. Der »code of respect« der US-amerikanischen Mittelklasse ist im Unterschied dazu mit dem privilegierten Status der eigenen Position sowie der Kultiviertheit des eigenen, kontrollierten und emotional zurückhaltenden Verhaltens verknüpft. Im Verhältnis zur Arbeit kann die Gegensätzlichkeit der beiden Codes verdeutlicht werden: Während die Selbstachtung im ersten Fall in der eigenen Fähigkeit begründet ist, harte körperliche Arbeit zu leisten und sich dabei gegebenenfalls die Hände schmutzig zu machen, gilt im andern Fall, dass der Stolz auf die eigene Position darin begründet ist, auf beides gerade nicht angewiesen oder gegebenenfalls dazu auch nicht in der Lage zu sein.

Das Streben nach Würde und Selbstrespekt innerhalb einer sozial stratifizierten Gesellschaft führt bei den von Sennett und Cobb (1972) befragten Arbeitern dazu, dass diese zwar durchaus strukturelle Benachteiligungen benennen, aber letztlich dazu tendieren, den Mangel an Status bzw. die erfahrenen Degradierungen ihren eigenen Unzulänglichkeiten zuzuschreiben, worunter sie zugleich leiden. In *The hidden injuries of class* wird diesbezüglich die emotionale Dimension der negativen Selbstbewertung betont, wie die zusammenfassende Charakterisierung der Studie durch Sennett verdeutlicht:

> »This book deals with class not as a matter of dollars or statistics but as a matter of emotions. Richard Sennett and Jonathan Cobb isolate the ›hidden signals of class‹ through which today's blue-collar worker measures his own value against those lives and occupations to which our society attaches a special premium. The authors uncover and define the internal, emotionally hurtful forms of class difference in America now becoming visible with the advent of the ›affluent‹ society. Perceiving our society as one that judges a human being against an arbitrary scale of ›achievement‹, that recognizes not a diversity of talents but a pyramid of them, and accords the world's best welder less respect than the most mediocre doctor, the authors concentrate on the injurious game of ›achievement‹ and self-justification that result. Examining intimate feelings in terms of a totality of human relations within and among classes and looking beyond, though never ignoring, the struggle for economic survival. *The Hidden Injuries of Class* takes a step forward in the sociological ›critique of everyday life‹.« (LSE 2012)

Sennett und Cobb porträtieren in ihrer detaillierten, materialreichen Studie, wie die US-amerikanische Arbeiterklasse eine Ideologie als Maßstab der Selbstbewertung verinnerlicht hat, die ihnen eine minderwertige Position zuweist. Diese Ideologie entspricht weitgehend dem, was Melvin Lerner (1980) als ›Gerechte-Welt-Glaube‹ bezeichnet hat: Der Glaube an eine Welt, in der Menschen im Wesentlichen bekommen, was sie verdienen, in der Anstrengung und Leistung belohnt und ihre Abwesenheit bestraft werden. Pointiert formuliert: Menschen bekommen und haben das, was ihrem Wert entspricht, und ihr Wert zeigt sich in dem, was sie haben und bekommen. Dabei geht es allerdings nicht um die bloße Akzeptanz hegemonialer meritokratischer Legitimation der sozialen Überlegenheit der Mittelklasse bzw. der eigenen sozialen Unterlegenheit. Vielmehr werden die meritokratischen Bewertungsmaßstäbe an die eigene soziale Lage und an die eigenen beruflichen Erfahrungen adaptiert. Ein entscheidender evaluativer Maßstab ist dabei der Stolz auf die eigene körperliche Arbeit und ihre Produkte, der, wie Sennett (2008) in seinem Essay über *The Craftsman* nachzeichnet, in das Ethos des alten Handwerks eingeschrieben ist. Umgekehrt bedeutet das die Abwertung und Verachtung aller Tätigkeiten, die nicht mit harter körperlicher Anstrengung verbunden sind, als unmännlich – ein, wie klassisch auch Paul Willis (1979) aufgezeigt hat, zentrales Moment der Industriearbeiterkultur. Entsprechend zitieren Sennett und Cobb (1972) einen ihrer Interviewten mit folgendem Satz über Büroarbeiten: »These jobs aren't real work where you make something – it's just pushing papers.« (Ebd.: 21)

Damit ist die Perspektive einer Analyse charakterisiert, die sich mit der Frage nach der persönlichen Betroffenheit von der eigenen Klassenlage befasst – »Why do they take their class position so personally?« (Ebd.: 29) – und aufzeigt, dass die darin verdeckt eingelassenen Verletzungen zentral in einem »sense of injured dignity« (ebd.: 32) bestehen.

Relevanz für die Soziale Arbeit

> »›Mass‹, in the sense that the word applies to men like Rissarro or Kartides, refers to the kind of work where people do not feel they express enough that is unique in themselves to win others respect as individuals; ›elite‹, in the sense Pfaff or Sartre may use the term, refers to people who have become so complex they must be treated as special cases. Overlying these distinctions is a morality of shaming and self-doubt. It is an accursed freedom that is at issue here. The terms of individual freedom are so defined that in demonstrating special merit, a man or woman is no closer to validating the dignity of the self. And yet, when we introduce social class into the matter, the focus on the mass in this scheme, the issue is one of alienation a priori, a constriction felt by workers in their freedom of choice and of self-development.« (Sennett/Cobb 1972: 74ff.)

Der Kern einer sozialpädagogischen Perspektive lässt sich durch Rekurs auf Michael Winkler (vgl. 1988, 2018) als einem der profiliertesten Theoretiker der Sozialpädagogik zusammenfassen. Anders als bei sozialpolitischen Versuchen einer kompensatorischen Entschärfung sozio-ökonomischer Ungleichheitsverhältnisse und anders als bei therapeutischen Interventionen zur Bearbeitung des Befindens und der Befindlichkeiten von Individuen, gehe es der Sozialen Arbeit um sozialpädagogische Praktiken, die »Potentiale und Entwicklungsprozesse der Subjekte« (Winkler 2018: 1362) in den Mittelpunkt stellen. Soziale Arbeit versuche, diese anzustoßen und in einer Weise zu begleiten und zu unterstützen, »dass die Subjekte selbst über Handlungsmöglichkeiten und Handlungsfähigkeit gegenüber Gesellschaft verfügen« (ebd.). Die sozialpädagogische Aktivität ermächtige demnach »Menschen zu ihrer Subjektivität […], damit diese sich nach eigener Entscheidung selbst praktisch und theoretisch gegenüber ihren sozialen Verhältnissen verhalten können« (ebd.: 1361). Entsprechend bestehe die Problemstruktur, auf die sich Soziale Arbeit richtet, in den lebensweltlich von den Subjekten erfahrbaren sozialen Verhältnissen, sofern diese es

»verhindern, dass sich Menschen in den Möglichkeiten entwickeln, über die sie potenziell verfügen« (ebd.: 1367).

Die von Sennett dokumentierten und analysierten Bedingungen der modernen Arbeitswelt stellen sich als wesentliche Elemente dieser Problemstruktur dar. Sennett beschreibt dezidiert, wie sie zu einer Last für die lebensweltliche Alltagspraxis der Subjekte werden, weil sie – und dies trifft den Kern einer sozialpädagogischen Perspektive auf das aus Ungleichheitsverhältnissen emergierende soziale Leiden der Subjekte – »die Gewissheitsgrundlagen und Bindungen (zerstören), auf welche Menschen in ihrer Entwicklung angewiesen sind« (ebd.: 1362).

Sofern Winkler die typische Problemperspektive und den praktischen Anspruch eines sozialpädagogischen Zugangs zutreffend beschreibt, lässt sich behaupten, dass Sennett und Cobb mit dem Hinweis auf *The hidden injuries of class* genau jene Dimension sozialer Ungleichheitsverhältnisse in den Mittelpunkt rücken, die für eine Theorie und Praxis Sozialer Arbeit von vordringlicher Relevanz ist. Sennetts Studien verdeutlichen, dass sozioökonomische Ungleichheiten, klassen- bzw. milieuspezifische Ethiken der Lebensführung und individuelle Selbstbewertungen auf komplexe Weise miteinander verbunden sind. Symbolisch artikulierte Alltagspraktiken und Lebensentwürfe sind an Ressourcenausstattungen und kulturelle, institutionelle und politisch-ökonomische Erfahrungs- und Möglichkeitsräume gebunden. Dabei besteht – wie neuere klassentheoretisch fundierte Ethnographien nachzeichnen – die lebensweltliche Relevanz von sozio-ökonomischen Ungleichheiten, Deprivationen und Marginalisierungen darin, dass die Betroffenen ihr Leben nicht in einer Weise zu gestalten und zu realisieren in der Lage sind, die sie begründet wertschätzen können (vgl. Sayer 2005). Diese ungleichheitssoziologische Perspektive ist für die Soziale Arbeit deshalb höchst relevant, weil ihr disziplinär unstrittiger Konsens in der Annahme besteht, dass sie nicht nur mit den direkten Auswirkungen von ökonomischen oder rechtlichen Benachteiligungen auf die Lebensbedingungen und Lebenschancen ihrer Adressaten, sondern darüber hinausgehend auch mit Formen beschädigter Subjektivität befasst ist (vgl. Scherr 1992; Winkler 1988). Es ist diesbezüglich plausibel, eine zentrale Dimension der für die Soziale

Arbeit bedeutsamen Bedrohungen oder Beschädigungen von Subjektivität in der Tradition von Sennett als Gefährdungen von Selbstachtung und Würde zu fassen. Dies soll im Folgenden verdeutlicht werden, indem wir aufzeigen, dass Sennetts Analysen zu einer soziologischen Fundierung dessen auffordern, was in der Sozialen Arbeit als Probleme der Lebensführung gefasst wird, die Interventionen veranlassen.

Wir gehen davon aus, dass solche Probleme der Lebensführung zu einem relevanten Teil daraus resultieren, dass Individuen, Familien und soziale Gruppen keine Möglichkeit für sich sehen, ein Leben zu führen, das sie mit guten Gründen wertschätzen und damit als ein für sie selbst sinnvolles und zugleich sozial respektables Leben erfahren können (vgl. Sommerfeld u.a. 2011; Thole/Ziegler 2018).

Soziale Probleme der Lebensführung stehen demnach in einem Zusammenhang mit relativer Deprivation, geringer sozialer Anerkennung und einer unzureichenden sozialen Grundlage für die Entwicklung und Stabilisierung von Selbstachtung. Mit dieser Überlegung schließen wir an Theorien der Sozialen Arbeit an, die einen spezifischen Zusammenhang von sozialen Ungleichheiten und Problemen der Lebensführung annehmen. Die Problematik der sozial Benachteiligten besteht demnach nicht allein darin, dass sie an allen wichtigen gesellschaftlichen Gütern einen geringeren Anteil haben als die Privilegierteren, sondern darin, dass sie nicht über die Ressourcen verfügen, um ein gutes (oder zumindest akzeptables) Leben praktisch verwirklichen zu können (vgl. Otto u.a. 2010). Die für die Soziale Arbeit folgenreiche Kernfrage dieser Perspektive lautet demnach: Was ist erforderlich, dass Individuen über reale Möglichkeiten verfügen, Entscheidungen über unterschiedliche Optionen der Lebensführung treffen zu können und ihre mit guten Gründen präferierten Optionen zu realisieren? Dementsprechend wären Sozialpolitik und Soziale Arbeit daran zu bemessen, was ihr Beitrag »zur qualitativen und quantitativen Erweiterung des Raumes an Möglichkeiten und Fähigkeiten ihrer AdressatInnen [ist], sich für die Verwirklichung unterschiedlicher Handlungs- und Daseinsweisen entscheiden zu können« (Ziegler 2011: 131).

Damit gewinnen die Fragen danach, auf der Grundlage welcher Kriterien Individuen sich und ihre Lebensführung bewerten sowie welche gesellschaftliche Verankerung und Verbreitung diese Kriterien haben, eine zentrale Bedeutung für ein Verständnis von Problemen der Lebensführung. Sennetts Analysen weisen diesbezüglich, wie gezeigt, auf die Bedeutung unterschiedlicher Normensysteme hin, die als »codes of respect« fungieren, das heißt als Vorstellungen darüber, wer von wem und wofür Anerkennung als soziale Grundlage individueller Selbstachtung erwarten kann.

Die damit eingenommene Perspektive kann unseres Erachtens im Rückgriff auf Georg Lohmanns, an Marx angelehnte Reformulierung der sozialen Ursachen von Entwürdigung und ihres Zusammenhangs mit Beschädigungen von Selbstachtung weiterentwickelt werden:

> »Verhältnisse, in denen Menschen erniedrigt werden, diskriminieren, indem sie den berechtigten Wert und herausgehobenen Status des Menschen missachten und ihn z.B. wie ein Tier oder wie ein rechtloses Ding behandeln. Sie sind soziale Demütigungen, die auf unterschiedliche Weise geschehen können, durch missachtende Abwertung ebenso wie durch vorenthaltende notwendige Lebensmittel, Verelendung und absolute Armut. Alles das lässt sich als Konkretisierungen von Entwürdigung verstehen. Verhältnisse, in denen Menschen geknechtet werden, sind nicht nur ungerechte Herrschaftsverhältnisse, sondern sie produzieren erniedrigende Unfreiheit, verletzen das Selbstwertgefühl einer prinzipiell freien Person und depotenzieren sie in ihrer Selbstachtung und führen so zu ihrer Entwürdigung als Missachtung ihrer Freiheit und Erniedrigung ihrer Selbstachtung. Verhältnisse, in denen Menschen verlassene Wesen sind, setzen sie einer negativen Vereinsamung aus, exkludieren sie von ihren Lebensgemeinschaften und überlassen sie gleichgültig ihrem Los. Auch das sind Entwürdigungserfahrungen, weil die für ein Leben in Würde notwendigen Selbstwert- und Selbstachtungserfahrungen konstitutiv auf soziale Beziehungen, genauer Anerkennungsbeziehungen durch andere Menschen, angewiesen sind. Verhältnisse, in denen Menschen als verächtliche Wesen behandelt werden, halten ihnen die gleiche Achtung und Wertschätzung vor, die allen Menschen in der gleichen Weise zusteht.« (Lohmann 2018: 31)

Diese Formulierungen können als Entwurf einer Forschungsprogrammatik gelesen werden, die in der Tradition von Sennett darauf ausgerichtet ist, durch genaue empirische Analysen verstehbar zu machen, welche Formen der Entwürdigung durch jeweilige Lebensbedingungen, ihre sozioökonomischen und soziokulturellen Dimensionen, hervorgebracht werden und was diese für davon Betroffene bedeuten. Eine darauf ausgerichtete empirische Forschung würde Möglichkeiten einer produktiven interdisziplinären Kooperation von Soziologie und Sozialer Arbeit eröffnen.

Eine durch die Analysen von Sennett angeregte Perspektive der Dechiffrierung sozialer Lebensführungsprobleme als Entwürdigung und Entfremdung ermöglicht zudem eine Fortführung emanzipatorischer Traditionen der subjektorientierten Sozialen Arbeit, ohne deren inhärente Paternalismusproblematik zu reproduzieren (vgl. Ziegler 2014): Es geht, so betrachtet, darum, den realen, effektiv verfügbaren Macht-, Artikulations- und Autonomiespielraum der Betroffenen zu erweitern, also weder darum, die Akteure paternalistisch zu bestimmten Daseins- und Handlungsweisen zu veranlassen, noch um die bloße Einhegung sozialer Notlagen in ein standardisierendes und normierendes sozialbürokratisches Gehäuse.

Literatur

Bommes, M./Scherr, A. 2012: Soziologie der Sozialen Arbeit. Eine Einführung in Formen und Funktionen organisierter Hilfe. Weinheim/Basel.

Elias, N./Scotson, J.L. 1993: Etablierte und Außenseiter. Frankfurt a.M.

Fraser, N./Honneth, A. 2003: Umverteilung oder Anerkennung? Eine politisch-philosophische Kontroverse. Frankfurt a.M.

Hafeneger, B./Henkenborg, P./Scherr, A. (Hg.) 1993: Pädagogik der Anerkennung. Bad Schwalbach.

Hünersdorf, B. 2010: Hilfe und Kontrolle in der Sozialen Arbeit. In: Enzyklopädie Erziehungswissenschaft Online. DOI: 10.3262/EEO141000.

Lamont, M. 2000: The dignity of working men: morality and the boundaries of race, class, and immigration. New York.
Lerner, M. 1980: The belief in a just world: a fundamental delusion. New York.
Lohmann, G. 2018: Von der Entfremdung zur Entwürdigung. Eine kritische Revision der Marx'schen Entfremdungskritik. In: Dannemann, R./Pickford, H./Schiller, H.E. (Hg.): Der aufrechte Gang im windschiefen Kapitalismus. Modelle kritischen Denkens. Wiesbaden.
LSE (London School of Economics) 2012: The hidden injuries of class. Abstract. LSE Research Online. http://eprints.lse.ac.uk/41918/ (13.2.2020).
Mills, C.W. 1959: The sociological imagination. Oxford.
Otto, H.-U./Scherr, A./Ziegler, H. 2010: Wieviel und welche Normativität benötigt die Soziale Arbeit. In: Neue Praxis 2: 137-163.
Peters, H. 2009: Devianz und soziale Kontrolle. Weinheim.
Rawls, J. 1975: Eine Theorie der Gerechtigkeit. Frankfurt a.M.
Ritsert, J. 2001: Soziologie des Individuums. Darmstadt.
Sayer, A. 2005: The moral significance of class. Cambridge.
Scherr, A. 1992: Überlegungen zu einer subjekttheoretischen Begründung der Theorie sozialer Arbeit. In: Neue Praxis 22(2): 158-165.
Scherr, A. 2002: Soziale Arbeit und die nicht beliebige Konstruktion sozialer Probleme in der funktional differenzierten Gesellschaft. In: Soziale Probleme 1(2): 73-94.
Scherr, A. 2007: Soziale Probleme, Soziale Arbeit und menschliche Würde. In: Hering, S. (Hg.): Bürgerschaftlichkeit und Professionalität. Wiesbaden.
Sennett, R. 1998: Der flexible Mensch. Die Kultur des neuen Kapitalismus. Berlin.
Sennett, R. 2003: Respect. The formation of character in an age of inequality. London.
Sennett, R. 2008: The craftsman. New Haven.
Sennett, R./Cobb, J. 1972: The hidden injuries of class. Cambridge.

Sommerfeld, P./Hollenstein, L./Calzaferri, R. 2011: Integration und Lebensführung. Ein forschungsgestützter Beitrag zur Theoriebildung der Sozialen Arbeit. Wiesbaden.

Tawney, R. H. 1931: Equality. London.

Thole, W./Ziegler, H. 2018: Soziale Arbeit als praktische Kritik der Lebensformen. In: Soziale Passagen 10(1): 7-28.

Todorov, T. 2015: Abenteuer des Zusammenlebens. Gießen.

Willis, P. 1979: Spaß am Widerstand. Gegenkultur in der Arbeiterschule. Frankfurt a.M.

Winkler, M. 1988: Eine Theorie der Sozialpädagogik. Stuttgart.

Winkler, M. 2018: Sozialpädagogik als Grundlage der Kinder- und Jugendhilfe. In: Böllert, K. (Hg.): Kompendium Kinder- und Jugendhilfe. Wiesbaden.

Ziegler, H. 2011: Soziale Arbeit und das Gute Leben – Capabilities als sozialpädagogische Kategorie. In: Sedmak, C./Babic, B./Bauer, R. (Hg.): Der Capability-Approach in sozialwissenschaftlichen Kontexten. Wiesbaden.

Ziegler, H. 2014: Unerbetene Hilfen. In: Soziale Passagen 2: 253-274.

Schreiben

Alexander Weinstock

Der Gesellschaftsessayist

Der Literatur, insbesondere dem Roman, kommt in Richard Sennetts Werk in mehrfacher Hinsicht eine bedeutsame Rolle zu. Sie ist nicht nur wichtiger Bezugspunkt und als Referenz kontinuierlicher Formbestandteil seiner soziologischen Arbeiten, Sennett hat in den 1980er Jahren auch selbst drei Romane vorgelegt: *The Frog who dared to croak* (Sennett 1982), *An Evening of Brahms* (Sennett 1984) und *Palais-Royal* (Sennett 1986). Der Verweis auf die Literatur, etwa zum Zwecke der Konkretisierung und Kontrastierung in gesellschaftsanalytischen Kontexten einerseits, und andererseits das Verfassen fiktionaler Texte, in denen mitunter Elemente oder Phänomene dieser Analysen reperspektivierend verhandelt werden, sind allerdings keineswegs unabhängig voneinander zu denken. Es ist vielmehr eine besondere Qualität Sennetts, sein spezifisches soziologisches und sein literarisches Schreiben nicht als separierte Register einander gegenüber zu stellen, sondern in einem vielschichtigen Verhältnis, einem roten Faden gleich, quer durch sein Werk zueinander in Beziehung zu setzen. Dabei lassen sich eine Reihe von konzeptuellen Zusammenhängen, thematischen Überschneidungen und sogar methodischen Gemeinsamkeiten ausmachen, die in den folgenden Ausführungen ausgehend von Sennetts beruflichem Selbst- sowie seinem Schreibverständnis und seiner literarischen Produktion aufgezeigt werden sollen.

Anders als man es vielleicht erwarten könnte, versteht sich Sennett selbst nicht als ›Gesellschaftstheoretiker‹ oder ›Gesellschaftskritiker‹, sondern vielmehr als »Gesellschaftsessayist« (Sennett in Pongs/Sennett 2000: 271). Damit positioniert er sich im Umfeld einer Tradition, der eine Praxis des Schreibens zum Ausdruck einer spezifischen Haltung wird, mit der die soziokulturelle Wirklichkeit und ihre Phänomene als potentielle Gegenstände dieses Schreibens wahrgenommen und bewertet werden. Was sich im Essay niederschlägt, ist die Suspendierung eines Anspruchs auf unhintergehbare Wahrheiten, Letztbegründungen und systemische Geschlossenheit. An deren Stelle rückt eine Offenheit der Begegnung, die ihren Gegenstand unter verschiedenen Gesichtspunkten um- und einzukreisen interessiert ist, ohne ihn dabei erschöpfend bestimmen zu wollen. Diese dem Essay typische Dynamik und Umgangsweise manifestiert sich insbesondere in einem vom eigenen Verlauf des Schreibens vorangetriebenen Konstellieren unterschiedlicher Quellen und Referenzen sowie einem registerübergreifenden Relationieren der dabei vorgefundenen Fragen, Themen oder Begriffe. Ein solches Verständnis des Essays, im Problembewusstsein seiner formalen und gattungsmäßigen Verortung, haben bei unterschiedlichen Akzentuierungen unter anderem Autoren wie Georg Lukács, Theodor W. Adorno oder Robert Musil profiliert. An diese Tradition schließt Sennett modifizierend und aktualisierend an, etwa wenn er erläutert, was ihn zu einem ›Gesellschaftsessayisten‹ macht:

> »Ich verbinde Alltagsgeschichten und soziologische Theorie, sozusagen eine Mischung aus Robert Musil und Max Weber.
>
> Meiner Meinung nach verstehen Schriftsteller die Gesellschaft auf eine sehr spezielle Art und Weise. Von Musil kann man Dinge lernen, die man nie von Weber lernen könnte, und umgekehrt. Ich versuche nun, die Vorzüge von beiden zu verbinden, über bestimmte Individuen zu schreiben und dabei von jedem spezifischen Detail auf generelle soziale Probleme zu schließen. Mein hauptsächliches Datenmaterial ist die Alltagserfahrung.« (Ebd.: 271)

Umgesetzt findet sich dieses Vorgehen prominent in *Der flexible Mensch* (Sennett 1999), wo unter anderem das von Planungsunsicherheit, Berufs- und Umfeldwechseln geprägte Leben des Elektrotechnikers

Rico oder der mitten in ihrem Erwerbsleben in die Werbebranche wechselnden und dort aufgeriebenen Rose die konkreten Ausgangspunkte für die allgemeineren Überlegungen zur *Kultur des neuen Kapitalismus* werden (vgl. ebd.). In *Respekt im Zeitalter der Ungleichheit* (Sennett 2002) wiederum übernimmt diese Funktion der darüber gleichermaßen autobiographisch narrativierte Werdegang Sennetts. Auf beide Texte, die sich ausdrücklich als Essays verstehen, wird noch zurückzukommen sein.

Das obige Zitat, in dem Sennett seine Verfahrensweise und die Pole, die er in seinen soziologischen Arbeiten zu verbinden versucht, darlegt, erlaubt es nun nicht nur, seine Haltung und Praxis des Essayismus der genannten Traditionslinie anzunähern. Über Robert Musil wird sie gleich in doppelter Weise mit fiktionaler Literatur in Kontakt gebracht: Für den ›Gesellschaftsessayisten‹ ist die Literatur zum einen als Möglichkeitsraum poetisch verdichteter sozialer Wahrnehmungen konsultierbar, wie es Sennetts Arbeiten insbesondere dort, wo sie in einer historischen Dimension argumentieren, regelmäßig vorführen. Zum anderen ist es Musil selbst, der nicht nur für den hier skizzierten Essayismus einer der wesentlichen Gewährsmänner ist, sondern der vor diesem Hintergrund auch einen durchaus komplementären Weg einschlägt: die Integration des Essayismus in den Roman, namentlich in seinem Fragment gebliebenen *Mann ohne Eigenschaften*, der im Modus der Fiktion eine eigene Spielart des von Sennett skizzierten Verbindungsverfahrens von Alltag und Abstraktion zur Anwendung bringt. Das 62. Kapitel des Romans ist der »Utopie des Essayismus« gewidmet, der nicht nur »die Erde«, sondern auch »Ulrich«, der Protagonist des Romans, »huldigt« (Musil 2013: 247-257). Im Zusammenhang mit Sennett ist dabei von Bedeutung, dass Musil hier nicht nur das Vorgehen des Essays auf den Punkt und radikaler als andere Essayisten mit einer grundsätzlichen Haltung in Verbindung bringt, sondern auch auf die eigentümliche Stellung des Essays als Gattung abhebt, die die genannte Tradition ausgiebig diskutiert.

Charakteristisch für den Essay ist, so heißt es bei Musil, dass er »in der Folge seiner Abschnitte ein Ding von vielen Seiten nimmt, ohne es ganz zu erfassen«, und diese Absage an eine erschöpfende Festschreibung korrespondiert für Ulrich mit einer konsequenten Situations- und Kontextgebundenheit aller Wahrnehmung und Bewertung, die jede begriffliche oder urteilende Fixierung in einem »unendliche[n] System von Zusammenhängen« (ebd.: 250f.) auflöst, in dem soziokulturelle Relationen an die Stelle von Naturalisierungen und dogmatischen Setzungen treten. Bereits Georg Lukács hatte in seiner frühen, auch von Musil rezipierten Sammlung *Die Seele und die Formen* (vgl. Lukács 2017/1910),[1] die ihn zweifellos zu einem der maßgeblichen Impulsgeber des Essayismus im 20. Jahrhundert hat werden lassen, für die Form des Essays Lebens- und Schreibpraxis in ähnlicher Weise idealtypisch zusammengedacht und betont, dass hier wie dort die Begegnungs-, Umgangs- und Verarbeitungsweisen »ganz vom gewählten Standpunkt abhingen« (ebd.: 209). Von diesem je eigenen Standpunkt aus nun entfaltet sich der Essay, darin kommt die hier aufgerufene Tradition überein und davon macht auch Sennett reichlich Gebrauch, als eine »Spekulation über spezifische, kulturell bereits vorgeformte Gegenstände«, die sich nicht nur die Lizenz zum undogmatischen Umgang mit diesen Gegenständen, sondern auch eine in diesem Umgang aufgehende Verfügungsfreiheit über Elemente der flankierenden Ausdrucksformen und Schreibweisen erteilt – der Essay »denkt«, mit anderen Worten »[i]n Freiheit [...] zusammen, was sich zusammenfindet in dem frei gewählten Gegenstand« (Adorno 1971: 10, 25).

Sennetts ›gesellschaftsessayistisches‹ Verfahren, der Wechsel »zwischen den Extremen konkreter Erfahrung und sozialwissenschaftlicher Theorie« (Sennett 2002: 314), die Verknüpfung von Individualität und Generalisierung, Alltagserfahrung und Abstraktion ist Ausdruck dieser Freiheit und Fortschreibung der Tradition, die den Essay als Form dieser Freiheit stark gemacht hat. Seine eigenen Arbeiten konzentrieren sich dabei, im Sinne der gewählten Form von möglichst ›konkreter Erfahrung‹ ihren Ausgang nehmend, vor allem auf zwei, durchaus zusammenhängende gesellschaftliche und kulturelle Themen:

1 Vgl. zum Verständnis des Essays bei Musil und Lukács, ihren gemeinsamen Bezügen auf die Tradition der Mystik sowie insbesondere der eigenen Zeitlichkeit, die dem Essay als Figuration des Möglichen im Wirklichen eignet Largier (2016).

»Arbeit und Orte. Ich wollte wissen, wie Menschen arbeiten und wie sie sich ein Zuhause schaffen. Um mehr darüber zu erfahren, zog ich es vor, mit Arbeitern und Städtern von Angesicht zu Angesicht zu sprechen, oder, wenn das nicht möglich war, historische Aufzeichnungen aus erster Hand zu verwenden.« (Sennett 2009: 75)

Soziologie als Literatur - Literatur in der Soziologie

Steht die Umgangsweise mit diesen »Grundthemen«, ihre Perspektivierung, Entfaltung und Kontextualisierung im Zeichen der undogmatischen, keiner Denkschule oder Methodik verpflichteten Praxis des Essays,[2] orientiert Sennett sein konkretes »Handwerk des Schreibens« (ebd.: 75, 78) an Techniken der fiktionalen Erzählliteratur. Auf dieser technischen Ebene nähert er beide Schreibweisen einander weitest möglich an, geleitet von der Prämisse, »dass Soziologie die Gestalt von Literatur annehmen kann und sollte« (ebd.: 77). Im Rahmen seiner Gerda-Henkel-Vorlesung skizziert Sennett eine Poetik dieser *Soziologie als Literatur* und nennt vier Punkte, die eine solche Annäherung ermöglichen: die Stimme, den erzählerischen Aspekt, das Wecken von Interesse und die Generalisierung. Ziel dieser Annäherung ist es, einem gesellschaftsanalysierenden Schreiben andere und erweiterte Zugänge zu »Ausdrucksmitteln« (ebd.: 78) zu verschaffen, die die Erfassung, Darstellung und Problematisierung seiner Gegenstände erforderlich und diese Gegenstände zugleich kommunizierbar macht. Weil dabei quer durch die vier Punkte die vielfältigen literarischen Bezüge verlaufen, die Sennetts Werk durchziehen, lassen sich von hier aus auch weitere Funktionen umreißen, die dafür insbesondere dem Roman zukommen. Er liefert nicht nur inhaltlich über den Verweis auf

---

2 Der essayistischen Haltung korrespondiert ferner Sennetts Selbstverortung in der philosophischen Tradition des Pragmatismus, die nicht der »Strenge einer disziplinierten Denkschule« folgt und stattdessen »Wert auf Offenheit und Improvisation beim Verstehen [legt]« (Sennett 2009: 76). Vgl. dazu ausführlicher das Kapitel »Die philosophische Werkstatt« in Sennett (2008: 379-392).

Protagonisten, Handlungs- und Konfliktpotentiale ein funktionales Äquivalent zu den vornehmlich aus Interviews oder auch der eigenen Vita gezogenen Alltagserfahrungen, sondern stellt formal Modelle und Kategorien bereit, die Sennett zur Identifizierung und Analyse der übergeordneten sozialen Zusammenhänge heranzieht, die sich in diesen Erfahrungen niederschlagen und von ihnen veranschaulicht werden.

Zu den vier Punkten: Unter *Stimme* versteht Sennett »diejenige Person […], durch die der Autor zum Leser spricht« (ebd.: 79), was zumindest insofern eine Differenzierung erfordert, als dass es diese Kommunikationssituation im fiktionalen Erzählen so nicht gibt, teilt sich doch hier eine vom Autor zu unterscheidende Erzählinstanz mit, die dies freilich aus der Perspektive und dem Wissenshorizont verschiedener Figuren tun kann.[3] Um letzteres geht es Sennett, sowohl im Sinne eines Qualitätsmaßstabes für die fiktionale, als auch eines Verfahrens für die soziologische Literatur: Nicht einfach sollen Umstände und Äußerlichkeiten aufgezählt werden, vielmehr muss ein Autor, auch der soziologische, »in das abgerundete, unverwechselbare Leben seiner Figuren hineinschlüpfen« (ebd.: 80). Er muss dies zumindest versuchen und idealerweise eine Doppelperspektive entwerfen, in der die Positionen und Sinnzusammenhänge seiner Interviewpartner ebenso ihren Raum erhalten wie mögliche Gegenpositionen.

Wesentlich klarer ist, was Sennet zweitens als *erzählerischen Aspekt* bezeichnet. Hier zeigt sich, und das gilt grundsätzlich für seine weit verzweigten Bezüge auf die Literatur, dass er einem bestimmten Paradigma des Erzählens verpflichtet ist. Gegenstand dieses seit dem 18. Jahrhundert für den modernen Roman wirkmächtigen Paradigmas ist das Leben eines Protagonisten als biographischer Verlauf, anhand des-

---

3 In der Narratologie spricht man in diesem Zusammenhang und im Anschluss an Gérard Genette von *Fokalisierung*. Unter Stimme werden dort eher Fragen nach dem Zeitpunkt und dem Ort des Erzählens, der Stellung des Erzählers zum Geschehen sowie dem Sprecher und Adressaten behandelt. Vgl. Martínez/Scheffel (2012: 66-92).

sen zugleich und allererst das Erzählen selbst seine Form gewinnt.[4] Dem korrespondiert eine bestimmte Art der Darstellung: Nicht unabhängig voneinander und bezugslos ereignet sich dieses oder jenes, reagiert oder gar entwickelt sich ein Protagonist auf die ein oder andere Weise – narrativ etabliert wird vielmehr ein umfassendes Kausalitätsgefüge von Ursachen und Wirkungen, das das Erzählte als zusammenhängend ausweist und es entsprechend wahrzunehmen erlaubt. Vor allem auf letzteres hebt Sennett im Kontext der Gerda-Henkel-Vorlesung ab. Was allerdings im Roman gilt, dass nämlich »jedes Ereignis, jede Handlung auf das vor[bereitet], was als nächstes kommt« (ebd.: 81), ist realiter augenscheinlich anders. Am Beispiel flexibilisierter Erwerbsleben im neoliberalen Kapitalismus, wie sie in *Der flexible Mensch* ausführlicher vorgestellt werden, verdeutlicht Sennett, wie eine biographische, aber auch kollektive Selbstwahrnehmung zunehmend von Inkohärenz, Fragmentierung und Entwicklungslosigkeit geprägt wird. Es ist nunmehr »die Aufgabe des Schriftstellers, diesen Mangel zu thematisieren und zu analysieren«, wie es etwa Sennett selbst im genannten Essay unternimmt und wie es die fiktionale Literatur in ihre Form aufzunehmen und darüber aufgebrochene Kohärenz und Kausalität, »Lücken und Auslassungen« (ebd.: 82) abzubilden vermag. Solche »lückenhafte[n] Geschichten« (ebd.: 82) findet Sennett etwa bei Autoren wie Jorge Luis Borges, Thomas Bernhard oder Italo Calvino. Der Form des Romans kommt in diesen Überlegungen nun auf zwei Ebenen eine Funktion zu: Sie ermöglicht es in ihren »postmodern[en]« Spielarten, weil sie der gemachten Erfahrung in ihrer »Betonung der Diskontinuität« (Sennett 1999: 181f.) formal angemessener ist, diese Folgen zu beobachten, oder zumindest für sie zu sensibilisieren. Ihre demgegenüber »prä-postmoderne« (ebd.: 183), Kohärenz über Kausalität herstellende Variante liefert dem (soziologischen) Beobachter hingegen ein Modell, um zu beschreiben, wie sich die Schäden dieser Erfahrung zumindest

4 Vgl. hier besonders einschlägig Campe (2009). Dass »die äußere Form des Romans […] eine wesentlich biographische [ist]«, konstatiert unter geschichtsphilosophischen Prämissen und an theoriegeschichtlich einflussreicher Stelle bereits Lukács (2009/1920: 59).

mindern lassen. Dieses Erzählen entfaltet über seine Form eine heilsame Wirkung:[5] Es ermöglicht, so argumentiert Sennett am Beispiel einer Gruppe ehemaliger, weil entlassener Programmierer, die in »verschiedene[n] Erzählungen« (ebd.: 178) die Ursachen und Folgen ihrer Situation durchspielen, sich in Begründungszusammenhängen zu verorten, die auch das eigene Agieren mit einbeziehen. Ihre Situation ändert sich deswegen freilich nicht, gleichwohl aber erlaubt es die Anverwandlung der eigenen Erfahrung an eine narrative Form, sich zu den Geschehnissen in ein Verhältnis zu setzen und sie nicht einfach nur »blind und passiv zu erdulden« (ebd.: 178).

Worum es drittens beim *Erwecken von Interesse* geht, erklärt sich von selbst. Als Mittel dazu rät Sennett zur Provokation kognitiver Dissonanzen, die er in einem anderen Kontext schlicht als »miteinander konfligierende Bedeutungsrahmen« (ebd.: 120) erklärt. Etwa über das Inszenieren einer »widersprüchliche[n] oder dissonante[n] Situation« (Sennett 2009: 83), Sennetts Beispiel ist die im Text wiederzugebende Diskrepanz zwischen körpersprachlichem Agieren und Aussagegehalt von Interviewpartnern. So sollen Neugier erweckt, Spannung und erhöhte Aufmerksamkeit erzeugt, kurz, die denkbar günstigsten Voraussetzungen für eine Fortsetzung der Lektüre geschaffen werden.

Der vierte Punkt, die *Generalisierung*, ist schließlich etwas, das der fiktionalen Literatur wesentlich leichter fällt, eignet ihr doch, so Sennett, ein besonderes symbolisches Potential, eine »Aufforderung«, regelrecht von »Individuen und Einzelumstände[n]« zu abstrahieren und etwa von Balzacs Vautrin »eine Metapher für politische Korruption abzuleiten« (ebd.: 85). Ohne mit einer derartigen Lizenz ausgestattet zu sein, stellt sich dem soziologischen Autor eine ähnliche Aufgabe: Die Ergebnisse seiner Recherchen, seiner Interviews und ihrer Auswertung sollen zwar nicht mit dem Anspruch von Allgemeingültigkeit auftreten,

---

5 »Das Narrative heilt traditionell durch Struktur, nicht durch die Vermittlung direkter Ratschläge. [...] Der Leser eines Romans, der Zuschauer eines Theaterstücks erfährt den Trost, Menschen und Ereignisse zu erleben, die einem Zeitmuster eingepaßt sind. Die ›Moral‹ der Erzählung liegt in der Form, nicht in der Aussage.« (Sennett 1999: 184)

aber sie müssen über ihre Darstellungsweise einen »Prozess der Symbolbildung« anregen, das heißt, auf etwas verweisen, das über sie als eine Anzahl von Einzelstimmen hinausgeht: Sie müssen einen »Sprung« machen – Referenz ist hier Peirces Idee der radikalen Induktion – »von gelebter Erfahrung zu Erfahrungen, die wir nicht machen konnten« (ebd.: 85f.). Und diesen Sprung kann der soziologische Autor als Arrangeur seines Materials bewerkstelligen, als planvoller Vermittler von Einzelstimme und übergeordnetem Zusammenhang. Sennett zieht hier das aus der eigenen Biographie genommene und auch für seine Romanproduktion fruchtbar gemachte Zusammenspiel von Orchestermusikern als Vergleich heran. Einem Dirigenten gleich, um im Bild zu bleiben, versucht dann der soziologische Autor, die »einzelnen Überzeugungen und Erfahrungen so miteinander in Einklang zu bringen, dass sie in ihrer Summe mehr bedeuten, als jede für sich genommen« (ebd.: 86).

In jedem der vier genannten Punkte geht es also um eine Übertragung: Ausgangspunkt ist jeweils ein, mal mehr mal weniger deutlich, jedoch stets als charakteristisch bis konstitutiv vorgestellter Aspekt des fiktionalen Erzählens, der mit entsprechenden Modifikationen Teil der programmatischen Skizze einer soziologischen Literatur wird. Dabei geht es Sennett ebenso darum, diese Literatur als Modus der »Kulturanalyse« vorzustellen und Einblicke in seine eigene Arbeitsweise zu geben, wie um die Betonung ihres technischen Charakters: Der anvisierte Effekt soziologischer Literatur, ein »Gefühl gelebter Erfahrung [...] durch geschriebenen Text hervorzurufen« (ebd.: 77), beruht auf kalkuliert einsetzbaren Verfahren, die es zu lernen und zu beherrschen gilt. Soziologische Literatur ist nicht das Ergebnis genialer Eingebungen oder eines gottgegebenen Talents, sie entsteht in Anwendung eines ›Handwerks‹ – und Vorbild dieses Schreibens als Handwerk ist die fiktionale Literatur.

Im Zeichen insbesondere des hier gerade dem Roman attestierten Generalisierungsvermögens stehen auch Sennetts regelmäßige Bezüge auf literarische Figuren, wie sie sich quer durch seine Texte ziehen. Lucien Chardon, Julien Sorel oder andere Protagonisten der Romane von Balzac, Stendhal, Flaubert, Dostojewski und anderen werden dabei als exemplarische Repräsentanten von über sie hinausweisenden Erfahrungen, als Kreuzungspunkt und Niederschlagsort sozialer Dynamiken herangezogen, vor allem in Sennetts Arbeiten zur Geschichte, Entwicklung und Ethik der Stadt. Was ihn hier interessiert, ist das tendenziell urbane Setting dieser Texte, in deren »Zauberspiegel« der in seinem rasanten Anwachsen realiter immer unübersichtlicher, zugleich biographiedynamisierend wie erfahrungsverunschärfend wirkende Raum der entstehenden Großstadt »lesbar« (Sennett 1991: 243)[6] wird – und zwar anhand des biographischen Werdegangs der genannten Figuren, ihren vom verheißungsvollen, aber auch, im balzacschen Sinne, illusionsreichen Möglichkeitsraum der Stadt angespornten Ambitionen und schließlich deren Scheitern: »Die Romanciers des städtischen Lebens im 19. Jahrhundert schwelgten [...] darin, zu zeigen, auf welche Weise die Stadt die Hoffnungen junger Menschen zu zerstören vermag.« (Sennett 2018: 39) Dies ist wiederum die augenscheinlich brutalere Spielart einer sich keineswegs notwendig so destruktiv gestaltenden, besonderen Darstellungsqualität, die Sennett dem Roman attestiert und in eindrucksvoller Weise in einem Text umgesetzt, ja diesen Text mit gestalten sieht, den er aus genau diesem Grund als »schriftstellerisches Äquivalent zur Soziologie« bezeichnet – Musils *Mann ohne Eigenschaften*:

> »Seine Besonderheit erklärt sich nicht unbedingt aus der Fähigkeit, soziale Zustände zu beschreiben. Es ist vielmehr Musils kunstvolle Ironie

6 Ausführlicher heißt es dort: »Der Romanschriftsteller hielt einen Zauberspiegel in der Hand, und dieser Spiegel zeigte Bilder von der Stadt, die für den Bewohner der Stadt besser lesbar waren als die ›unbeholfenen‹ Eindrücke, die er selbst auf der Straße gewann. Der Romanschriftsteller hob die relevanten Details hervor, die einer Szene das Charakteristische verliehen, er ließ Menschen in einer Weise sprechen, die dieser Umgebung angemessen war, und wechselte den Schauplatz, wenn irgend etwas Bedeutsames geschehen sollte. So scharf umrissen stellte sich die Alltagserfahrung zu keiner Zeit dar, aber im 19. Jahrhundert war das Erscheinungsbild der Städte besonders unscharf. Sehr rasch hatten sie riesige, unübersichtliche Ausmaße angenommen; die Vergangenheit hielt kaum Modelle bereit, mit denen sie sich erklären oder begreifen ließ.« (Sennett 1991: 243)

und seine Art, die Grenzen eines bestimmten Lebens aufzuzeigen, ohne dabei die Charaktere zu zerstören. Ich glaube, das ist es, was ich an ihm besonders schätze. Eine Vorstellung von den Grenzen eines Menschen in der Gesellschaft zu haben und ihm dennoch die gebührende Ehre zu erweisen.« (Sennett in Pongs/Sennett 2000: 273)

Diese Art der biographischen Grenzerfahrung ist jedoch nicht der fiktionalen Literatur vorbehalten. In *Respekt im Zeitalter der Ungleichheit* berichtet Sennett (2000), wie er noch mit dem Ziel, Musiker zu werden, in New York Unterricht im Dirigieren erhält. In Kontakt und Austausch mit anderen Musikern allerdings, so erinnert er sich, »nahm ich etwas wahr, das jenseits meiner musikalischen Möglichkeiten lag« (ebd.: 29). Konfrontiert mit dem Können der Anderen und der damit verbundenen Einsicht, »dass ich an ihre Kunst nicht heranreichte«, sieht sich Sennett an »die eigenen Grenzen«, an »die Grenzen meiner musikalischen Begabung« (ebd.: 29) stoßen, einer Begabung, auf der der anvisierte Lebensweg des jungen Cellisten aufbauen sollte. Anders als in den Romanen des 19. Jahrhunderts führt diese Erfahrung jedoch nicht zu einer persönlichen Zerstörung – »[g]eläutert, aber nicht entmutigt« (ebd.: 30) verlässt Sennett New York wieder in Richtung Chicago. Gleichwohl gibt es eine entscheidende Ähnlichkeit, genauer, eine formale Verwandtschaft, die beide Erzählformen, Roman und Autobiographie,[7] im Sinne des genannten Erzählparadigmas eng führt, das Sennetts vielfältige Bezüge auf die Literatur als roter Faden verbindet. Ein am Lebensverlauf orientiertes, über diesen, in kausalen Zusammenhängen dargestellten Verlauf selbst Form gewinnendes Erzählen steht seinen programmatischen Äußerungen zu einer soziologischen Literatur ebenso Pate wie seinen poetologischen Ausführungen und seinen Verweisen

---

7 Sie ist als Formvorlage dem sich zugleich als Essay behauptenden *Respekt im Zeitalter der Ungleichheit* mit eingeschrieben: »Es handelt sich weder um ein Buch über praktische Probleme der Sozialhilfe noch um eine Autobiografie im vollen Sinne des Wortes. Vielmehr habe ich versucht, meine eigene Erfahrung zum Ausgangspunkt für die Erforschung eines umfassenden sozialen Problems zu machen.« (Sennett 2002: 12)

auf die Protagonisten der von ihm nicht zufällig als »Entwicklungsromane« (Sennett 2018: 39) bezeichneten Texte vornehmlich des 19. Jahrhunderts. Dieses Erzählen liefert, so lässt sich resümieren, Techniken, Modelle und Exempel und ist in dieser vielschichtigen Funktionalität elementarer Bestandteil von Sennetts essayistisch verfahrenden Kulturanalysen.

Die Romane

Die Frage ist nun, ob es Verbindungen oder gar Überschneidungen gibt zwischen dem Gesellschaftsessayisten, seinen funktionalen Bezügen auf die Literatur und seiner eigenen Romanproduktion. Tatsächlich lässt sich ein reichhaltiges, vielschichtiges, mal im-, mal explizites Zusammenspiel zwischen den verschiedenen Schreibweisen und Texten ausmachen, das sich vor dem Hintergrund der bisherigen Ausführungen und in der Vorstellung der bisher in der Sennett-Rezeption eher vernachlässigten Romane schlaglichtartig aufzeigen lässt.

Sennetts Debüt *The Frog Who Dared to Croak* von 1982 erzählt das Leben von Tibor Grau, einem marxistischen Philosophen aus Ungarn, als dessen biographische Vorlage leicht der bereits erwähnte Georg Lukács ausgemacht werden kann. Der Roman erzählt, weitgehend chronologisch, von Tibor Graus Kindheit und Jugend in Budapest, seiner Rolle während der ungarischen Räterepublik von 1919, von Problematiken der (politischen) Macht im Umfeld einer Begegnung mit Stalin, von Graus Erfahrungen im zweiten Weltkrieg und schließlich seiner Überwerfung mit der kommunistischen Partei nach dem Budapester Aufstand von 1956. Immer wieder taucht dabei in Handlungs- und Deutungsvariationen die Parabel einer Froschgemeinschaft auf, die, von sich aus eigentlich harmlos und friedfertig, mal durch äußere Bedrohungen und Feinde geschädigt bis vernichtet zu werden droht, einmal auch selbst als in seine Schranken zu weisender Aggressor auftritt, jedoch in den meisten Fällen entweder lernt, oder je nach intendierter Moral, lernen sollte, sich als Gemeinschaft solidarisch zu konstituieren. Anhand der Froschparabel werden so verschiedene Macht-, Ermächtigungs- und

Gesellschaftskonstellationen durchgespielt, die je nach Kontext im Roman die Verhältnisse der soziopolitischen Wirklichkeit widerspiegeln oder konterkarieren. Tibor Grau selbst erweist sich nun schnell als ambivalenter Charakter. Er verfährt um des eigenen Überlebens und Fortkommens willen mitunter ebenso skrupel- wie gewissenslos, und erhebt andererseits, was ihm politisch zum Verhängnis wird, vehement gegen weiteres Blutvergießen im Zuge des 56er Aufstands als jener titelgebende *Frog Who Dared to Croak* die Stimme. »I am a realist, I believe in survival« (Sennett 1982: 172), begründet er hier seine kritisch-distanzierte, dennoch pro-sowjetische Position und legitimiert mit diesem Lebenscredo zugleich grundsätzlich sein zwischen Apparatschikgehorsam und Überzeugungstäterschaft, Selbstverleugnung und Widerspruchsmut, teilweise aufrichtiges, oftmals aber eben hochgradig problematisches Agieren. Dem korrespondiert die seine Ausführungen eröffnende Maxime »you must lie to survive« – angesichts der Verhältnisse musst du täuschen und dich verhüllen, denn: »a face without a mask gets frostbite from the cold.« (Ebd.: 7, 9) Es sind diese turbulenten politischen Verhältnisse in der ersten Hälfte des 20. Jahrhunderts, in denen der biographische Zusammenhang des Lebens in einem Wechselspiel von privaten bis heimlichen, mitunter bekenntnishaften Aufzeichnungen einerseits, und der offiziellen, keineswegs notwendig wahrheitsgetreuen Festschreibung von Begebenheiten andererseits aufgebrochen, also gleichermaßen Objekt des individuellen Wissens wie eines bürokratischen, klassifizierend-verwaltenden Gewusstwerdens wird. Die Rekonstruktion dieses Zusammenhangs ist unter solchen Vorzeichen nur noch aus einem Kaleidoskop der Aussagen und Aussageweisen möglich, dessen Ordnung als Ergebnis und Prozess der literarische Kunstgriff der Herausgeberfiktion ermöglicht: Eingeleitet wird der Roman vom Bericht eines Londoner Verlegers, dem nach Tibor Graus Tod zu Beginn der 1970er Jahre ein Paket zugestellt wird, das, durchnummeriert, nicht nur »*various scraps of paper, old envelopes, the dust jackets of books*« beinhaltet, »*each covered with writing in a fine hand*«, sondern auch »*police reports, newspaper clippings, and some official documents*« (ebd.: 3; Hervorhebung im Original), die im Roman stets als solche abgebildet werden. Gleichwohl dessen Formgarant also der Lebensverlauf des Protagonisten Tibor Grau bleibt, reflektiert *The Frog Who Dared to Croak*, wie ein individuelles Leben zwischen repressivem Monarchismus, Krieg und Totalitarismus zum Gegenstand eines doktrinbefeuerten, administrativen Wissens wird, indem die Formen dieser Wissensgenerierung mit einem bekenntnishaft autobiographischen Schreiben verschaltet werden. Insbesondere um diesem Aspekt weiter nachzugehen, denn dazu lädt die kluge Konstruktion des Textes ein, lohnt sich eine vertiefende Auseinandersetzung mit Sennetts Romandebüt.

In einem ganz anderen Setting bewegt sich Sennetts zweiter Roman *An Evening of Brahms* von 1984. Lose der Tradition des Künstlerromans verbunden, erzählt er als fiktionale Variation eines eigenen, möglichen Lebensverlaufs die Geschichte des begnadeten Cellisten Alexander Hoffmann. Geschildert werden sein Werdegang als junger Musiker in New York, seine anhebende Karriere, in ausführlicher Analepse seine Kindheit und Jugend in ärmlichen Verhältnissen in Chicago,[8] vor allem aber die Dynamiken seiner unglücklichen Ehe mit der Pianistin Susan, die der Roman als Psychogram zweier Musiker mit ungleichem Talent und Musikverständnis und in Folge dessen wachsender, nur halb eingestandener, sich dafür aber umso heftiger Bahn brechender Verachtung entfaltet. Das Zentrum des Textes machen jedoch Susans früher Unfalltod nach einem Streit und Alexanders Verarbeitung aus. Trauer als Prozess und als Arbeit, in der Hoffnung, sich in irgendeiner Weise zu dem Geschehenen verhalten zu können, verwebt Sennetts Roman dabei mit den Proben zu einer Aufführung von Brahms Requiem, das Alexander, gleichwohl darin zu unerfahren und entsprechend unvorbereitet, dirigieren soll. Auf das sowohl in der Interpretation des Erzählers, als auch in Alexanders erläuternden Ausführungen vor den Musikern während der Proben als Kern des Requiems ausgemachte Versprechen »they shall be comforted« (Sennett 1984: 205) zu vertrauen wird für den jungen Dirigenten dabei zur eigentlichen Aufgabe. Deren Bewerkstelligung wird narrativ mit der kollektiven, oftmals holprigen, für

8 Vgl. zur autobiographischen Parallele oder, fruchtbarer formuliert, zum literarisch produktiven Umgang mit der eigenen Biographie als transformierbarem Material des Erzählens Sennett (2002, insbesondere 17-66).

alle Beteiligten anstrengenden, aber mit einer gemeinsamen Entwicklung und Zusammenhalt einhergehenden Erarbeitung des Stückes eng geführt. So verbinden sich Beschreibungen des Probenprozesses, minutiöse, durchaus musikwissenschaftliche Analysen und Interpretationen mit Erinnerungen an die verstorbene Susan, Alexanders doppeltem Lernprozess als Dirigent und Trauernder und schließlich der ausführlich geschilderten Aufführung. Die jedoch verläuft nicht wirklich optimal. Das Orchester entgleitet wiederholt seinem Dirigenten, die Sopranistin kämpft vor lauter Anspannung schwer mit ihrer Stimme und den Tönen und insgesamt quält sich die Darbietung des Requiems, allerdings von allen gemeinsam getragen, irgendwie zum Ende durch. In diesen erzählerisch komplementär gesetzten, thematisch und strukturell aufeinander verweisenden Prozessen der persönlichen Trauer und der Einstudierung eines doch als hoffnungsvoll wahrgenommenen musikalischen Trauerausdrucks, in denen Alexander jeweils an »his own limit« (ebd.: 217) stößt, trägt die Vollendung der einen Grenzerfahrung zu einer Schließung der anderen bei. Als Alexander nach der Aufführung Platz nimmt, weiß der Erzähler: »He had completed his mourning.« (Ebd.: 218) Dieser Verschränkung von Musik und Biographie, das heißt der literarischen Inszenierung ihrer wechselseitigen Prägungen, aber auch dem fragilen Verhältnis von Kunstausübung und Körperlichkeit in seinem psychischen, physischen bis hin zum psychosomatischen Niederschlag ausführlicher nachzugehen, bietet sich im Falle von *An Evening with Brahms* an. Außerdem ließen sich dessen Verortung in der Tradition des Künstler- oder gar Bildungsromans (vgl. etwa Seret 1992; Gutjahr 2007; Zima 2008; Reher 2010) diskutieren und, damit durchaus zusammenhängend, die pädagogischen Relationen zu verschiedenen Lehrerfiguren samt ihren unterschiedlichen Funktionen für die Entwicklung des Künstlers, in diesem Fall Alexander Hoffmanns.

Palais-Royal von 1986 schließlich ist nicht nur Sennetts bis dato letzter, sondern auch sein umfangreichster, inhaltlich komplexester und konzeptuell am stärksten in sein Gesamtwerk eingebundener Roman. Es lohnt sich vor allem, ihn in dieser Hinsicht und in seiner Verschränkung von individueller Biographie und Geschichte ausführlicher zu betrachten.

In einem Zeitraum von vier Jahrzehnten folgt der Roman zwischen 1828 und 1868 nicht nur den Lebensverläufen der beiden englischen Brüder Frederick und Charles Courtland, sondern bettet sie in jene umfassenden Veränderungen und Dynamiken ein, die Paris, wo beide viele Jahre verbringen, zur »Hauptstadt des XIX. Jahrhunderts«[9] machen. Als roter Faden, der durch dieses Panorama der architektonischen, intellektuellen und künstlerischen Entwicklungen der Zeit führt, erweist sich auch hier die Biographie der beiden Protagonisten, die vornehmlich in Form des Brief- und Tagebuchromans geschildert wird. Frederick ist unter Pierre Fontaine am Bau der Galerie d'Orléans beteiligt, die als eine der ersten Pariser Einkaufspassagen im Palais-Royal entsteht. Er verschreibt sich als Architekt den neuen Baustoffen Eisen und Glas, größerer Erfolg und die Anerkennung, nach der er strebt, bleiben ihm jedoch in Paris ebenso verwehrt wie in London, wohin er im Verlaufe des Romans zurückkehrt. Dort bemüht er sich vergeblich um den Auftrag zur Errichtung jenes stattdessen nach den Plänen von Joseph Paxton aus Eisen und Glas errichteten Bauwerks, das als »Crystal Palace« in die Architekturgeschichte eingeht, die zeitgenössisch als Teil einer umfassenderen Fortschrittsgeschichte, als Ausdruck eines »orderly march of progress« (Sennett 1994: 235) wahrgenommen wird. Charles hingegen, als Geistlicher aufgrund mangelnder spiritueller Autorität in seiner Gemeinde gescheitert, folgt seinem Bruder in jungen Jahren nach Paris und versucht sich dort als Essayist und Publizist zu etablieren, der sich, vom Skeptizismus geprägt, von Glaubens- und damit verbundenen Selbstzweifeln geplagt, in die intellektuellen, theologischen und künstlerischen Diskurse der Zeit einschreibt. Von Theophile Gautier als »great philosopher« und »sage« (ebd.: 119) bewundert, bleibt

9 Die eröffnenden Sätze von Walter Benjamins gleichnamigem Exposé zum *Das Passagen-Werk* sind dem Roman als Motto vorangestellt. Darüber hinaus tauchen in Palais-Royal in unterschiedlicher Gewichtung und Ausführlichkeit viele der Themen auf, denen Benjamins Aufzeichnungen und Materialsammlungen gewidmet sind, etwa die Passagen, die Eisenkonstruktion, die Straßen von Paris, oder die Haussmannisierung, vgl. Benjamin (1982).

aber auch ihm eine breitere Anerkennung versagt. Die beiden fiktiven Biographien der Courtland-Brüder sind im Verlauf des Romans zugleich Kreuzungs- und Knotenpunkte verschiedener historischer Ereignisse, Konstellationen und Begegnungen. Über Fredericks Partnerin, die Schauspielerin Anne Mercure, bestehen Kontakte zu Marie d'Agoult, Frédérik Lemaître oder Alphonse Nourrit, verkehren beide in den Kreisen der Pariser Bohème, in Theatern, Cafés und Salons, und bewegen sich in ähnlichen Umfeldern wie Franz Liszt, George Sand oder Frédéric Chopin. Vor allem Frederik wird Zeuge der Julirevolution von 1830 und der Barrikadenkämpfe sowie der Choleraepidemie von 1832, während der die Galerie d'Orléans zum Hospital umfunktioniert wird; Charles wiederum verfolgt aufmerksam die Entwicklungen um und von Félicité de Lamennais und erweist sich als erbitterter Gegner der Romantiker, denen er eine lebensuntauglich machende »disease of the imagination« (ebd.: 135) attestiert. Nicht zuletzt, weil er damit recht unverblümt auch Frederik und Anne attackiert, kommt es zu einer zunehmenden Entfremdung zwischen den Brüdern, die sich erst nach vielen Jahren wieder annähern und deren kompliziertes, aber im Kern inniges Verhältnis der alte Charles sich erst am Ende des Romans und nach dem Tod Frederiks in einem seiner Essays zu vergegenwärtigen vermag.

Einer unter vielen

Als mittlerer Teil »einer Trilogie über die Stadtkultur« steht *Palais-Royal* zwischen *Verfall und Ende des öffentlichen Lebens* und *Civitas*, und thematisiert, so sein Autor, »wie die Komplexität einer Stadt das Leben von Individuen bereichert, die, gemessen an den geläufigen Maßstäben für Erfolg und Mißerfolg, scheitern« (Sennett 1991: 14f.). Von Sennetts drittem Roman führt allerdings noch ein weiterer Weg in faszinierender Weise wieder zu seinen soziologischen Arbeiten. In einem der Essays von Charles Courtland, die in *Palais-Royal* abgedruckt werden, skizziert er unter dem Titel *One Amongst Many* anhand der Pariser Cafés jene Art von positiv gleichgültiger, das heißt Diversität und Differenzen tolerierender Öffentlichkeit, die Sennett wiederum Jahrzehnte nach *Palais-*

Royal noch einmal ins Zentrum seiner Überlegungen stellt: »Each one amongst many« (Sennett 1994: 74) ist das Prinzip dieses heterogenen urbanen Raums und bringt zugleich »die Ethik einer offenen Stadt« (Sennett 2018: 370) auf den Punkt, wie sie der dritte Teil der Homo-Faber-Trilogie *Die offene Stadt* von 2018 entwirft. Im Schlusskapitel plädiert Sennett hier für eine solche Gleichgültigkeit, die sich nicht gegen das Wohlbefinden anderer richtet, also Empathielosigkeit bedeutet, sondern, als Voraussetzung von gelebter Toleranz, die Unterschiede und Varietäten der Lebensweisen betrifft – der Titel des Kapitels lautet: »One among many«, oder, in der deutschen Übersetzung: »Einer unter vielen« (vgl. Sennett 2018: 359-370).

Solchen komplexen Bezügen von fiktionaler und soziologischer Literatur ausführlicher und vertiefend nachzugehen, bietet sich im Falle von Richard Sennetts Werk ausdrücklich an, zumal viele dieser verschlungenen Zusammenhänge, vielschichtigen Funktionen, aber eben auch wechselseitigen Impulse bisher noch unentdeckt oder unterthematisiert geblieben sind. Dies gilt für die Komplexe des Essayismus und der literarisch-soziologischen Kulturanalyse ebenso wie für die in Rezeption und Forschung kaum repräsentierten Romane. Erste Ansätze, Fragestellungen und Kontextualisierungsmöglichkeiten dazu sind hier in der Absicht, weitere Auseinandersetzungen anzuregen, vorgestellt worden.

Literatur

Adorno, T.W. 1971: Der Essay als Form. In: Ders.: Noten zur Literatur I. Frankfurt a.M.: 9-49.

Benjamin, W. 1982: Das Passagen-Werk. In: Tiedemann, R. (Hg.): Walter Benjamin. Gesammelte Schriften. Band V. Frankfurt a.M.

Campe, R. 2009: Form und Leben in der Theorie des Romans. In: Avanessian, A./Menninghaus, W./Völker, J. (Hg.): Vita aesthetica. Szenerien ästhetischer Lebendigkeit. Zürich/Berlin: 193-211.

Gutjahr, O. 2007: Einführung in den Bildungsroman. Darmstadt.

Largier, N. 2016: Zeit der Möglichkeit. Robert Musil, Georg Lukács und die Kunst des Essays. Hannover.

Lukács, G. 2009 (1920): Die Theorie des Romans. Ein geschichtsphilosophischer Versuch über die Formen der großen Epik. In: Benseler, F./Dannemann, R. (Hg.): Georg Lukács: Werkauswahl in Einzelbänden. Band 2. Bielefeld.

Lukács, G. 2017 (1910): Über Form und Wesen des Essays. Ein Brief an Leo Popper. In: Ders.: Die Seele und die Formen. Essays. In: Bognár, Z./Jung, W./Opitz, A. (Hg.): Georg Lukács. Werke Band 1 (1902-1918), Teilband 1 (1902-1913). Bielefeld: 195-212.

Martínez, M./Scheffel, M. 2012 (9., erw. u. aktual. Aufl.): Einführung in die Erzähltheorie. München.

Musil, R. 2013 (1930/33): Der Mann ohne Eigenschaften. Roman. I. Erstes und zweites Buch. Reinbek bei Hamburg.

Pongs, A./Sennett, R. 2000: Richard Sennett – Die flexible Gesellschaft. Fragebogen und Interview. In: Pongs, A. (Hg.): In welcher Gesellschaft leben wir eigentlich? Gesellschaftskonzepte im Vergleich. Band 2. München: 265-291.

Reher, M. 2010: Die Darstellung von Musik im zeitgenössischen englischen und amerikanischen Bildungsroman. Peter Ackroyd, Vikram Seth, Richard Powers, Frank Conroy, Paul Auster. Frankfurt a.M. u.a.

Sennett, R. 1982: The frog who dared to croak. New York.

Sennett, R. 1984: An evening of Brahms. New York.

Sennett, R. 1991: Civitas. Die Großstadt und die Kultur des Unterschieds. Frankfurt a.M.

Sennett, R. 1994 (1986): Palais-Royal. A novel. New York/London.

Sennett, R. 1999: Der flexible Mensch. Die Kultur des neuen Kapitalismus. Frankfurt a.M./Wien.

Sennett, R. 2002: Respekt im Zeitalter der Ungleichheit. Berlin.

Sennett, R. 2008: Handwerk. Berlin.

Sennett, R. 2009: Wie ich schreibe. Soziologie als Literatur. Gerda Henkel Vorlesung. In: Gerda Henkel Stiftung (Hg.): Verleihung des Gerda Henkel Preises 2008. Münster: 75-89.

Sennett, R. 2018: Die offene Stadt. Eine Ethik des Bauens und Bewohnens. Berlin.

Seret, R. 1992: Voyage into creativity. The modern Künstlerroman. New York u.a.

Zima, P.V. 2008: Der europäische Künstlerroman. Von der romantischen Utopie zur postmodernen Parodie. Tübingen.

Pragmatismus

Magnus Schlette

Sennetts pragmatistischer Urbanismus

Auf den ersten Blick ist das Werk Richard Sennetts für den Pragmatismus nicht einschlägig. So findet sich unter seinen zahlreichen Buchpublikationen kein Beitrag zur Pragmatismusforschung. Zwar bezieht er sich in seinen Büchern immer wieder auf pragmatistische Autoren und Theoreme, aber diese Verweise sind in seinen früheren Werken sporadisch, und obwohl sie im ersten Band der Homo-Faber-Trilogie in programmatischer Absicht betont werden (vgl. Sennett 2008: 379ff.), bleibt die explizite Bezugnahme auf den Pragmatismus kursorisch und flüchtig. Dazu passt, dass in dem aktuellen deutschsprachigen Pragmatismus-Handbuch (vgl. Festl 2018) Sennett nicht einmal im Stichwortverzeichnis auftaucht – ganz zu schweigen davon, dass ihm ein eigener Eintrag gewidmet worden wäre. In den gängigen englischsprachigen Einführungen und Überblicksdarstellungen zum Pragmatismus sieht es nicht anders aus. Ist also Sennett zumindest *prima facie* für das Verständnis des Pragmatismus nicht aufschlussreich, so umgekehrt der Pragmatismus sehr wohl für das Verständnis Sennetts, der erklärt, in der »langen Tradition« des US-amerikanischen Pragmatismus zu schreiben (Sennett 2008: 26) und sich neben Richard Rorty und Richard Bernstein zum US-amerikanischen Flügel des Neopragmatismus zählt (vgl. ebd.: 380). Sennett setzt sich weniger mit den Pragmatisten auseinander, als dass er sich auf sie beruft, und wo er das tut, erfahren wir mehr über sein eigenes Denken als über den Pragmatismus.

Dass bei Sennetts Kartographierung des US-amerikanischen Gegenwartspragmatismus nicht nur die internationale Szene nonchalant auf Hans Joas und »eine Schule junger Pragmatiker in Dänemark« (ebd.) reduziert wird, sondern auch in der bunten US-amerikanischen Diskussionslandschaft selbst international führende Neopragmatisten, wie Hilary Putnam, Robert Brandom und Cheryl Misak, großzügig übergangen werden, ist ein Hinweis darauf, dass es ihm nicht auf die differenzierte Selbstverortung in einem intern diversen Schul- und Diskurszusammenhang ankommt. Die wenigen Namen stehen vielmehr exemplarisch für eine bestimmte intellektuelle Grundhaltung, die Sennett teilt (vgl. Skala 2015: 33). So zeigt sein Werk eine deutliche Affinität zum pragmatistischen Erfahrungsbegriff mit seiner Betonung der kreativen Handlungsinnovation durch die Bearbeitung von Widerständen, zur pragmatistischen Methode des experimentellen Handelns als Orientierungsprinzip der Lebensführung und zu den kooperativistischen Wurzeln des pragmatistischen Öffentlichkeitsbegriffs. Auf den zweiten Blick wird dann auch klar, dass und wie Sennett, entgegen dem ersten Anschein, einen genuinen Beitrag zum aktuellen Pragmatismus leistet: Angesichts der Tatsache, dass bis zum Jahr 2050 zwei Drittel der Menschen in Städten leben werden, stellt sich die Frage, »wie […] Bewohnerinnen und Bewohner mit unterschiedlichen kulturellen, religiösen oder ethnischen Hintergründen dort eine friedliche Koexistenz führen [können]« (Sennett 2018: Klappentext). Die handlungs- und sozialtheoretischen Einsichten des Pragmatismus werden von Sennett auf dem Weg einer sowohl kulturgeschichtlichen wie -vergleichenden Auseinandersetzung mit den menschlichen, vor allem urbanen Lebens-, Wohn- und Arbeitsverhältnissen zu einem normativen und zukunftsorientierten Konzept der städtischen Lebensform verarbeitet. Sennett verbindet Pragmatismus mit Urbanismus.

Die folgenden Abschnitte beginnen damit, dass bereits Sennetts Frühwerk, in sachlicher Nähe zu Hannah Arendts Modell einer *vita activa*, auf die Erarbeitung der Grundlagen urbaner Öffentlichkeit zielt, in der sich Menschen im Streben nach persönlicher Entfaltung mit der Bereitschaft zur Kooperation und der Fähigkeit zur Toleranz einander wechselseitig als gleichwertige Glieder eines selbstbestimmten

Gemeinwesens herausfordern und anerkennen. In der Homo-Faber-Trilogie verbindet Sennett dann, so wird zweitens gezeigt, Aspekte eines Begriffs der im weiteren Sinne politischen Öffentlichkeit *à la* Hannah Arendt mit einer pragmatistischen Aufwertung des *animal laborans*. Die Öffentlichkeitsfähigkeit des *citoyen* wird von ihm, drittens, sukzessive zunächst in begrifflicher Nähe zum pragmatistischen Erfahrungsbegriff aus dem Humanitätspotential handwerklicher Arbeit herauspräpariert: In der praktischen Auseinandersetzung mit einer widerständigen Welt gewinnt der Einzelne ebenso ein Bewusstsein seiner Fähigkeiten wie der Bereicherung seines Weltverhältnisses durch *alter ego*. Umgekehrt, viertens, gewinnt die im Menschen angelegte Kooperationsbereitschaft durch die gemeinsame Bewährung an geteilten Handlungszielen eine Dimension reziprok vermittelter Sachorientierung, die ein Gegengewicht zu den bereits im Frühwerk Sennetts kritisierten identitären Gemeinschaftskonstrukten darstellt und daher zentral für das Zusammenleben unter Bedingungen städtischer Diversität ist. Aus den Grundlagen handwerklicher und kooperativer Weltbearbeitung ergeben sich schließlich, so der fünfte Abschnitt, Einsichten für das Wechselverhältnis von *ville* und *cité*, also der baulichen Struktur von Städten und der in ihr und durch sie ermöglichten Lebensformen. Die Kritik der modernen Arbeits- und Lebensverhältnisse ist schließlich vor dem Hintergrund seines pragmatistischen Urbanismus zu bewerten.

Urbane Lebensform und Öffentlichkeit

In *Civitas. Die Großstadt und die Kultur des Unterschieds* zeichnet Sennett (vgl. 1991: 174ff.) ein eindringliches Porträt seiner Lehrerin Hannah Arendt. Ihre Auffassung vom Politischen verdanke sich der Lebenserfahrung einer Exilantin. Arendt (2002/1958) überführe in *Vita activa oder Vom tätigen Leben* die Grunderfahrung der Entwurzelung in die politische Kategorie der Natalität, die von allen Bürgern eines Gemeinwesens das »Transzendieren der eigenen Identität« (ebd.: 179) auf den ideellen Freiraum von Argument und Debatte verlange, in dem die alle Mitglieder des Gemeinwesens betreffenden Belange in Rede und Widerrede ausgefochten werden. Insbesondere unter den Bedingungen der großstädtischen Diversität von Erfahrungshorizonten und Wertbindungen habe Arendt in der Berufung des Einzelnen auf vermeintliche Rechtsansprüche gemeinschaftlich geteilter Identitäten Sprengstoff für die politische Öffentlichkeit erkannt. Ihr Hauptgegner sei »die soziale Depression« (ebd.: 178), die auf dem Verlust der gesellschaftlichen Kohäsionskraft des Politischen beruht. Damit liefert Sennetts Porträt der jüdischen Intellektuellen und New Yorker Exilantin ein wichtiges Stichwort zu seinem eigenen Werk, denn sein erstes international öffentlichkeitswirksames Buch *Verfall und Ende des öffentlichen Lebens. Die Tyrannei der Intimität* (Sennett 1986/1974) geht von der Diagnose der von Arendt befürchteten sozialen Depression in den westlichen Gesellschaften aus.

Das Buch widmet der historisch dynamisierten Wechselbeziehung zwischen dem bürgerlichen Intimitätskult einerseits und der Erosion der öffentlichen Sphäre andererseits eine kulturhistorische Studie, die den Leser von der Öffentlichkeit des Ancien Régime über die öffentliche Sphäre im 19. Jahrhundert bis in die Gegenwart führt.

> »Wenn wir davon sprechen, was uns die Krise des öffentlichen Lebens im 19. Jahrhundert hinterlassen hat, dann meinen wir auf der einen Seite die fundamentalen Kräfte des Kapitalismus und des Säkularismus und auf der anderen Seite diese vier psychologischen Sachverhalte: unwillkürliche Charakterenthüllung, Überlagerung der öffentlichen Sphäre durch die private Vorstellungswelt, Abwehr durch Rückzug und, schließlich, Schweigen.« (Ebd.: 46)

Laut Sennett korreliert eine Kombination von sozialstrukturellen und kulturgeschichtlichen Faktoren der Individualisierung mit der Preisgabe des öffentlichen Raums zugunsten einer privaten oder durch partikulare Gemeinschaftsbildung geprägten Sphäre expressiver Selbstverwirklichung. Die Entgrenzung der Intimität sei durch das Bestreben nach Ausbildung gegeneinander abgegrenzter Identitäten ohne Anspruch auf Universalisierung oder reziproker Verständigung charakterisiert.

Sennett hat seine Diagnose als eine Umkehrung der Argumentation David Riesmans dargestellt, die die soziale Transformation von einer ›innen-geleiteten‹ zu einer ›außen-geleiteten‹ Gesellschaft behauptet (vgl. ebd.: 18). Damit verbindet sich Sennetts normative Aufwertung der ›Außenleitung‹ im Sinne der prinzipiell wohlwollenden Handlungsorientierung an der Verschiedenheit der vom eigenen Handeln betroffenen Mitbürger gegenüber der ›Innenleitung‹ durch die Gefühlsregungen und Willensbestrebungen eines vermeintlich authentischen Persönlichkeitskerns. Die Regelung der öffentlichen Angelegenheiten, insbesondere urbaner Lebensformen, ist laut Sennett auf die Einübung des ›außen-geleiteten‹ Charakters angewiesen. Ihr Ergebnis ist die Zivilisiertheit des Menschen, ein Verhalten, das Distanz mit Geselligkeit verknüpft (vgl. ebd.: 335) und vor allem in der städtischen Lebensform realisiert wird oder doch zumindest realisiert werden sollte: »In dem Maße, wie die Menschen lernen können, ihre Interessen in der Gesellschaft entschlossen und offensiv zu verfolgen, lernen sie auch, öffentlich zu handeln. Die Stadt sollte eine Schule solchen Handelns sein [...].« (Ebd.: 428) Sie ist der Ort der institutionalisierten Halbdistanz zwischen den Menschen, die einander fremd bleiben können, während sie sich miteinander über die Formen des Zusammenlebens verständigen. »Das exponierte, nach außen gewendete Leben der Stadt kann kein einfaches Spiegelbild des inneren Lebens sein.« (Sennett 1991: 13)

Eine pragmatistische Theorie des öffentlichen Lebens

Sennetts Würdigung der Persönlichkeit und Philosophie Hannah Arendts verbindet sich mit einer Kritik an den Defiziten ihrer Theorie. Arendts Öffentlichkeitsbegriff setzt, wie er darlegt, eine geistesaristokratische Deutung des *zoon logon echon* voraus, die der menschlichen Lebenswirklichkeit nicht gerecht wird. In *Civitas* argumentiert er, Arendt habe die Affektdimension des Mitgefühls für das funktionierende Gemeinwesen nicht hinreichend berücksichtigt. Dabei geht es Sennett, der sich in seinen Büchern wiederholt auf Adam Smiths *Theorie der ethischen Gefühle* bezieht (vgl. ebd.: 133ff., 286; 2012: 37f.;

2018: 364f.), im Wesentlichen um die Fähigkeit und Bereitschaft, die Perspektivendifferenz einer fremden Lebensführung anerkennen zu können: Für Smith sei »›Sympathie‹ im Sinne von Mitgefühl [...] die Eroberung des Andersseins, indem man so tut, als sei es einem vertraut« (Sennett 1991: 134). Sennett will einen Schritt weitergehen und revoziert Smiths Als-ob-Konstruktion: Das rechtverstandene Mitgefühl ziele auf wechselseitige Anteilnahme im Bewusstsein der Grenze, die dem Verstehen der jeweils unüberwindbar unvertrauten Andersheit des Anderen gezogen ist (vgl. ebd.: 193f.). »Bewusstsein von Grenzen auszubilden bedeutet, daß man im gesellschaftlichen Leben weder die Vorherrschaft gewinnt noch unterliegt, sondern daß man den Raum dazwischen einnimmt.« (Ebd.: 271)

In *Handwerk* wiederum stellt Sennett (2008) fest, Arendt habe die Erfahrungsdimension der Arbeit für das funktionierende Gemeinwesen verkannt. In Anlehnung an Aristoteles bringt Hannah Arendt in *Vita activa* das Spektrum menschlicher Tätigkeitsarten in eine Stufenfolge von den der menschlichen Reproduktion dienenden Arbeiten über solche des Herstellens von Gütern bis zur Praxis des öffentlichen Handelns. Demnach kann der Mensch erst in dieser letzten und höchsten Tätigkeitssphäre die ihm als vernunft- und sprachbegabtem Wesen eigenen Fähigkeiten zur Entfaltung bringen. Sennett betont, dass Arendts Orientierung des Öffentlichkeitsbegriffs an der Praxis von Rede und Widerrede auf einer Dichotomisierung des *animal laborans*: des Menschen als »ein zu Routinetätigkeiten verdammter Kuli« (ebd.: 15), und des *homo faber*: des Menschen als verständiger Richter über die Arbeit beruht. »In Arendts Augen tritt der Verstand in Aktion, wenn die Arbeit getan ist.« (Ebd.) Die Pointe von Sennetts Gegenentwurf zu Arendts *Vita activa* besteht nun darin, dass er die Begründung einer befriedeten Koexistenz in einer von Diversität geprägten Gesellschaft durch eine öffentliche politische Kultur aus der Struktur menschlicher Weltbearbeitung *bottom up* entwickeln will: »*Animal laborans* könnte *Homo faber* als Führer dienen.« (Ebd.: 18)

Bei der Einforderung sowohl der Affektdimension des öffentlichen Austauschs unter Fremden als auch der Erfahrungsdimension der Weltbearbeitung als Komponenten einer Theorie der politischen Kultur beruft sich Sennett auf den Pragmatismus. Während er sich in *Civitas* mit dem Gedanken der reziproken Selbstpreisgabe der einander fremden Bürger in den Zwischenraum einer durch Mitgefühl basierten Verständigung an John Deweys Auszeichnung intersubjektiver Widerstandserfahrungen als Nukleus lebenspraktischer Lernprozesse anlehnt (vgl. Sennett 1991: 269f.), greift er in *Handwerk* zur Verteidigung der Bedeutung des *animal laborans* für die Bewahrung einer öffentlichen politischen Kultur auf das Selbstverständnis des Pragmatismus zurück, philosophische Fragen in das »alltägliche Leben« (Sennett 2008: 26) einzubetten; die Erforschung von Handwerk und Technik sei nur »der logisch nächste Schritt in der fortdauernden Geschichte des Pragmatismus« (ebd.). Sennett geht werkgeschichtlich von einem normativen Öffentlichkeitsbegriff *à la* Arendt aus, um diesen dann im Anschluss an zentrale Theoreme des Pragmatismus, insbesondere aber der Philosophie John Deweys (mit expliziten Bezügen vor allem auf Dewey 1980, 1988), aus dem Fähigkeitspotential des alltäglichen Lebens zu entwickeln. Sennetts Homo-Faber-Trilogie, bestehend aus *Handwerk* (2008), *Zusammenarbeit* (2012) und *Die offene Stadt* (2018), entwickelt die zentralen Module dieser pragmatistischen Theorie des öffentlichen Lebens. Werden in *Handwerk* vor allem die Grundlagen dyadischer Interaktionsbeziehungen mit einer widerständigen Umwelt und die daraus ableitbaren normativen Kriterien einer gestaltrichtigen Auseinandersetzung mit der Gegenstandswelt herausgearbeitet, beleuchtet *Zusammenarbeit* primär die Vermittlung der Auseinandersetzung mit der Gegenstandswelt durch Formen des kooperativen Handelns. In dem Schlussband der Trilogie werden die jeweils an Fallbeispielen veranschaulichten Argumentationsstränge der früheren Bände in dem Konzept einer ›offenen‹ Stadt zusammengeführt.

Ein pragmatistischer Erfahrungsbegriff

Zentral für das Verständnis Sennetts ist der pragmatistische Erfahrungsbegriff: Erfahrung basiert demnach auf dem organischen Schaltkreis von Reiz und Reaktion (vgl. Dewey 2003: 230ff.). Reiz und

Reaktion bilden einen organischen Schaltkreis, »weil die motorische Reaktion den Reiz bestimmt, genauso zutreffend, wie der sensorische Reiz die Bewegung bestimmt« (ebd.: 236); es handelt sich bei Reiz und Reaktion also um »Unterscheidungen von flexiblen Funktionen [...], nicht Unterscheidungen von festen Dingen« (ebd.: 237), und zwar innerhalb einer übergreifenden Verhaltens- bzw. Handlungssequenz: »Letzten Endes hängt, was wir sehen, hören, fühlen, schmecken und riechen, von dem ab, was wir tun, und nicht umgekehrt.« (Mead 1980: 123) Der pragmatistische Erfahrungsbegriff impliziert die Aspekte von Verkörperung (a), Widerstand (b) und Experiment (c) sowie schließlich von Gewohnheit (d).

(a) Der organische Reiz-Reaktions-Schaltkreis stellt die Grundlage für die »Kontinuität der niedrigeren (weniger komplexen) und der höheren (komplexeren) Tätigkeiten und Formen« (Dewey 2008: 38) im biologischen Lebenszusammenhang des Menschen dar. Auf der handlungsförmigen Austauschbeziehung zwischen dem menschlichen Organismus und seiner Umwelt beruht also die grundlegende Verkörperung von Bedeutung. »An embodied view [...] situates meaning within a flow of experience that cannot exist without a biological organism engaging its environment. Meanings emerge ›from the bottom up‹ through increasingly complex levels of organic activity« (Johnson 2008: 10).

(b) Entscheidend für die pragmatistische Bestimmung der Erfahrung ist die Berücksichtigung von unvorhersehbaren Widerständen in der Auseinandersetzung mit der Umwelt: »the sense of collision or clash« (Peirce 1992: 233), der einerseits eine bis dahin reibungslose Praxis in eine Krise führen, andererseits zur Quelle von Kreativität werden kann. Soll Leben weiterbestehen, »so bedeutet dies [...] ein Überwinden von Widerständen und Konflikten«, die in »verschiedenartige Aspekte eines kraftvolleren und bedeutungsreicheren Lebens« umgewandelt werden (Dewey 1988: 25).

(c) Kreative Krisenbewältigung beruht auf experimenteller Offenheit für die Erprobung von Lösungsstrategien.

> »To ›learn from experience‹ is to make a backward and forward connection between what we do to things and what we enjoy or suffer

from things in consequence. Under such conditions, doing becomes a trying; an experiment with the world to find out what it is like; the undergoing becomes instruction – discovery of the connection of things.« (Dewey 1980: 147)

(d) Aus Krisenlösungen müssen zur Beförderung des »good of activity« von Dewey sogenannte ›gute Gewohnheiten‹ hervorgehen. Sie beschränken sich nicht auf Routinen, in denen sich ein Handlungsprofil mechanisch reproduziert, sondern in ihnen verfestigt sich die freiheitliche Tätigkeit der Willensbildung und -ausübung zu stabilen, aber veränderungsoffenen Handlungssequenzen (vgl. Dewey 1983: 15).

Die pragmatistischen Theoreme der Verkörperung kultureller Bedeutungen, des Handlungswiderstandes, des experimentellen Charakters menschlichen Handelns sowie der Gewohnheit werden von Sennett in der Homo-Faber-Trilogie zu intellektuellen Impulsgebern einer urbanistischen Theorie der im weiteren Sinne politischen Kultur. Grundlegend dafür ist Sennetts Bekenntnis zum pragmatistischen Erfahrungsbegriff (vgl. Sennett 2008: 379). In *Handwerk* zeichnet er die Verschränkung der verschiedenen Aspekte des erfahrungsförmigen Weltverhältnisses des Menschen am Beispiel des Strukturwandels der Arbeit und ihrer Organisation von der mittelalterlichen Werkstatt über die Fabrik des 19. Jahrhunderts bis zum modernen Großstadtbüro nach. Die Fallbeispiele werden historisch eingebettet in die Auseinandersetzung mit der Sozialstruktur des mittelalterlichen Meister-Schüler-Verhältnisses, die Hochschätzung des Handwerks in der Aufklärung, die Kontroverse über den Wert der mechanisierten Arbeit im Zuge der Industrialisierung sowie den Strukturwandel der Arbeit durch Digitalisierung und speziell die Computersimulation von Arbeitsaufgaben. Die Pointe des Buchs besteht in der These, dass mit dem Bedeutungsverlust des handwerklichen Könnens und seiner kooperativen Koordination eine die politische Kultur gefährdende Wirklichkeitsverarmung einherzugehen droht; das Realitäts- und Sozialitätspotential des werkstattförmig organisierten Handwerks sei nicht ohne Weiteres auf dem Wege der Rationalisierung und kapitalistischen Produktivitätssteigerung substituierbar. Das Buch ist ein Plädoyer für das Handwerk als Medium einer kreativitätsförderlichen Auseinandersetzung mit der Wirklichkeit, die zu Formen nicht der identitären, sondern der *sachorientierten* Vergemeinschaftung zwischen den miteinander Arbeitenden führe und damit die Grundlage für eine wechselseitige Anerkennung im öffentlichen Raum schaffe.

Handwerkliches Können sei wesentlich bestimmt durch das Engagement des Handwerkers für die adverbielle Güte seiner Tätigkeit (vgl. ebd.: 33), die sich auf dem Wege der Einübung von Fertigkeiten einstellt (vgl. ebd.: 56, 73) und dabei auf einen »Rhythmus des Übens, der ein Gleichgewicht zwischen Wiederholen und Antizipieren herstellt« (ebd.: 237), angewiesen ist. Große Bedeutung kommt folglich der Verkörperung impliziten Wissens zu, insbesondere durch »die Verbindung zwischen Hand und Kopf« (ebd.: 201) in der Auseinandersetzung mit dem widerständigen Arbeitsmaterial. Dabei bilden die Antizipation des Materialkontakts, die Berührung, das sprachliche Erkennen und die Reflexion der ausgeübten Tätigkeit Phasen der Bedeutungsbildung in der Auseinandersetzung mit der Wirklichkeit, die Sennett in Anlehnung an die philosophische Anthropologie von Raymond Tallis unter den Begriff der ›Prehension‹ fasst (vgl. ebd.: 209; Tallis 2003). Wachsende Materialbeherrschung entwickele sich nicht nur beim Herstellen, sondern auch beim Reparieren (vgl. Sennett 2008: 266ff.). Schwierigkeiten sollten in der Ausübung dieser Tätigkeiten »als etwas Positives« (ebd.: 64) erlebt werden, da wir, wie er unter Verweis auf Deweys Handlungstheorie schreibt, »die Widerstände, auf die wir treffen, verstehen müssen und nicht aggressiv bekriegen dürfen« (ebd.: 300). Zielführend sei ein experimenteller Umgang mit dem Gegenstand der Bearbeitung, insbesondere beim sogenannten »dynamischen Reparieren«, das das reparierte Teil in Form und Funktion verändert (ebd.: 267) sowie bei der erfinderischen Anpassung von Werkzeugen an neuartige Handlungsprobleme (vgl. ebd.: 362). Hier zeige sich der ontogenetisch enge Zusammenhang zwischen dem Spiel und der Befähigung zur Arbeit (vgl. ebd.: 357ff.). Handwerkliches Können verankert Sennett zusammengefasst in drei elementaren Fähigkeiten: zu lokalisieren, zu fragen und zu öffnen. »Bei der ersten Fähigkeit geht es darum, Dinge konkret zu machen, bei der zweiten darum, über deren Qualitäten nachzudenken, und bei der dritten schließlich, deren Bedeutung zu erweitern.« (Ebd.: 368)

Ein pragmatistischer Arbeitsbegriff

Wie der von Sennett dem handwerklichen Können zugrunde gelegte Erfahrungsbegriff mit seinen Aspekten der Verkörperung von Bedeutung, der Gewohnheitsbildung gelingender Praxis, der Widerstandsoffenheit bei der Materialerkundung und der Experimentierfreudigkeit bei der Problemlösung genuin pragmatistisch bestimmt ist, so steht auch Sennetts Wertschätzung der Werkstatt als institutionalisierter Ort der sozialen Kooperation in der Tradition des Pragmatismus. Ein wesentliches Kennzeichen des Pragmatismus sei die Annahme, »dass zwischen dem Organischen und dem Sozialen ein kontinuierlicher Übergang besteht« (ebd.: 384). Damit trifft Sennett den für Deweys Pragmatismus eigentümlichen »historischen Naturalismus« (Randall 1958), der die unterschiedlichen Aggregationsebenen des Sozialen entwicklungsgeschichtlich aus der kooperativen Umweltbeziehung aufbaut. Dabei betont Dewey die intrinsische Verschränkung von individueller Selbstverwirklichung und Kooperation, die sich »im Sinne einer intersubjektivistischen Theorie der menschlichen Sozialisation« (Honneth 2002: 296) verstehen lässt:

> »Liberty is that secure release and fulfillment of personal potentialities which takes place only in rich and manifold association with others: the power to be an individualized self making a distinctive contribution and enjoying in its own way the fruits of association.« (Dewey 1954: 150)

Sennett greift diesen pragmatistischen Grundgedanken auf und konkretisiert ihn wiederum am Beispiel der werkstattförmig organisierten Arbeitsverhältnisse handwerklicher Tätigkeit.

Das handwerkliche Können zeige den Übergang zwischen Organischem und Sozialem »in Aktion« (Sennett 2008: 384). Besonders in der handwerklichen Koordination der Hände erkennt Sennett (vgl. ebd: 217) einen Hinweis auf das Gelingen der sozialen Kooperation: »Die Koordinierung der Hände funktioniert nur schlecht, wenn man sie [...] aus gesonderten individualisierten Tätigkeiten zusammenzusetzen versucht. Weit besser funktioniert sie, wenn beide Hände von Anfang an zusammenarbeiten.« (Ebd.: 221) Die Werkstatt würdigt er als institutionalisierten Ort sachorientierter Vergemeinschaftung auf dem Wege der kooperativen Auseinandersetzung mit dem Arbeitsmaterial; die Autorität der Handwerker beruhe auf der Qualität ihrer Fähigkeiten und sei daher in der Sache begründet (vgl. ebd.: 79, 87, 103). Wie uns unsere gemeinsame Fähigkeit zur Arbeit eine Erfahrung von Selbstmächtigkeit vermittelt, so lehrt sie uns auch, »wie wir uns selbst regieren und auf gemeinsamer Grundlage Bindungen zu unseren Mitbürgern herstellen können« (ebd.: 356). Es ist der zweite, unter dem Titel *Zusammenarbeit* erschienene Band der Homo-Faber-Trilogie, der das Entwicklungspotential handwerklicher Kooperation für ein soziales Gemeinwesen an kulturgeschichtlichen und -vergleichenden Fallbeispielen erkundet. Dabei führt Sennett seine Ausführungen in *Handwerk* zur Ausübung handwerklicher Arbeit und ihrer Organisation in der Werkstatt weiter aus (vgl. Sennett 2012: 267ff.).

In der gut geführten Werkstatt verkörpert sich Sennett zufolge das soziale Dreieck »aus verdienter Autorität, wechselseitigem Respekt und Kooperation während einer Krise« (ebd.: 202). Es werde in diesem Arbeitszusammenhang durch informelle Gesten »physisch oder nonverbal« (ebd.: 275) erlebt, wie er am Beispiel der Zusammenarbeit in einer Geigenbauwerkstatt illustriert. Damit werde die Werkstatt auch zur Keimzelle einer Kooperation, »die versucht, Menschen zusammenzubringen, die unterschiedliche oder gegensätzliche Interessen verfolgen, die kein gutes Bild von einander haben, verschieden sind oder einander einfach nicht verstehen« (ebd.: 18). Die werkstattförmig organisierte handwerkliche Arbeit stiftet demnach Erfahrungen sachorientierter Vergemeinschaftung. Dies ist Sennett zufolge grundsätzlich der Fall, dient aber speziell auch der Förderung eines diversen Gemeinwesens und der Ermöglichung von Zusammenhalt zwischen Angehörigen sozial marginalisierter Gruppen. Sein Eintreten für einen Begriff der »von unten nach oben aufgebaute[n] Solidarität« (ebd.: 177) – gegen die Top-down-Politisierung durch Agitation – greift auf den Konflikt zwischen der sozialen und der politischen Linken in den USA zurück; dabei beruft Sennett sich auf die Gemeinwesenarbeit der Pragmatistin Jane Addams und der von ihr begründeten Schule (vgl. ebd.: 77f.; Seigfried 2000). Sennetts Buch schließt mit einer der vielen Referenzen seines Werks an seine Lehrerin Hannah Arendt:

> »Hannah Arendt verstand Gemeinschaftsleben als Berufung – allerdings nicht die Art von Gemeinschaft, wie sie der unmittelbaren Erfahrung der meisten Armen entspricht. Sie dachte an eine idealisierte politische Gemeinschaft gleichberechtigter Akteure. Wir wollen uns Gemeinschaft stattdessen als einen Prozess des In-die-Welt-kommens vorstellen, einen Prozess, in dem die Menschen den Wert direkter persönlicher Beziehungen und die Grenzen solcher Beziehungen herausarbeiten.« (Sennett 2012: 364f.)

Für das Verständnis dieses Prozesses konnte sich Sennett wiederholt und zu Recht auf den Pragmatismus berufen.

Pragmatismus und Stadtplanung

Mit *Die offene Stadt*, dem Schlussband der Homo-Faber-Trilogie, wendet Sennett das pragmatistische Modell der triadischen Weltbearbeitung auf die urbane Lebensform an. In Auseinandersetzung mit der Geschichte der Stadtplanung entfaltet er Kriterien dafür, dass die friedliche Koexistenz von Menschen unterschiedlicher Herkunft und Wertorientierung im urbanen Umfeld gelingen kann. Damit knüpft er wiederum der Sache nach an das Öffentlichkeitskonzept John Deweys an: »The characteristic of the public as a state springs from the fact that all modes of associated behavior may have extensive and enduring consequences which involve others beyond those directly engaged in them.« (Dewey 1954: 27) Die Trias von Welt, *ego* und *alter ego* wird von Dewey um die Systemstelle der Öffentlichkeit ergänzt, in der die Handlungsfolgen triadischer Weltbearbeitung für das Gemeinwesen zum Gegenstand des diskursiven Streits gemacht werden. Voraussetzung dafür ist, dass die Einwohner ihre Stadt auch als einen Raum des gemeinsamen öffentlichen Interesses wahrnehmen können. Die bauliche Struktur (*ville*) muss so beschaffen sein, dass sie bürgerschaftliches Engagement ermöglicht (*cité*) (vgl. Sennett 2018: 83ff.). Sennett beruft sich erneut auf Dewey, um die Bereitschaft und Fähigkeit, im Miteinander Widerstände zu erleben und zu tolerieren, als Schlüssel des Zusammenlebens unter Bedingungen städtischer Diversität auszuzeichnen (vgl. ebd.: 189, 297f.). Widerstands- und Reibungserfahrungen förderten Reflexion und Kreativität (etwa in der Form des abduktiven Schließens, wie Sennett im Anschluss an Peirce andeutet; vgl. ebd.: 193).

Das gilt laut Sennett für die Widerstandserfahrung unübersichtlicher Räume, die durch das verkörperte Wissen der Ortskundigkeit angeeignet werden (vgl. ebd.: 218), ebenso wie für die Reibungserfahrungen im intersubjektiven Austausch unter Fremden, der die Ausbildung entsprechender Dialogpraktiken erfordert (vgl. ebd.: 236ff.). Ausführlich würdigt Sennett die US-amerikanische Architektur- und Stadtkritikerin Jane Jacobs, die sich für die »Vorzüge unregelmäßiger, nichtlinearer, ergebnisoffener Entwicklungspfade« (ebd.: 104) der Stadtplanung eingesetzt hat und dabei in sachlicher Nähe zu der vom Pragmatismus beeinflussten Chicagoer Schule der Stadtsoziologie (vgl. ebd.: 84ff.) die Teilnehmerperspektive der von städtebaulichen Änderungen betroffenen Bürger als planungsrelevant eingeklagt hat. Die offene Stadt entwickelt sich *bottom up* unter Berücksichtigung der Erfahrungen ihrer Bürger, auf der Grundlage der Kooperation, durch die Berücksichtigung von Freiräumen kalkulierter Reibungserfahrung und im öffentlichen Austausch einer auf diesen Erfahrungen aufbauenden politischen Kultur. Der Sozialitätsbegriff aus *Zusammenarbeit* wird in *Die offene Stadt* urbanistisch gewendet:

> »›Sozialität‹ bezeichnet ein Gefühl begrenzter Brüderlichkeit mit anderen, das auf einer gemeinsamen unpersönlichen Aufgabe basiert. Solche begrenzte Brüderlichkeit entsteht, wenn Menschen etwas gemeinsam tun, statt nur zusammen zu sein. In der Stadtplanung spielt Sozialität eine entscheidende Rolle.« (Ebd.: 321)

Zusammenfassung

Sennetts Werk entwickelt einen normativen Begriff politischer Kultur für die moderne, zunehmend urban geprägte Gesellschaft. Im systematischen Ausgang von dem pragmatistischen Erfahrungsbegriff über eine ebenfalls pragmatistisch inspirierte Konzeption städtischer Arbeits- und Lebensverhältnisse gelangt er zu einem Modell von Urbanität, das Diversität mit Kooperation, wechselseitige Anerkennung mit einer konfliktfähigen Streitkultur verknüpft. Die Entwicklung seiner Ideen ist dabei stets verflochten mit einer phänomennahen Beschreibung und Analyse urbaner Fehlentwicklungen, deren Kriterien er ebenso seinem pragmatistischen Ansatz verdankt wie er umgekehrt diesen am Studium gelingender städtischer Lebensweisen geschärft hat. Eine Erosion politischer Kultur identifiziert er auf mehreren Ebenen: Auf der Ebene der arbeitsförmigen Weltbeziehung erkennt er in Verfahren der Rationalisierung und Automatisierung (und ihrer Zunahme von Routinen bei der Ausübung geringqualifizierter Arbeit) Gefahren ebenso eines Verlustes an Material- und damit von Widerstands- und Realitätsbewusstsein wie an Selbstbewusstsein der am Arbeitsprozess Beteiligten (vgl. Sennett 1998). Auf der Ebene der Zusammenarbeit sieht er in der Flexibilisierung von Arbeitsverhältnissen und der Verschärfung von Konkurrenz Tendenzen der Abnahme von Kooperationsfähigkeit (vgl. ebd.; Sennett 2012). Und auf der Ebene des urbanen Zusammenlebens beobachtet er dirigistische Stadtplanungen mit dem Primat der Funktion und funktionalen Differenzierung städtischer Leistungen gegenüber der Erfahrungsperspektive der Lebenspraxis (vgl. u.a. Sennett 2018: 91ff., 183ff.) sowie den Verlust öffentlicher Räume. Die Zukunftsentwürfe der »Smart Cities« bringen den Zusammenhang dieser Ebenen kondensiert zum Ausdruck (vgl. ebd.: 179ff.). Die Art und Weise ihrer künftigen Verwirklichung wird über die Zukunft des Gemeinwesens entscheiden.

Literatur

Arendt, H. 2002 (1958): Vita Activa oder Vom Tätigen Leben. München.
Dewey, J. 1954 (1927): The public and its problems. Denver.
Dewey, J. 1980: Democracy and education. In: Ders.: The middle works. Bd. 9. Carbondale/Edwardsville.
Dewey, J. 1883: Human nature and conduct. In: Ders.: The middle works. Bd. 14. Carbondale/Edwardsville.
Dewey, J. 1988: Kunst als Erfahrung. Frankfurt a.M.
Dewey, J. 2003: Die Elementareinheit des Verhaltens. In: Ders.: Philosophie und Zivilisation. Frankfurt a.M.: 230-244.
Dewey, J. 2008: Logik. Die Theorie der Forschung. Frankfurt a.M.
Festl, M.G. (Hg.) 2018: Handbuch Pragmatismus. Stuttgart.
Honneth, A. 2000: Demokratie als reflexive Kooperation. John Dewey und die Demokratietheorie der Gegenwart. In: Ders.: Das Andere der Gerechtigkeit. Aufsätze zur praktischen Philosophie. Frankfurt a.M.: 282-309.
Johnson, M. 2008: The meaning of the body. aesthetics of human understanding. Chicago.
Mead, G.H. 1980: Die Definition des Psychischen. In: Ders.: Gesammelte Aufsätze, Bd. 1. Frankfurt a.M.: 83-148.
Peirce, C.S. 1992: The essential Peirce. Selected philosophical writings. Bd. 1. Bloomington.
Randall, J.H. 1967: Nature and historical experience. Essays in naturalism and in the theory of history. New York.
Seigfried, C.H. 2000: Feminism and the writings of American women. In: Stuhr, J.J. (Hg.): Pragmatism and classical American philosophy. Essential readings and interpretive essays. Oxford: 625-631.
Sennett, R. 1986 (1974): Verfall und Ende des öffentlichen Lebens. Die Tyrannei der Intimität. Frankfurt a.M.
Sennett, R. 1991 (1990): Civitas. Die Großstadt und die Kultur des Unterschieds. Frankfurt a.M.
Sennett, R. 1998: Der flexible Mensch. Die Kultur des neuen Kapitalismus. Berlin.
Sennett, R. 2008: Handwerk. Berlin.

Sennett, R. 2012: Zusammenarbeit. Was unsere Gesellschaft zusammenhält. München.

Sennett, R. 2018: Die offene Stadt. Eine Ethik des Bauens und Bewohnens. Berlin.

Skala, D. 2015: Urbanität als Humanität. Anthropologie und Sozialethik im Stadtdenken Richard Sennetts. Paderborn.

Tallis, R. 2003: The hand. A philosophical inquiry into human being. Edinburgh.

Ethik

Ruth Großmaß

Moralität und Ethik – zur normativen Dimension der Sozialtheorie Richard Sennetts

Versucht man die Arbeiten Richard Sennetts als einen sich seit dem Ende der 1960er Jahre entfaltenden Denkzusammenhang zu verstehen, dann fallen – trotz thematischer Fokusverschiebungen – drei Themenstränge auf, die den Autor durchgängig beschäftigen: die Stadt als Raum, in dem und durch den soziales Leben strukturiert wird; die psychischen Effekte von Orten, Praktiken und Arbeitsverhältnissen sowie die Frage, wie sich unter Bedingungen der Moderne ein Leben organisieren lässt, »das man nicht nur ertragen, sondern gut finden kann« (Sennett 1969: 9; deutsch R.G.). Bei der Bearbeitung der damit verbundenen Fragen nimmt Sennett sowohl hinsichtlich der Verortung innerhalb der Wissenschaftsdisziplinen als auch bezüglich der verwendeten Methoden eine eigenwillige Position ein. In den theoretischen Traditionen des europäischen und US-amerikanischen Nachdenkens über gesellschaftliche Zusammenhänge und Entwicklungen verwurzelt, unternimmt er mit Rückgriff auf diese Traditionen immer wieder auch Neustarts, etwa bei der Definition von Stadtsoziologie bzw. Urbanistik oder methodisch – in der Verknüpfung von ethnologischen Feldbeobachtungen mit qualitativen Interviews, in der Einbindung philosophischer Reflexionen und persönlicher Erfahrungen. Solche Neustarts und Verschiebungen hinsichtlich des Themenfokus erfolgen häufig implizit, immer jedoch auf eine gesellschaftskritische Grundhaltung gestützt.

Was nun macht Sennetts Positionen gerade für eine Analyse von Moralität und Ethik interessant? Es ist eine alle Schriften durchziehende Nähe zur normativen Dimension des Sozialen; Sennett ist auf der Suche nach Möglichkeiten des »guten Lebens«.[1] Er wählt allerdings nicht den Weg der moralphilosophischen Reflexion, sondern untersucht in kritischer Perspektive Lebens- und Arbeitsweisen der Moderne, die gravierende Veränderungen des Alltagslebens zur Folge haben, auch und gerade hinsichtlich des Wohlbefindens der Individuen und der Tragfähigkeit sozialer Beziehungen. Sennett konstatiert einen wachsenden Verlust von Möglichkeiten der öffentlichen Begegnung, das Aufkommen und Dominieren von narzisstischen Formen der Intimität, eine Flexibilisierung der Persönlichkeit und die Segmentierung sozialer Milieus. Die durchgängig kritische Haltung diesen Phänomenen gegenüber ist von einer in allen Texten auffindbaren moralischen Positionierung getragen, die – quasi selbstverständlich die Gültigkeit dieser Rahmung voraussetzend – auf grundlegende Ungerechtigkeiten der US-amerikanischen Klassengesellschaft bzw. auf eine kapitalismuskritische Sicht der sich zunehmend globalisierenden Wirtschafts- und Produktionsweise Bezug nimmt.[2] Hinsichtlich des Spannungsfeldes von empirisch-analytischer Soziologie einerseits und normativer sozialtheoretischer Positionierung andererseits[3] gerät Sennett damit in eine nicht immer ganz einfache Zwischenposition.

---

1 Die Frage des ›guten Lebens‹ ist klassischer Weise ein Thema der philosophischen Ethik bzw. der Moralphilosophie. Allerdings ist Sennett nicht der einzige Soziologe, der sich für Fragen des guten Lebens interessiert. Als der zur Zeit wohl prominenteste Vertreter entsprechender Überlegungen im deutschsprachigen soziologischen Diskurs kann heute Hartmut Rosa (vgl. 2016: 14) gelten.

2 An den darin enthaltenen Setzungen wie an der Reichweite der Schlussfolgerungen ist Kritik formuliert worden. Interdisziplinär anschlussfähig ist Sennett dennoch und zwar vor allem als Ideengeber für das Verstehen sozialer Veränderungen und die Formulierung von Ansatzpunkten für Politik (vgl. Tweedie 2013).

3 Ein Spannungsverhältnis, das die Wissenschaftsdisziplin Soziologie von Beginn an durchzieht (vgl. Stichweh 2013) und das auch in der Sozialphilosophie für unterschiedliche Positionierungen sorgt (vgl. Röttgers 2012: 13-45, 2013: 35).

Die folgenden Überlegungen versuchen diese Schwierigkeit ernst zu nehmen, jedoch weder durch eine Kritik an den gesellschaftstheoretischen Annahmen noch durch Prüfung des empirisch Gesicherten seiner Aussagen. In den Blick genommen werden vielmehr Sennetts Thematisierungen von Moral. Ein Aspekt seines Denkens, der meist einfach hingenommen und kaum untersucht wird, der Sennetts Zwischenposition aber in besonderer Weise deutlich werden lässt. Moral kommt – implizit oder explizit – auf drei sehr unterschiedlichen Ebenen in Sennetts Arbeiten vor: Zum einen sind Fragen der Moral Teil seiner empirischen Forschung, wenn er etwa in Interviews nach erlebter oder fehlender *Solidarität*, nach *Anerkennung* oder *Gerechtigkeit* fragt. Zum anderen dienen eigene (politisch-)moralische Normen als Kritikfolie bei der Bewertung gesellschaftlicher Entwicklungen und auf einer dritten Ebene schließlich fasst er in einigen Schriften die Ergebnisse seiner Überlegungen in die Form einer expliziten *Ethik*. Die im Folgenden vorgenommene Analyse fragt nach der Tragfähigkeit der argumentativen Verknüpfung dieser unterschiedlichen Ebenen. Dafür ist es sinnvoll, zunächst den *Denkprozess* Sennetts so zu rekonstruieren, dass die jeweiligen argumentativen Verknüpfungen von Realitätsbeschreibungen, Analysen und Bewertungen sichtbar werden.

Etappen der Thematisierung von Moralität und Moral

Einige für die Wirksamkeit Sennetts wichtige Etappen der Entwicklung seines soziologischen Denkens seien zunächst skizziert. Dabei lassen sich drei Phasen unterscheiden: In den Arbeiten der 1960er und 1970er Jahre begegnet uns Sennett als Soziologe, der, von klassischen Sozialtheorien ausgehend, empirisch arbeitet bzw. Gespräche führt und Alltagsbeobachtungen aufgreift, um aktuelle gesellschaftliche Entwicklungen kritisch zu reflektieren und zu bewerten. In den letzten beiden Dekaden des 20. Jahrhunderts nimmt die Form der essayistischen Positionierung zunehmend mehr Raum ein; Sennett verschiebt sein Denken mehr und mehr in das Feld der Kultursoziologie. In den seit 2008 erschienenen drei Monographien – von Sennett zunächst als

Projekt, dann als Trilogie bezeichnet – tritt Sennett explizit als anthropologisch denkender Philosoph auf, der zentrale Themen, die ihn auch in den Arbeiten davor bereits beschäftigt haben, aufgreift und in neuer Weise bearbeitet. Da die Überzeugungskraft jeder moralischen und ethischen Positionierung von einer plausiblen Einbettung in Realitätsbeschreibungen sowie von der Tragfähigkeit der für ihre Geltung vorgebrachten Argumente abhängt, wird im Folgenden versucht, diese Schaltstellen der Argumentation zu beleuchten.

Studien, Essays, Empirisches – Etappe kritischer Sozialforschung bis 1972

Für diese Entwicklungsphase im Denken Richard Sennetts können drei Arbeiten als prägend gelten, was seine Position zur Moral und Moralität angeht – drei Arbeiten, die hinsichtlich ihres Theoriestatus sehr unterschiedlich sind. Bei der ersten handelt es sich um die Einleitung zu einem theoriegeschichtlichen Sammelband (Sennett 1969), der zweite Text (Sennett 1992/1970) wählt die Form eines Essays und der dritte Text, die gemeinsam mit Jonathan Cobb durchgeführte Studie (Sennett/Cobb 1993/1972), basiert im Wesentlichen auf empirischen Untersuchungen. Gemeinsam ist allen drei Arbeiten die Orientierung an Theorie und Empirie der Soziologie.

Für das Thema Moralität und Ethik ist an diesen drei Arbeiten besonders interessant, dass die normative Dimension zwar nicht das zentrale Thema ist, aber mit großer Selbstverständlichkeit auf zwei Ebenen zur Sprache kommt: Moral wird einerseits als kulturell verankerter Aspekt der gesellschaftlichen/städtischen Ordnung gesehen, zum anderen als etwas, das Mitglieder einer community oder einer Ethnie teilen. Beides kann in einem produktiven oder irritierenden Spannungsverhältnis stehen. Die Turbulenzen der Moderne (Migration, Veränderung der Arbeitswelt und politische Planung der Infrastruktur) zeigen dieses Spannungsverhältnis vor allem als irritierendes. Empirische Grundlage für dieses Analyseergebnis sind Studien in US-amerikanischen Stadtgesellschaften, mit dem Schwerpunkt der männlichen Arbeiterschaft der zweiten bzw. dritten Generation von Migrant*innen[4]. Die Kriterien für die eigene normative Bewertung der Untersuchungsergebnisse entnimmt Sennett – darin mit seinen Gesprächspartnern durchaus übereinstimmend – geteilten demokratischen Grundüberzeugungen: gleicher Anspruch auf *Würde, Chancen-Gerechtigkeit* und *Solidarität.*

Kulturhistorische Reflexionen bis 2002

Ab Mitte der 1970er Jahre verschiebt sich Sennetts Interesse mehr und mehr in Richtung einer historisch sich vergewissernden Kultursoziologie. Er arbeitet an einer Theorie des öffentlichen Ausdrucks (vgl. Sennett 2008a/1974); er setzt sich damit auseinander, welche Auswirkungen die Demontage traditioneller Formen von Autorität in der Moderne für die Lebenssituationen der Menschen im letzten Drittel des 20. Jahrhunderts hat (vgl. Sennett 2008b/1980); und er interessiert sich für ein neues, durch die kapitalistische Wirtschaftsform entstehendes Problem: die Flexibilisierung von Arbeitsverhältnissen und Biographien (vgl. Sennett 1998). Schließlich wendet er sich explizit der moralisch besetzten Kategorie ›Respekt‹ zu (vgl. Sennett 2002). Die zuvor bearbeiteten Themen – die Gestaltung des öffentlichen Raumes, die psychosozialen Auswirkungen einer sich ändernden Gesellschaft und die Effekte zunehmender (sozialer wie geographischer) Mobilität auf Moral und Moralität – bleiben weiterhin im Fokus.

Schaut man sich die vier Studien dieser Etappe unter dem Gesichtspunkt an, welche Rolle moralische Normen bzw. moralisch begründete Forderungen an Sozialtheorie und Politik darin spielen, dann ist deutlich, dass einige der in früheren Arbeiten eher beiläufig thematisierten normativen Aspekte nun zu expliziten Stichworten der Reflexion werden (Würde, Respekt, Selbstachtung) und neue normative Positionierungen (zu il/legitimer Autorität, zu Verantwortung für das

---

4 Das Gendersternchen wird in diesem Beitrag immer dann verwendet, wenn alle Geschlechtsidentitäten angesprochen sind, ohne dass dies in anderer Weise sprachlich deutlich würde. Das bedeutet im Umkehrschluss: Männliche Personenbezeichnungen werden für männliche Personen genutzt.

Gemeinwesen) hinzukommen. Dabei werden auch Ergebnisse und Thesen aus früheren Arbeiten fortgeschrieben und argumentativ genutzt, ohne in ähnlicher Weise methodisch-empirisch belegt zu sein. Sennett erweitert und verschiebt sowohl sein methodisches Spektrum (es gibt zahlreiche Bezüge zur Ethnologie) als auch die untersuchten gesellschaftlichen Felder (die Soziale Arbeit nimmt einen großen Raum in seinen Überlegungen ein). Obwohl Sennett seine eigenen moralisch-politischen Positionierungen vorwiegend als positive Wendung zuvor kritisierter Zustände formuliert, gehen die Schlussfolgerungen doch häufig darüber hinaus. Das ›Wir‹ als Subjekt sowohl philosophisch-anthropologischer Überlegungen (in der ›Trilogie‹ dann die bestimmende Perspektive) als auch des politischen Handelns entsteht in *Der flexible Mensch* (Sennett 1998) fast nebenbei.

Handwerk, Zusammenarbeit, offene Stadt – das philosophische Projekt 2008-2018

Die drei zwischen 2008 und 2018 publizierten Monographien hat Sennett als ein zusammenhängendes und aufeinander aufbauendes Projekt geplant. Es geht ihm darum, die in seinen bisherigen Arbeiten wichtig gewordenen Dimensionen menschlichen Zusammenlebens – Arbeit mit Dingen, Zusammenarbeit und Kommunikation sowie eine Gestaltung des öffentlichen Raumes für ein gutes Leben – nun philosophisch-anthropologisch auszuarbeiten und zu begründen. Im Prolog für das Gesamtprojekt nimmt Sennett den »Mythos der Pandora« (Sennett 2008c: 9ff.) zum Ausgangspunkt, um die ihn beschäftigende Beunruhigung zu verdeutlichen: Menschliches Tun, geprägt von Neugier und dem »Wunsch eine Arbeit um ihrer selbst willen gut zu machen« (ebd.: 19) ist von einer grundsätzlichen Ambivalenz gekennzeichnet: Es kann Möglichkeiten des guten Lebens hervorbringen und es kann auch zur Destruktion aller Lebensbedingungen führen.

Damit treten Moral und Ethik in den Vordergrund. Die im Laufe seiner bisherigen Arbeiten entwickelte Argumentationsstruktur behält Sennett bei; die Argumentationsrichtung aber kehrt sich in der Trilogie um: Die drei Themen – Herstellen, Kooperieren, Wohnen – werden nun als quasi-universelle gesetzt. Philosophisch-anthropologische Überlegungen werden genutzt, um die generelle Gültigkeit von normativen Forderungen zu begründen, die sich in den bisherigen Analysen herauskristallisiert haben bzw. nun historisch-narrativ entwickelt werden. Das heißt, Sennett wechselt nun endgültig die Disziplin, der kritische Soziologe bzw. Sozialtheoretiker wird zum normativ denkenden Sozialphilosophen. Damit verbunden ist eine veränderte Bezugnahme auf historisches Material. Sennett stützt sich auf *Erfahrungen* – historische Erfahrungen, Reflexionen anderer Autoren über menschliche Existenzbedingungen *und* eigene Erfahrungen (als Bürger, als Einzelperson und als Stadtplaner).

Handwerk (Sennett 2008c) macht den Auftakt des neuen Projekts; im Zentrum steht ein ›guter‹ Umgang mit den Dingen, eine Form des Herstellens, die es ermöglicht, die ethische Dimension dieser Tätigkeit (Reflexion der Zwecke und Überlegungen zur Nachhaltigkeit) in die Praktiken einzubinden. In *Zusammenarbeit* (Sennett 2012) liegt ein wichtiger Akzent auf den kommunikativen Erfordernissen, was darauf zurückzuführen ist, dass sich Sennett vor allem für die Möglichkeiten guter Zusammenarbeit unter Fremden interessiert. Höflichkeit und Zuhören-Können werden zu wichtigen Tugenden. Dialektik, Dialogik und Empathie werden als Kompetenzen herausgearbeitet, die der Kultivierung bedürfen. Und partizipative Formen der Gemeinwesenarbeit kommen zum Einsatz gegen die »perverse Macht« (ebd.: 373) einer auf die eigene Gruppe bezogenen Solidarität. In seiner Arbeit zum Leben in der Stadt (vgl. Sennett 2018) entstehen interessante Ideen für eine den Bewohner*innen nützliche und den klimatischen Herausforderungen des 21. Jahrhunderts entsprechende Gestaltung des städtischen Raums, die einer normativen Verstärkung nur insofern bedürfen, als von der Haltung der beteiligten Personen (sowohl auf Seiten der Bürger*innen als auch auf Seiten der Planenden) eine *aktive Verantwortungsübernahme* gefordert ist und *Bescheidenheit* verlangt wird hinsichtlich der eigenen Interessen und Gruppenzugehörigkeit.

Kritische Fragen zum Theorie-Status der Arbeiten Sennetts

Innerhalb des deutschsprachigen sozio-politischen Diskurses ist Sennett vor allem über Ideen wirksam geworden, die aus seinem späten Denken stammen. Dazu gehört die Hervorhebung der Machtdimension ›flacher‹ Organisationsstrukturen (vgl. Brüsemeister 2000), die Bedeutung der Entwicklung von ›Können‹ für die Selbstachtung der Einzelnen (vgl. Honneth 2008), das Wissen um die soziale Bindung ›echter‹ Kooperation (vgl. Vašek 2013) und die Bedeutung des offenen städtischen Raumes für eine demokratische Politik (vgl. Holm u.a. 2018).

In den zwischen 2008 und 2018 erschienenen und als Trilogie markierten Monographien greift Sennett einige dieser Themen als eigenständige auf. Diese Arbeiten werden meist als in sich geschlossene Konzeptionen wahrgenommen. Sie basieren aber auf den Ergebnissen früherer Arbeiten, was insbesondere für die von Sennett angenommene Dringlichkeit der zu lösenden Aufgaben gilt. Unproblematisch ist die damit gegebene Kontinuität von Thesen, Problemdiagnosen und gesellschaftskritischen Positionierungen deshalb nicht, weil Rückbezüge häufig implizit erfolgen und Sennetts Denken selten durch eine sorgfältige methodologische und erkenntniskritische Reflexion begleitet ist. Ungenauigkeiten und Generalisierungen, die dadurch entstehen, werden in den Essays und den anthropologischen Reflexionen fortgeschrieben. Ein kritischer Blick auf die argumentative Verknüpfung von Analysen und Untersuchungen, in denen die zentralen Thesen entstanden sind, ist deshalb auch für eine moraltheoretische Einschätzung der Arbeiten Sennetts sinnvoll.

Den Theoriestatus von Sennetts Arbeiten zu bestimmen, ist nicht ganz einfach. In den ersten beiden o.g. Phasen seiner Theorieentwicklung nimmt er jeweils aktuelle soziale und politische Probleme zum Ausgangspunkt soziologischer und sozialkritischer Analysen. Deutlicher als in den späteren Arbeiten wird eine kapitalismuskritische Grundhaltung bis Ende der 1990er Jahre *explizit* formuliert. In diesen Arbeiten tritt Sennett noch vergleichsweise selten philosophisch auf. Er stützt seine Thesen vielmehr auf sozialempirische Forschungen, auf theoriegeschichtliche Narrationen und auf die kritische Aneignung sozialtheoretischer, psychologischer und philosophischer Konzeptionen. Die methodisch reflektierte empirische Arbeit tritt Ende der 1970er Jahre zugunsten der Reflexion von Alltagsbeobachtungen und Gesprächserfahrungen zurück. Die Form des akademischen Essays gewinnt zunehmend Raum, dabei erlaubt sich Sennett einen ziemlich freien Umgang mit Belegen und Argumentationsstrategien. Ein Essayist, so Sennett (1998: 12), nutze »ökonomische Daten, historische Darstellungen, Sozialtheorien« und erforsche »ähnlich wie ein Anthropologe das Alltagsleben«. Erkenntnisgenerierende Methode wird die Explikation philosophischer Ideen und deren Anwendung auf die konkreten Erfahrungen von Individuen und kulturellen Milieus. In den ab 2008 publizierten Texten, *Handwerk*, *Zusammenarbeit* und *Die offene Stadt* (Sennett 2018), wird diese Arbeitsweise im Prinzip beibehalten, Aufbau und Argumentation aber folgen einer veränderten Struktur. Nun bildet nicht mehr die kritische Analyse wahrgenommener sozialer Phänomene und Probleme den Ausgangspunkt, Sennett greift in diesen Texten vielmehr Fragen, die ihn auch vorher schon beschäftigt haben, als eigenständige Themen auf – Fragen, die den sozialen Zusammenhalt von Gesellschaft betreffen und demokratisches Handeln ermöglichen. Mit Blick auf die Beunruhigungen, die zeitdiagnostische Debatten heute durchziehen – scheinen doch gesellschaftliche Spaltungen und Risse in den modernen westlichen Gesellschaften deutlicher hervorzutreten als in den Dekaden davor – trifft Sennett mit der Ausarbeitung dieser Themen auch auf ein zunehmendes Interesse in sozialpolitischen Debatten.

Was in diesen positiven Anschlüssen leicht untergeht, ist die Tatsache, dass Sennett mit den unterschiedlichen Formen akademischen Arbeitens relativ frei umgeht. Seine Denkbewegungen changieren zwischen Essay, Sozialgeschichte und Rückgriffen auf Empirie, versuchen aber gleichwohl eine tendenziell allgemeine Geltung der jeweils erreichten Ergebnisse aufrecht zu erhalten. Sozialhistorische Studien, sozialempirische Forschung und Essays unterliegen aber unterschiedlichen argumentativen Anforderungen und bedürfen unterschiedlicher methodologischer Reflexion. So legen historische Studien (selbst wenn komparatistisch verfahren wird) auf eingegrenzte geographische und soziale Regionen fest, eine Universalisierung der Ergebnisse ist deshalb nicht ohne Weiteres möglich. Empirische Forschung geht von ausgearbeiteten Forschungsfragen aus, die Ergebnisse geben jeweils Antworten auf diese Fragen, der Transfer der Ergebnisse auf andere Milieus und soziale Gruppen kann deshalb höchstens explorativ erfolgen. Und Essays erlauben zwar eine größere Subjektivität bei der Themenwahl, sie müssen aber argumentativ klar strukturiert sein, gewinnen sie doch ihre Überzeugungskraft aus der Plausibilität der Verknüpfung von Erfahrung und belegten Faktenbehauptungen einerseits, Thesen bzw. Positionierungen andererseits. An zwei insbesondere für moraltheoretische Überlegungen relevanten Aspekten seien die damit verbundenen theoretischen Probleme verdeutlicht.

Unklarer Umgang mit Interdisziplinarität

Eine inhaltliche Besonderheit, die Sennetts Arbeiten interessant macht, ist der spezielle Fokus seiner Fragestellungen und Untersuchungen. Sennett stellt seine Überlegungen zwar in den Rahmen einer Kritik an der kapitalistischen Ökonomie (in den Veränderungen und Formverschiebungen der letzten 60 Jahre) und sein Interesse gilt der Verbesserung demokratischer Handlungsmöglichkeiten. Der Fokus seiner Analyse jedoch liegt durchgängig auf der *psychosozialen Dimension* der angesprochenen Prozesse.[5] Sennett will verstehen, wie sich die ökonomischen und gesellschaftlichen Strukturen auf das Selbstverständnis, das Befinden und die soziale Einbindung der Individuen auswirken. Damit steht die psychosoziale Dimension gesellschaftlicher Prozesse im Mittelpunkt seiner Aufmerksamkeit. Dies zu konstatieren, ist deshalb nicht unbedeutend, weil es seinen Analysen ein besonderes

---

5 Sennetts Zugang ist deshalb besonders interessant, weil er weder auf der mikrosoziologischen Ebene argumentiert, wie dies beispielsweise in beratungstheoretischen Reflexionen der Fall ist (vgl. Großmaß 2000; Großmaß/Püschel 2010), noch auf der makrosoziologischen Ebene stehen bleibt, wie dies in den Theorien zur zweiten oder reflexiven Moderne geschieht (vgl. Beck 1986). Sennett versteht und untersucht vielmehr die Verbindung beider Ebenen als relevante gesellschaftliche Struktur.

Gewicht gibt. Bleiben doch in den disziplinspezifischen Diskursen (Psychologie und Soziologie) die Verbindungen der beiden Dimension meist entweder unberücksichtigt oder aber thesenhaft.[6] Indem Sennett sehr unterschiedliche Aspekte des Psychosozialen untersucht – die Gefühlslagen von Arbeitern, die Auswirkungen flexibilisierter Arbeitsverhältnisse auf Freundschaften, die Effekte von ›purifizierten‹ Wohngebieten auf die Suche nach Nähe und Zusammenhalt, die Persönlichkeitsentwicklung durch gemeinsames Arbeiten an Dingen, den Verlust von Anlehnungsmöglichkeiten ebenso wie von Sich-Abgrenzen durch Kritik bei der Erosion von Autorität –, ergeben sich vielfältige Ansatzpunkte für das Verstehen der psychosozialen Dimension gesellschaftlicher Veränderungen.

Eine solche Perspektive einzunehmen ist spannend, aber auch methodisch anspruchsvoll – wird damit doch ein interdisziplinärer Zugang gewählt. Die Einbindung der für die Analyse herangezogenen Theorien erfordert ein klares Bewusstsein dieser interdisziplinären Position, will sie nicht selbst in den durch gesellschaftliche Machtverhältnisse hergestellten Interdiskursen und den entsprechenden kulturellen Symbolen verfangen bleiben.[7] Dasselbe gilt für die Nutzung von empirischen Daten. Sennett verfährt allerdings eher unbekümmert mit Theoriebezügen, Statistiken und den Ergebnissen unterschiedlicher empirischer Studien. Psychologische und psychoanalytische Theorien bilden neben soziologischen Theorien wichtige Bezugspunkte für die Interpretation von Interviews und Feldbeobachtung sowie für seine sozialtheoretischen Essays und die aktuellen anthropologischen Überlegungen. Eine Reflexion der unterschiedlichen Theorieebenen und

6 Obwohl es bereits seit den 1970er Jahren einzelne Analysen der Veränderungen von gesellschaftlichen Strukturen durch die Psychologisierung des Alltagslebens gibt (vgl. Rose 1996), werden entsprechende Fragestellungen erst durch die an Foucaults Gouvernementalitätsthesen anschließenden Analysen postmoderner Subjektivierungsformen diskursprägend (vgl. Bröckling u.a. 2000; Duttweiler 2007), dann allerdings in einer spezifischen machtkritischen Perspektive.

7 Zu den die Foucaultschen Analysen aufgreifenden und diese präzisierenden Konzepten der Diskursanalyse vgl. Link (2013).

der jeweils disziplinspezifischen Terminologie findet nicht statt. Die Aussagen und Ergebnisse werden vielmehr als unmittelbare Wahrheiten bzw. als Fakten genutzt, was vielen dieser Bezüge und Belege den Charakter einer eher willkürlichen Auswahl gibt. Dieser Kritik ließe sich entgegenhalten, dass die meisten Arbeiten Sennetts zeitlich vor der machtkritischen Diskurstheorie, insbesondere aber vor den daraus abgeleiteten wissenschaftstheoretischen Einsichten in die spezifischen Herausforderungen transdisziplinären Denkens entstanden sind.[8] Das trifft zu, setzt die Kritik aber nicht außer Kraft. Denn nur wer sich in denselben Diskursströmen – von Erikson über Winnicott zu Kohut, von Engels über Weber bis Giddens – bewegt, wird Sennetts Argumentationslinien uneingeschränkt plausibel finden.

Für moraltheoretische Überlegungen ergibt sich aus dieser Kritik eine doppelte Skepsis: Es fragt sich, wie vollständig und angemessen die von Sennett herausgearbeiteten Themen und Probleme zentrale Fragen gesellschaftlicher Entwicklung wirklich abbilden.[9] Nicht unproblematisch ist zudem die hier sichtbar werdende Bindung an einen Subjektbegriff, der zumindest als Ideal Charakterbildung und Autonomie einschließt[10] – Anlass genug, auch die Subjektposition des Autors genauer anzuschauen.

Western Male Bias

Sennetts wissenschaftliche Perspektive ist die eines westlichen Soziologen, der die Gesellschaften der westlichen Welt (Schwerpunkt: USA und Großbritannien) zu verstehen sucht. Erst in den späteren Arbeiten öffnet sich sein Blick in eine sich globalisierende Welt. Die Aufmerksamkeit für Armut und die Ungerechtigkeiten einer Klassengesell-

8 Zur Notwendigkeit einer transdisziplinären Reflexion interdisziplinärer Perspektiven vgl. Großmaß (2017).

9 Analysen westlicher Demokratien, die Strukturen von Care-Arbeit zum Ausgangpunkt nehmen, stoßen auf psychosoziale Herausforderungen, die durch Sennetts Zugang eher verdeckt bleiben (vgl. z.B. Tronto 2013).

10 Dies gilt z.B. für Eriksons Konzept der Psychogenese des Erwachsen-Werdens, das Sennett normativ einsetzt.

schaft ist seiner sozialkritischen Perspektive eingeschrieben. Für andere Differenzachsen der modernen Gesellschaft gilt dies nicht in gleicher Weise. Deshalb stellt sich die Frage, ob seine Perspektive Verengungen hinsichtlich der mit den Kategorien *race* und *gender* markierten gesellschaftlichen Ungleichheiten enthält.

Mit den Differenzen ethnischer Herkunft und der in der Bürgerrechtsbewegung deutlich thematisierten Exklusion Schwarzer Amerikaner geht Sennett sorgfältig um, soweit sie in den jeweils thematisierten Fragestellungen und Untersuchungsdesigns von Bedeutung sind. Hinsichtlich der Themenwahl jedoch lässt sich konstatieren, dass sie sehr stark von eigenen biographischen Erfahrungen (weiß, männlich, US-amerikanische Mittelschichtsherkunft) bestimmt ist. Damit vertritt er Positionen, die einem privilegierten Blick auf einen – global gesehen – privilegierten Ausschnitt von Welt folgen und insofern der Ergänzung und der kritischen Revision durch andere Perspektiven bedürfen. In seinen Theoriebezügen folgt Sennett dem Mainstream *kritischer* Sozialtheorie; damit ist er grundlegenden Aufklärungs- und Kritikkategorien verpflichtet, deren grundsätzliche Universalisierbarkeit nicht wirklich in Frage steht.[11]

Auch Sennetts Behandlung der Geschlechterdifferenz bedarf eines kritischen Blicks. Dafür liefert die heute in manchen feministischen Diskursen sehr ausgeprägte sprachliche Reflexion des Umgangs mit Gender-Differenzen allerdings nicht den richtigen Ansatzpunkt. Denn: Sennett untersucht gesellschaftliche Veränderungsprozesse der westlichen Moderne auf einer makrosoziologischen Ebene. Sich dabei auf eher allgemeine sozio-kulturelle Strukturen zu konzentrieren, denen Geschlechterdifferenzen zunächst einmal nicht anzusehen sind, kann daher als durchaus angemessen gelten. Das gilt auch für Personenbezeichnungen. Sennett verwendet in der Regel eine gender-neutrale, die strukturell-allgemeine Ebene benennende Terminologie, er spricht von

---

11 Die Nützlichkeit kritisch gewendeter westlicher Aufklärungskategorien wird durchaus auch im Kontext der »postcolonial theory« akzeptiert. Interessante Ansatzpunkte hierfür finden sich in Dhawan (2014).

›Bevölkerung‹, ›Publikum‹, ›Familien‹, ›Klassen‹, ›Gatten‹ und ›Management‹ und wenn in Fallskizzen und Feldbeobachtungen eine mikrosoziologische Veranschaulichung erfolgt, verfällt er nicht in das Mitmeinen des anderen Geschlechts, sondern nennt Männer und Frauen.

Was allerdings fast vollständig fehlt, ist ein Nachdenken darüber, wie sich die skizzierten Prozesse innerhalb der gesellschaftlichen Macht- und Dominanzstrukturen für die je unterschiedliche Lebensgestaltung der Geschlechter auswirken. ›Ungleichheit‹ und ›Ungerechtigkeit‹ bleiben in Sennetts weiter ausgearbeiteten Konzepten gesellschaftlicher Veränderung abstrakte Kategorien. Da sich Sennetts empirische Studien auf männliche Gesprächsteilnehmer beziehen (vgl. Sennett 1993, 1998), bleiben auch seine späteren Anschlüsse an Vorarbeiten und deren Ergebnisse von *männlichen Erfahrungen* geprägt.

Dieser, die männliche Lebenserfahrung fokussierende Blick zeigt sich auch in den historischen Studien und in den essayistischen Reflexionen. Drei Beispiele seien genannt: So wird etwa in der Analyse der soziokulturellen Strukturen des Ancien Régime (vgl. Sennett 2008a: 97ff.) die Trennung von Privatem und Öffentlichem positiv bewertet und mit ›Würde‹ als moralischer Kategorie verknüpft, ohne einen Gedanken darauf zu verwenden, dass diese gesellschaftlichen Bereiche einer strikten Gender-Segregation unterlagen – die Würde der öffentlichen Rollen also nicht nur einer sozialen Statushierarchie folgte, sondern auch von männlicher Dominanz geprägt war. Sennetts Analysen folgen dem Blick eines männlichen Gelehrten. Dieser Blick beeinflusst nicht nur Auswahl und Fokus der untersuchten Themen, sondern lenkt auch die Assoziationen bei der Erläuterung eigener Thesen. So in der Auseinandersetzung mit dem Thema *Autorität*: Zu kritisieren ist nicht, dass die historischen Beispiele eine geschlechterhierarchisierende Autorität spiegeln – das entspricht der historischen Realität. Zu kritisieren ist, dass Sennett auch in seinem eigenen Weiterdenken darin gefangen bleibt. So gibt es bei den Fallgeschichten aus dem Bereich der Unternehmensführung eine einzige, in der eine Frau die Autoritätsposition einnimmt. Die Chefin, von der erzählt wird, produziert nicht wie ihre männlichen Kollegen Probleme für die Untergebenen – sie scheitert.

Sennett (vgl. 2008b: 47-50) fragt nicht, ob und inwieweit dies auch mit geschlechtsspezifischen Rollenerwartungen zu tun hat.

Aufgrund seiner eigenen Erfahrung (Sennett ist bei einer Mutter aufgewachsen, die als Sozialarbeiterin gearbeitet hat, und er ist in einem Stadtteil Chicagos groß geworden, den man heute als sozialen Brennpunkt bezeichnen würde) hat er einen sehr sorgfältigen Blick auf die Praktiken und die historische Bedeutung der Sozialen Arbeit. So finden die Settlement-Bewegung, die Projekte von Jane Adams und die Gemeinwesenarbeit von Saul Alinsky auch in den historischen Analysen zu linker Politik einen wichtigen Ort. Dass sich in der von ihm konstatierten, um 1900 stattfindenden Trennung der politischen von der sozialen Linken (vgl. Sennett 2012: 67) auch die Geschlechterhierarchie spiegelt, fällt Sennett jedoch ebenso wenig auf, wie die Tatsache, dass im Wirksam-Werden von Bürokratie im Sozialen nicht nur ein notwendiges Organisationsprinzip zum Tragen kommt (vgl. ebd.: 70), sondern auch die strukturell eingeschriebene männliche Dominanz über das weibliche Arbeitsvermögen (vgl. dazu Großmaß 2018).

Was bedeutet dieses Verhaftet-Sein in der männlichen Perspektive für die Anschlussfähigkeit seiner Konzepte? Es bedeutet nicht, dass Sennett als Ideengeber nicht inspirierend wäre, es bedeutet allerdings, dass Anschlüsse an seine Positionen einer Kontextualisierung hinsichtlich der historischen Verortung in westlichen Diskursen und eines kritischen Blicks hinsichtlich der heute zu berücksichtigenden Gender-Differenz bedürfen.[12]

Thematisierung von Moral und Ethik – Versuch einer kritischen Auseinandersetzung

Das Auffälligste an Sennetts Umgang mit Fragen von Moral, Ethik und Ethos ist, dass er diese keineswegs harmlosen Kategorien nicht

12 Für das Thema *Autorität* habe ich dies an anderer Stelle versucht (vgl. Großmaß 2017b).

einführt, sondern als quasi-selbstverständlich zur Verfügung stehende Termini nutzt. Zugleich werden immer wieder auch moralische Bewertungen vorgenommen und Normen postuliert, ohne dass diese als moralische, ethische oder politisch-moralische markiert würden. Um Sennetts Argumentationen prüfen zu können und sie nicht vorschnell einem Moralisierungsverdacht auszusetzen, ist eine begriffliche Klärung der Termini erforderlich.

Begriffsklärung

Der in der Philosophie weitgehend üblichen Terminologie folgend, ist *Moral* zunächst einmal eine *beschreibende* Kategorie, die das in einer Gruppe, Community, Gesellschaft geteilte und praktizierte Set von normativen Regeln umfasst. Moral schließt grundlegende Vorstellungen darüber ein, was Menschen einander in sozialen Beziehungen schulden – an Aufrichtigkeit, an Fairness, an Vertrauensschutz, Solidarität und Nothilfe (vgl. Pieper 2003: 32, 42ff.). Moral reguliert Praktiken ebenso wie Bewertungen im sozialen Lebensvollzug und ist nur im Konfliktfall Gegenstand von Diskussionen und Auseinandersetzungen (vgl. Röttgers 2013: 43). Verknüpft mit Bildern vom ›guten Leben‹, die in die individuelle bzw. kollektive Praxis wirken bzw. diese bestimmen sollen, spricht Pieper (vgl. 2003: 27, 44) von *Moralität* oder *Sittlichkeit*. Über Erziehung und Sozialisation werden moralische Normen des richtigen Umgangs mit Anderen und des guten Lebens zur selbstverständlichen Haltung (inkorporiert), zum *Ethos*.[13] Nicht nur die pluralistischen Gesellschaften der Moderne, auch stärker stratifizierte Gesellschaften basieren nicht auf einem einheitlichen, alle einbeziehenden Moralkodex. Sie bilden vielmehr unterschiedliche Moral(en) aus

13 Das bedeutet nicht, dass alle Mitglieder einer Gruppe, Community oder Gesellschaft sich immer moralisch gut verhalten. Moralische Bewertungen und Beschämungen sind etablierte Formen der Ahndung moralischer Verstöße. Moral reguliert zudem nicht genau, was jeweils zu tun ist. Die Anwendung moralischer Normen in einzelnen Handlungssituationen bedarf der Anpassung, ggf. der Interpretation. (Das letztere gilt selbst für die rechtlich kodifizierten Normen des Strafrechts.)

– nach Geschlecht, Religion, Arbeitstätigkeiten und öffentlichen Rollen. Die in den Subgruppen oder von unterschiedlichen Individuen jeweils praktizierten Moralen können komplementär ineinandergreifen, hierarchisierend aufeinander aufbauen und in ein Spannungsverhältnis treten. Aushandlungsprozesse darüber, was zu tun richtig ist, leben genauso von Spannungen und offenen Handlungsspielräumen wie gesellschaftliche Entwicklungsdynamiken. Die von Sennett herausgearbeiteten Spannungen zwischen der in der Herkunftsethnie erlernten Moral und der Moral des »American life« (vgl. Sennett 1972) stellen nur einen Spezialfall moralischer Spannung dar – wobei offenbleibt, wie Frauen desselben Milieus diese beschrieben hätten.

Anders als Moral, Sittlichkeit und Ethos, die sich jeweils auf sozial etablierte Praktiken und Bewertungen beziehen, ohne explizit Begründungen und Argumente für ihre Geltung einzufordern, bezeichnen die Begriffe *Ethik* und *Moralphilosophie* Reflexionen, Theorien und Begründungen für moralisch ›gutes‹ Verhalten bzw. Handeln. Ethik zu betreiben, bedeutet, sich bewusst um die Ausarbeitung einer begründeten Vorstellung vom guten Leben zu bemühen. Es wird Lebenserfahrung und Bildung eingebracht und dokumentiert, man besetzt eine belehrende Rolle oder eine Expertenposition. Im europäisch-westlichen Denken sind Ethik und Moralphilosophie Teildisziplinen der Praktischen Philosophie mit einer langen Tradition.[14] Sie liefern – aus dieser Tradition schöpfend – ein breites Spektrum an Theorien, Reflexionen, Konzepten und Kritiken, aus denen sich auch Kriterien für gute, haltbare oder unzureichende Argumente ableiten lassen. Der Begriff *Ethik* gehört heute allerdings nicht nur in die Terminologie der Philosophie oder Theologie, sondern wird inzwischen auch in der Alltagskommunikation verwendet – und dies mit zunehmender Tendenz. Aus dem philosophischen Diskurs wird, wenn von Ethik die Rede ist, die *Begründungspflicht* bzw. die Unterstellung übertragen, man habe es mit einer durchdachten, sich auf Argumente stützenden Konzeption für ein gelingendes individuelles bzw. soziales Leben zu tun. Vorausgesetzt ist je-

14 Zur Theoriegeschichte und heutigen Systematik vgl. Düwell u.a. (2002), Pieper (2003: 60-91).

weils die Perspektive handelnder und das heißt handlungsfähiger Subjekte.[15] Diese, an eine alltagssprachliche Bedeutung von *Ethik* angelehnte Verwendung des Begriffs hat sich insbesondere im angelsächsischen Bereich etabliert – für bewusstes individuelles Handeln, im persönlichen Leben, in der Politik wie in den zu Professionen[16] ausdifferenzierten Berufen.[17]

Wie nutzt Sennett die unterschiedlichen normativen Begriffe? Wenn er explizit von Moral spricht, verwendet er den Begriff meist in beschreibender Funktion (›Ethos‹ kommt selten vor, dann aber auch beschreibend). Der Begriff ›Ethik‹ wird erst allmählich zu einem für die eigene Positionierung wichtigen Kategorie. Dabei folgt Sennett der zweiten Bedeutung von Ethik, also der Übertragung einer in die Alltagssprache eingegangenen Bedeutung auf politisches und professionelles Handeln.

Thematisierung von Moral bei Sennett

In beschreibender Funktion nutzt Sennett ›Moral‹ in der Phase zwischen 1969 und 1972 sowohl bei den im engeren Sinne empirischen Studien als auch in seinen sozialhistorischen Beschreibungen. Er interessiert sich dafür, inwieweit der städtische Raum auch für eine *moralische Ordnung* steht, welchen Gepflogenheiten und *normativen Regeln* das Alltagsleben (einst bzw. in der Elterngeneration) folgte und welche *Werte und Bewertungen* durch die Veränderungen der Moderne brüchig werden oder verloren gehen. Diese Themenstränge sind in den frühen Ar-

---

15 Unabhängig davon, ob ein autonomes Subjekt mit freiem Willen vorausgesetzt wird oder die Abhängigkeit von Anderen und von gesellschaftlichen Strukturen angenommen wird, jede Ethik muss voraussetzen bzw. fordern, dass Handlungsspielräume gegeben sind und moralisch verantwortbare Entscheidungen getroffen werden können.

16 Wenn es um Diskussionen über die ethisch-moralische Dimension professionellen Handelns geht bzw. wenn Standards und Prinzipien für dieses Handeln festgelegt werden, wird im Englischen meist von ›ethics‹ gesprochen.

17 Zu diesem sehr breiten, hier nur angedeuteten Diskurs vgl. Pieper (2003: 92-114), Großmaß/Anhorn (2013: 12-19).

beiten noch nicht systematisch verknüpft, sondern scheinen als gleich starke Interessen parallel verfolgt zu werden. Hinsichtlich der moralischen Positionierung verfährt Sennett zunächst explorativ: Er befragt sich und andere, er analysiert Äußerungen und Texte und wertet Interviewpassagen und Feldbeobachtungen aus. ›Freiheit‹, ›Selbstachtung‹, ›Solidarität‹, ›Respekt‹, ›Anerkennung‹ (der Person, wie von Leistung) werden als Werte und Ideale herausgearbeitet. Dabei scheint Sennett davon auszugehen, dass es sich bei den Werten und Bewertungen im Kern um geteilte Vorstellungen handelt – die moralische Community schließt nicht nur die untersuchten Gruppen, sondern auch den Autor ein. Als davon unterschiedenes moralisches Subjekt ist Sennett an den Stellen erkennbar, an denen die aus der Urbanistik und dem Interesse am öffentlichen/politischen Raum stammenden Vorstellungen vom ›guten Leben‹ sich mit den moralischen Orientierungen der untersuchten Gruppe reiben. Sennett spricht aus der Expertenperspektive. So werden in den Überlegungen zur Stadtsoziologie Bewertungskategorien wie »decent« (im Sinne von anständig/würdig) und »humane« (sowohl im Sinne von menschlich angemessen als auch im Sinne von der Humanität verpflichtet) verwendet (vgl. Sennett 1969: 19), die auf den öffentlichen Raum bezogen sind und nicht so recht zu den Vorstellungen der untersuchten Gruppen vom Wert der ›Nähe‹ (in der Gemeinschaft) passen wollen.

Eine Begründung des Geltungsanspruchs der verwendeten Bewertungskategorien bleibt Sennett in den meisten Fällen schuldig. Nur in einem Fall – es geht um den gleichen Anspruch aller US-amerikanischen Bürger auf Respekt und Würde – wird die US-amerikanische Verfassung herangezogen (vgl. Sennett 1993: 251). Ansonsten unterstellt Sennett allgemeine, auch von den Leser*innen geteilte Werte, für die Überzeugungsarbeit zu leisten nicht erforderlich ist. Aufklärungsdenken und kapitalismuskritische Sozialtheorie sind der Hintergrund, vor dem die Plausibilisierung der vertretenen Moral in vielen Fällen gelingt.

Dieses Ineinandergreifen von Theorie-Hintergrund, Untersuchung der sozialen Realität und Thematisierung von Moral ist jedoch nicht unproblematisch: Zum einen bleibt ungeprüft, ob darin nicht ein (sich zwar universalistisch verstehendes, dennoch aber) partikulares Milieu das Wort ergreift. Zum anderen bietet die thematisierte Auswahl von Praktiken und Bewertungen ja kein Gesamtbild der in dem jeweiligen Mikrokosmos geltenden Regeln und geteilten moralischen Haltungen.[18] Der Blick wird (gesellschafts- bzw. kapitalismuskritisch) auf die Verluste von moralischer Sicherheit und auf die Brüche im sozialen Zusammenhalt gelenkt.[19] Die kompensatorische Aktivierung moralischer Haltungen (z.B. durch Frauen der Community) und mögliche Innovationen im lebensweltlichen oder politischen Zusammenleben, die durch die Transformationen der Moderne selbst angeregt werden, können so nicht in den Blick kommen.[20] Gravierend wird diese Ungenauigkeit dadurch, dass Sennett im Weiteren auf den Ergebnissen dieser frühen Arbeiten insofern aufbaut, als die konstatierten Brüche und die Fixierung auf die Nahwelt von Gleichen weiterhin im Zentrum seiner Überlegungen stehen, was so etwas wie eine Verfallsgeschichte der Moral in der Moderne nahelegt.

Mit den kulturhistorischen Reflexionen in der zweiten Phase ab Ende der 1970er Jahre verändert sich Sennetts Vorgehen und Position als *Autor*. Man kann vermuten, dass das allmähliche Zusammendenken von psychosozialen Veränderungen in der Moderne und stadtsoziologischen Überlegungen zu dem, was später *cité* genannt wird, eine eigenständige moralisch-ethische Position notwendig macht. Die bereits identifizierten moralischen Herausforderungen – Würde, Respekt, Anerkennung, Selbstachtung, Sicherheit der Nahwelt, moralische Destruktivität moderner Arbeitskulturen, Ungleichheit – werden

18 Dieses würde ein anderes Verhältnis von empirischer Forschung und moraltheoretischer Reflexion voraussetzen, vgl. exempl. Miller (2008).

19 So werden beispielsweise die Effekte der Etablierung Sozialer Arbeit (vgl. Großmaß 2018), die Sennett unter anderen Gesichtspunkten durchaus zur Kenntnis nimmt, nicht als relevante Faktoren gelebter Sozialität berücksichtigt.

20 Hier ist nicht nur an die unterschiedlichen Ansätze sozialer Unterstützung zu denken, die Sennett als historische Phänomene durchaus zur Kenntnis nimmt, sondern auch an die philanthropischen bürgerlichen Vereine im 19. Jahrhundert, die Etablierung von Arbeiterbildung im 20. Jahrhundert oder die Gründung multikultureller Sportvereine im 21. Jahrhundert.

aufgegriffen, nun aber auf der *Suche nach positiven Wendungen* historisch und ideengeschichtlich fundiert. In den vier von mir in die Analyse einbezogenen Texten dieser Phase im Denken Sennetts werden vielfältige moralische Normen generiert – Würde, Zivilisiertheit, Urbanität, (legitime) Autorität, Verantwortung, Selbstsorge und Fürsorge, Mitgefühl – und jeweils mit Rückgriff auf ausgewählte psychologische Theorien, ethnographische Beschreibungen und Beobachtungen/Analysen städtischen Lebens begründet. Dies gelingt über die – zunehmend systematische – Zusammenführung von psychosozialen, lebensweltlichen Reflexionen mit Überlegungen zum Verhältnis von Privatheit und Öffentlichkeit im kulturellen Raum der Stadt. Bedingungen für funktionierenden bzw. wieder herzustellenden sozialen Zusammenhalt werden formuliert; dem Konflikte vermeidenden ›Wir‹ der Gemeinschaft (von Gleichen) werden Gemeinden/Gemeinwesen gegenüber gestellt, die Differenzakzeptanz und soziale Aushandlungsprozesse ermöglichen.

Der Geltungsanspruch der von Sennett herausgearbeiteten moralischen Normen findet seine *Begründung* in den angeführten Theorien, Beschreibungen und Analysen – Sennett tritt als Lehrer oder Experte auf. Wer diese Begründungen überzeugend findet, wird Sennett auch in die daraus entwickelten normativen Überlegungen folgen. Wer sie nicht überzeugend findet, kann in einzelnen Punkten in eine kritische Diskussion eintreten.[21] Sennett ist damit auf dem Weg von der impli-

21 Um nur ein Beispiel für moralphilosophisch begründbare Einwände zu nennen: Nahen Beziehungen (eigene Kinder, Familienangehörige, Freunde …) moralisch vorrangiges Gewicht zu geben, wenn es etwa um Nothilfe, Fürsorge oder Vertrauen geht, muss nicht, wie bei Sennett, ein Zeichen für Abschottung und Tribalisierung sein. Sie kann auch Ausdruck der (begrenzten) Möglichkeit von Einfühlung/Mitleid über Distanzen hinweg sein. Ein Thema, das die Philosophie auch nicht erst seit dem ausgehenden 20. Jahrhundert beschäftigt (vgl. Ritter 2004). Nützlich scheint es, angesichts der möglichen Überforderung von Tugend, die unterschiedlichen ethischen Anforderungen und Handlungsebenen in Bereichen der sozialen Nähe (Vertrauen, Fürsorge etc.) und hinsichtlich des politischen Gemeinwesens (Gerechtigkeit, Chancengleichheit, Respekt/Anerkennung etc., vgl. Rawls 2006) als unterschiedliche zu behandeln. Moralische

ziten Moralisierung sozialer Missstände und politischer Ausgrenzung zu einer *Ethik* des sozialen Miteinanders und des städtischen Lebens.

Sennett als Ethiker

Mit der ab 2008 erscheinenden Trilogie, der dritten o.g. Phase, bewegt sich Sennett in den Bereich einer normativ ausgerichteten Philosophie. Er ordnet sich in die Tradition des US-amerikanischen Pragmatismus ein und untersucht – nun in der Absicht einer grundlegenden anthropologischen Klärung – drei große Bereiche menschlicher Praxis: Umgang mit den Dingen, Umgang mit den Anderen, Gestaltung des städtischen Raumes. Für alle drei Bereiche erfolgen die Reflexionen und Analysen unter dem Gesichtspunkt, welche Formen des Herstellens, Kooperierens und Bauens einem ›guten Leben‹ im beginnenden 21. Jahrhundert zuträglich sind. Die Ansatzpunkte für Ethik, die sich hierfür aus seinen bisherigen Arbeiten ergeben – Notwendigkeit der Begrenzung des Desaströsen in der materiellen Produktion, angemessener Umgang mit Fremden, Bewohnbarkeit der Städte[22] –, werden nun Ansatzpunkte und Gegenstand von Praxisanalysen, ideengeschichtlichen Untersuchungen und ethischer Reflexion. Die dabei hergestellten Begründungszusammenhänge erzeugen Plausibilitäten und können überzeugen – u.a. weil jeweils Handlungsräume zum Modell werden (Handwerk, Werkstatt, kommunale Stadtgestaltung), die an eher langsame Prozesse (gestalten, lernen, kritisieren) gebunden sind, menschliches Miteinander (zeigen, raten, verstehen) ins Zentrum stellen und (wie die Projekte der Sozialen Arbeit und der kommunalen Stadtentwicklung) häufig Experimentalcharakter haben. An solchen Modellen lässt sich allerdings verhältnismäßig

---

Subjekte der Moderne können sich vermutlich auf beiden Ebenen engagieren – allerdings in unterschiedlicher Weise.

22 Die Notwendigkeit, das Desaströse in der materiellen Produktion zu begrenzen, knüpft an die Kritik am ›neuen Kapitalismus‹ an. Die Forderung eines angemessenen Umgangs mit Fremden basiert auf der Kritik von Solidarität als Fixierung auf Nähe und Gemeinschaft. Die Sorge um die Bewohnbarkeit der Städte nutzt vorausgegangene Kritiken an moderner Abschottungs-Architektur.

leicht ein ›guter‹ anthropologischer Kern herausarbeiten, Fehlentwicklungen können ebenso diskutiert werden wie Schlussfolgerungen für bessere Lösungen. Neben den oben angesprochenen thematischen Engführungen, die aus Sennetts Umgang mit Interdisziplinarität und seinem männlichen westlichen Blick folgen, lässt auch die Auswahl der diskutierten Modelle Fragen nach der Universalisierbarkeit von Sennetts Überlegungen aufkommen. Die aus seinen Analysen abgeleiteten normativen Kategorien sind vergleichsweise einfach und auch wenig zahlreich. Sennett ruft dazu auf, die Zweck-Mittel-Relation im Blick zu behalten, beim Herstellen Innehalten und Reflektieren einzuüben und ethische Fragen bereits im Prozess von Forschung und Produktion zu stellen. Gute Kooperation verlangt aus seiner Sicht: Zuhören, dialektische Argumentation in Sachdiskussionen, Dialogik beim Entwurf gemeinsamer Lösungen. Und die Bewohnbarkeit der Städte erfordert Bescheidenheit sowie offene Geselligkeit statt Sich-Abschließen mit Gleichen. Erst in Verbindung mit den an die Praktiken gebundenen Narrativen werden diese Aufforderungen anschaulich und gewinnen Überzeugungskraft. Die Faszination, die von Sennetts Überlegungen an vielen Stellen ausgeht, hängt meist an der lebendigen Beschreibung von Praxisfeldern, die ihm als Modell für ›gutes‹ Herstellen, Kooperieren und Bauen dienen: Kochen, Musizieren und Glasbläserei, soziale Projektarbeit und Experimente eines ortsgemäßen Städtebaus, Praktiken des Sprechens mit Fremden und die Orientierungsmöglichkeiten eines Fußgängers.

Will man nicht bei dieser Faszination stehen bleiben, sondern Sennetts Konzepte für die Ethik des Herstellens, Kooperierens und der Gestaltung des öffentlichen Raumes auf ihre Tragfähigkeit hin prüfen, dann gilt es, sie an Anforderungen zu messen, die an eine normative Theoriebildung zu stellen sind. Anders als bei Faktenbehauptungen gibt es in normativen Argumentationen nicht die Möglichkeit einer schlüssigen Beweisführung. Es geht ja nicht darum festzustellen, was ist, sondern darum, durch Argumente Zustimmung zu erzeugen für etwas, das sein bzw. werden soll – eine Zustimmung, die mit der Bereitschaft verbunden ist, entsprechend zu handeln. Damit dies gelingen kann, muss transparent sein, welches moralische Subjekt angesprochen ist

– eine einzelne Person, die über ein ›gutes‹ individuelles Leben nachdenkt; eine Gruppe, die das Miteinander ›gut‹ gestalten will; oder das politische Subjekt, das gesellschaftliche Verantwortung hat bzw. übernehmen soll. Handlungsspielraum, Handlungsmöglichkeiten und zur Verfügung stehende Praktiken sind jeweils unterschiedlich. Und nur, wenn die entwickelten Normen und Konzeptionen den Handlungsmöglichkeiten des angesprochenen Subjekts entsprechen, bleibt eine Ethik nicht im Unverbindlichen, Appellativen stecken.

In allen drei Ethiken kommuniziert Sennett – von einem anthropologischen ›Wir‹ ausgehend – mit mitdenkenden Leser*innen. Dabei sind seine Überlegungen und historischen Analysen durchaus geeignet, Leser (und Leserinnen?[23]) in die Gedankengänge mitzunehmen. Denn viele Argumente und Beschreibungen knüpfen – dem Pragmatismus verpflichtet – an Alltagssituationen und -praktiken an, die für die meisten vertraut oder doch zumindest einfühlbar sind: herstellen und reparieren, lernen und üben, diskutieren und zuhören, auf Fremde treffen und sich orientieren. Fragt man nach den moralischen Subjekten, die seine Schlussfolgerungen umsetzen können, dann stößt man, wenn auch auf unterschiedlichen Ebenen, immer auf eine *doppelte Position*: Es geht um individuelles Verhalten, Innehalten-können beim Machen, unterschiedliche Formen der Kommunikation (Dialektik, Dialogik, Empathie) angemessen einsetzen, die Möglichkeiten höflichen Umgangs kultivieren. Zugleich aber sind jeweils Rahmenbedingungen erforderlich, damit ein solches Handeln nicht exotisch individuell oder ideell vorbildlich bleibt, sondern im angestrebten Sinn auch zu einem besseren sozialen Leben führen kann. Es sind also immer auch professionelle, ökonomische und gesellschaftspolitische Subjektpositionen (mit) angesprochen: Unternehmer*innen und Wissenschaftler*innen

---

23 Hier ein Fragezeichen zu setzen, ist durchaus angemessen, sind doch die meisten Praktiken, auf die sich Sennett bezieht, solche, in die sich Frauen sicher hineindenken können, die aber männlich konnotiert sind. Die ideengeschichtlichen Beschreibungen folgen auch in den Ethiken dem Blick des männlichen Gelehrten, Stadtplaners, Politikers und Spaziergängers.

(in *Handwerk*), Pädagog*innen und Bildungspolitiker*innen (in *Zusammenarbeit*), Architekt*innen und Städteplaner*innen (in *Die offene Stadt*). Das anthropologische ›Wir‹ erweist sich nicht als *das* handlungsfähige moralische Subjekt, dem Sennetts Ethik(en) ein überzeugendes Konzept ›guten‹ Handelns vorschlagen können.

Fazit

Schaut man mit einem kritischen Blick auf Sennetts Thematisierung von Moral und Ethik, dann ist man darauf verwiesen, die Kontinuitäten seines Denkens deutlicher wahrzunehmen als die Verschiebungen und das Changieren, die bezogen auf Theoriestatus, genutzte Methoden und Realitätsbezüge zu beobachten sind. Zwei Fragerichtungen haben Sennett durchgängig interessiert: Wie verändern sich die psychosozialen Lebensbedingungen im Verlauf eines sich flexibilisierenden Kapitalismus? Wie lassen sich städtisches Bauen und Wohnen so gestalten, dass politisches Handeln möglich und befördert wird? Diese Fragen hat Sennett seit den 1960er Jahren zunächst parallel verfolgt und dann über kultursoziologische essayistische Zwischenschritte in der Trilogie zusammengeführt. Dieser Denkbewegung verdanken sich interessante ideengeschichtliche Skizzen; ihr verdankt sich die Idee, den materiellen Rahmen der gebauten Stadt direkt auf die Möglichkeiten partizipativer Politik zu beziehen; und ihr verdankt sich die Öffnung für ein relativ großes Erfahrungsspektrum (von Einzelpersonen, Bürger*innen, Expert*innen) als Grundlage ethischer Reflexion. Die mit eben dieser Denkbewegung verbundenen methodischen und theoretischen Schwächen sowie die Perspektivverengungen, die aus einer fehlenden Reflexion des eigenen Standortes entstehen, haben zur Folge, dass grundlegende Thesen und daraus abgeleitete Positionierungen einer kritischen Kontextualisierung bedürfen, um wissenschaftlich und politisch anschlussfähig zu sein.

Welche Wirksamkeit können Sennetts Analysen, Narrative und ethische Anforderungen dennoch entfalten? Einzelne Ideen können bei einzelnen Leser*innen so zünden, dass sie in das professionelle und politische Handeln eingehen. Die Transformation dieser Ideen in situationsangemessene Kommunikation und Intervention bleibt dabei allerdings den Akteuren überlassen.

Literatur

Beck, U. 1986: Risikogesellschaft. Auf dem Weg in eine andere Moderne. Frankfurt a.M.

Bröckling, U./Krasmann, S./Lemke, T. (Hg.) 2000: Gouvernementalität der Gegenwart. Studien zur Ökonomisierung des Sozialen. Frankfurt a.M.

Dhawan, N. 2014: Introduction. In: Dies. (Hg.): Decolonizing enlightenment – transnational justice, human rights and democracy in a postcolonial world. Bielefeld.

Düwell, M./Hübenthal, C./Werner, M.H. 2002: Einleitung. Ethik: Begriff – Geschichte – Theorie – Applikation. In: Dies. (Hg.): Handbuch Ethik. Stuttgart/Weimar: 1-23.

Duttweiler, S. 2007: Beratung als Ort neoliberaler Subjektivierung. In: Anhorn, R./Bettinger, F./Stehr, J. (Hg.): Foucaults Machtanalytik und Soziale Arbeit. Wiesbaden: 261-276.

Großmaß, R. 2000: Psychosoziale Krisen und sozialer Raum. Tübingen.

Großmaß, R. 2017a: Interdisziplinarität und philosophische Reflexion: Zur Bedeutung transversalen Denkens in der Sozialen Arbeit. In: Perko, G. (Hg.): Philosophie in der Sozialen Arbeit. Weinheim: 153-170.

Großmaß, R. 2017b: Autorität als sexuierte Dimension sozialer Beziehungen. In: Deutsche Zeitschrift für Philosophie 65(3): 475-489.

Großmaß, R. 2018: Vielfalt und Zusammenhalt als Bezugspunkte der Sozialen Arbeit. In: Archiv für Wissenschaft und Praxis der sozialen Arbeit 49(1): 18-29.

Großmaß, R./Anhorn, R. 2013: Einleitung. In: Dies. (Hg.): Kritik der Moralisierung. Wiesbaden: 7-30.

Großmaß, R./Püschel, E. 2010: Beratung in der Praxis. Tübingen.

Holm, A./Bria, F./Sennett, R./Tischendorf, T. 2018: Die offene Stadt als demokratische Revolution. In: Blätter für deutsche und internationale Politik 12/2018: 92-104.

Honneth, A. 2008: Arbeit und Anerkennung. Versuch einer Neubestimmung. In: Deutsche Zeitschrift für Philosophie 56(3): 327-341.

Link, J. 2013: Diskurs, Interdiskurs, Kollektivsymbolik. In: Zeitschrift für Diskursforschung 1/2013: 7-23.

Miller, D. 2008: Grundsätze sozialer Gerechtigkeit. Frankfurt a.M./New York.

Pieper, A. 2003 (5. Aufl.): Einführung in die Ethik. Tübingen.

Rawls, J. 2006: Theorie der Gerechtigkeit. Berlin.

Ritter, H. 2004: Nahes und fernes Unglück. Versuch über das Mitleid. München.

Rosa, H. 2016: Resonanz. Eine Soziologie der Weltbeziehung. Berlin.

Rose, N. (Hg.) 1996: Inventing ourselves. Psychology, power, and personhood. Cambridge.

Röttgers, K. 2012: Das Soziale als kommunikativer Text. Bielefeld.

Röttgers, K. 2013: Sozialphilosophie und Ethik. In: Großmaß, R./Anhorn, R. (Hg.): Kritik der Moralisierung. Wiesbaden: 33-50.

Sennett, R. 1969: Introduction. In: Ders. (Hg.): Classic essays on the culture of cities. New York: 3-19.

Sennett, Richard 1992 (1970): The uses of disorder. Personal identity and city life. New York/London.

Sennett, R. 1998: Der flexible Mensch. Die Kultur des neuen Kapitalismus. Berlin.

Sennett, R. 2002: Respekt im Zeitalter der Ungleichheit. Berlin.

Sennett, R. 2008a (1974): Verfall und Ende des öffentlichen Lebens. Die Tyrannei der Intimität. Berlin.

Sennett, R. 2008b (1980): Autorität. Berlin.

Sennett, R. 2008c: Handwerk. Berlin.

Sennett, R. 2012: Zusammenarbeit. Was unsere Gesellschaft zusammenhält. Berlin.

Sennett, R. 2018: Die offene Stadt. Eine Ethik des Bauens und Bewohnens. München.

Sennett, R./Cobb, J. 1993 (1972): The hidden injuries of class. New York/London.

Stichweh, R. 2013: Die Unhintergehbarkeit von Interdisziplinarität: Strukturen des Wissenschaftssystems der Moderne. https://www.fiw.uni-bonn.de/demokratieforschung/personen/stichweh/papers (30.03.2020).

Stichweh, R. 2019: Die Soziologie im System wissenschaftlicher Disziplinen. Festvortrag (50 Jahre Fakultät für Soziologie) am 26.6.2019. https://www.uni-bielefeld.de/soz/fakultaet/50jahrfeier_videos.html (30.03.2020).

Tweedie, D. 2013: Making sense of insecurity: a defence of Richard Sennett's sociology of work. In: Work, Employment and Society 27(1): 94-104.

Tronto, J.C. 2013: Caring democracy. Markets, equality, and justice. New York/London.

Vašek, T. 2013: Work, Life, Bullshit – Warum die Trennung von Arbeit und Leben in die Irre führt. München.

Nachwort und Dank

Die Idee zum Buch kam mir bereits bald nach dem Erscheinen von Sennetts *Die offene Stadt*, Ende 2018. Ich hatte zunächst an eine Rezension gedacht, ähnlich wie ich bereits die vorausgehenden Bücher *Handwerk* und *Zusammenarbeit* ausführlicher besprochen hatte. Allerdings versteht Sennett, einigen seiner Bemerkungen nach zu folgern, seine mit *Die offene Stadt* abgeschlossene Trilogie als eine Reflexion und produktive Verarbeitung seines Lebenswerks. So schien mir dies ein guter Anlass, sein vorläufiges Lebenswerk umfassender einzubeziehen und dies nicht allein zu tun. Danken möchte ich deshalb zuerst den Autorinnen und Autoren, die sich auf diesen Band eingelassen haben, ohne dass dem weitere Kooperationen, etwa als Workshop oder Tagung zum Thema, oder in den meisten Fällen auch bloß persönliche Bekanntschaften, vorausgegangen wären.

Gern hätten mehr Autor*innen* beteiligt sein sollen. Von diesen erhielt ich vergleichsweise viele Absagen zu meinen Beitragsanfragen, allerdings vermittelten mir einige von ihnen wertvolle Hinweise auf – nun wiederum männliche – Autoren, die jetzt den Band mit ihren Texten bereichern. Daran ist schon ersichtlich, dass es nicht an Interesse gemangelt hat. Im Gegenteil zeigten mir meine Anfragen, dass auch bei Absagen potenzieller Autorinnen und Autoren in den weit überwiegenden Fällen ein großes Interesse am geplanten Band bestand bzw. ein solcher als längst überfällig betrachtet wurde und dass die Arbeiten Sennetts offensichtlich breiter rezipiert werden, auch wenn das bisher noch wenig Ausdruck in sekundären Publikationen findet.

Der Fortgang des Buchprojekts brachte es mit sich, dass ein guter Teil der Arbeiten daran in meine Zeit als Senior Fellow am Institute for Advanced Sustainability Studies IASS in Potsdam fiel, weshalb ich mich bei den Kolleginnen und Kollegen, die dieses Fellowship möglich gemacht haben, ebenfalls herzlich bedanken möchte. Meine Zeit als Fellow diente vor allem der Beschäftigung mit methodologischen Fragen transdisziplinärer Nachhaltigkeitsforschung und Sennett ist für mich eine wichtige Referenz dabei, neben weiteren pragmatistischen und prozeduralen Forschungsperspektiven.

Sennett selbst äußert sich in seinen Schriften wenig explizit zu Nachhaltigkeit und scheint eher eine skeptische Sicht auf den allgemeinen Nachhaltigkeitsdiskurs zu haben. Ich denke allerdings, dass seine Arbeiten, ganz besonders seit *Handwerk*, der Nachhaltigkeitsforschung und der sozial-ökologischen Transformationsforschung zahlreiche Impulse geben können. Nachhaltigkeit kann heute zweifellos vieles heißen und changiert zwischen höchst umstrittenen Konzepten einerseits und einem Verständnis, das soziale und ökologische Kontroversen unter einem diffusen Gemeinplatz schein-befriedet, andererseits. Dennoch kann man vielleicht allgemein sagen, dass diejenigen, die sich ernsthaft Forschungen zu Nachhaltigkeit und sozial-ökologischer Transformation widmen, nach Wegen aus der anhaltenden ökologischen Krise suchen und dies auf eine Weise erreichen wollen, die nicht auf Kosten von sozial Benachteiligten oder zukünftigen Generationen geht, sondern diesen vielmehr verbesserte oder wenigstens keine schlechteren Lebensmöglichkeiten eröffnet.

Ökologie und Soziales werden oft für separate oder gar gegensätzliche Themenfelder gehalten und unter prinzipiellen Gesichtspunkten sind sie es ja auch. Prinzipiell kann man sich eine gerechte Gesellschaft vorstellen, die wenig Rücksicht auf ökologische Gegebenheiten nimmt oder den sozialen Ausgleich sogar wesentlich aus der fortschreitenden Naturausbeutung saugt; die ›westlichen‹ Wachstumsgesellschaften der Nachkriegszeit liefern Beispiele für solche Muster sozialen Ausgleichs. Und umgekehrt kann man sich Gesellschaften vorstellen, die auf ihre ökologische Reproduktion achten, dies aber diktatorisch tun oder manchen dafür größere Lasten auferlegen als anderen. Beides, Ökologie und

Soziales, bringt eigene Herausforderungen mit sich, und praktische Lösungen zu finden, die die jeweils andere Perspektive mitberücksichtigen, macht die Sache offensichtlich nicht einfacher.

Vor diesem Hintergrund erscheint das *Handwerk*-Buch Sennetts als eine Auseinandersetzung mit Möglichkeiten einer ökologisch nachhaltigeren materiellen Kultur. Sein Buch *Zusammenarbeit* lotet Wege verbesserten sozialen Zusammenlebens durch die praktische Entwicklung besserer Kooperationsfähigkeiten aus. In *Die offene Stadt* schließlich wird beides am Beispiel des städtischen Bauens und Wohnens zusammengeführt: Die auch unter Nachhaltigkeitsgesichtspunkten – im Buch werden explizit Herausforderungen des Klimawandels einbezogen – verbesserte Stadtplanung und Architektur einerseits wird verknüpft mit Ideen zu kooperativerer und dabei konfliktfähiger städtischer Lebenspraxis andererseits.

Darüber hinaus lassen sich in Sennetts Schriften zahlreiche konkrete wie allgemeine Anregungen für gesellschaftliche Zukunftsperspektiven finden. Als ein konkretes Beispiel mag sein Arbeitsverständnis dienen. In der ›Corona-Krise‹ wurde der öffentliche Blick auf Arbeiten gelenkt, die üblicherweise als wenig prestigeträchtig gelten und die sonst nicht im Fokus der Aufmerksamkeit stehen, etwa solche in der Pflege, der Erziehung oder in den Ver- und Entsorgungsberufen. In der Krise aber sind alle sehr froh, wenn diese Arbeiten gut gemacht werden, das heißt wenn man sich auf die Menschen, die diese Arbeiten verrichten, verlassen kann. Mit Sennetts Blick auf Arbeit wäre solch eine anerkennende Aufmerksamkeit längst naheliegender gewesen und ›nachhaltiger‹ möglich. Selbstachtung und gesellschaftlicher Respekt durch Arbeit entspringen in seinem Verständnis nicht primär aus Prestigegründen, aus maximalen Erfolgen, aus besonderem Spaß an der Arbeit oder dadurch, dass man sich darin selbst-verwirklicht oder selbst-findet. Im Vordergrund steht, dass die Arbeit um ihrer selbst willen gut gemacht wird, das heißt weil sie nützlich und zu tun ist und deshalb auch in guter Qualität erledigt werden sollte. In der Krise jedenfalls gab es einen verbreiteten Sinn und Dankbarkeit dafür, dass Arbeiten gut gemacht wurden, die von vielen nicht in den Bereich von Traumberufen gerückt würden und die keine maximalen Profite versprechen. Ein im Sennett'schen Sinne grundlegend respektvollerer Blick auf ›einfache‹ oder sonst ungern verrichtete Arbeiten wäre eine Voraussetzung dafür, dass sich die gesellschaftliche Anerkennung nicht nur als Applaus im Krisenmodus, sondern auch in Formen ›nachhaltig‹ besserer Arbeitsbedingungen und Entlohnung ausdrückt.

Zu den allgemeineren Anregungen, die Referenzen auf Sennett für Forschungen zu nachhaltiger Entwicklung empfehlen, gehört sein auf Entwicklungsprozesse gerichtetes Denken. Sennetts Prozessdenken bezieht immer mögliche bzw. sogar sehr wahrscheinlich auftretende Überraschungen und neue Herausforderungen mit ein. Die Offenheit gegenüber der bestenfalls teilweise vorhersehbaren Zukunft ist es letztlich, die auch sachliche wie ethische Handlungs- und Reflexionsoptionen bereithält – das Experimentelle im Handwerk, die die Handlungen und Vorstellungen Anderer berücksichtigende Kooperation und das ›Offene‹ der Stadtentwicklung. Es ist die pragmatistische Denktradition, der Sennett mit solchen Entwicklungsvorstellungen folgt. Weil diese mit Krisen rechnen und die Suche nach Umgangsweisen damit als wesentlichen Aspekt von Entwicklungen begreifen, sollten sie auch eine Inspirationsquelle der Nachhaltigkeitsforschung sein, die die ökologisch-sozialen Krisen bearbeiten will.

In diesem Sinne verstehe ich – ohne dafür die Autorinnen und Autoren der Beiträge des Bandes in Mithaftung zu nehmen – das hier vorgelegte Buch selbst als ein Angebot für die Nachhaltigkeits- und die sozial-ökologische Transformationsforschung und hoffe, dass die Anregungen der Sennett'schen Arbeiten sowie der durchaus kontroversen Diskussion seines Werks in diesem Band – nicht nur, aber auch – in der Nachhaltigkeitsforschung auf Resonanz stoßen.

Zweifellos gibt es zahlreiche andere Gründe und Forschungsperspektiven, sich mit Sennetts Ideen zu beschäftigen. Die in den einzelnen Kapiteln des Bandes diskutierten Themenfelder geben wichtige Hinweise darauf. So soll der Band Zugänge dafür schaffen, Sennetts Arbeiten in möglichst vielen dieser Felder zu prüfen und nützliche Anregungen daraus aufgreifen zu können.

Stephan Lorenz, Jena/Potsdam im Juni 2020

Autorinnen und Autoren

Vincent August, wissenschaftlicher Mitarbeiter (Post-Doc) am Institut für Sozialwissenschaften der Humboldt-Universität zu Berlin und Mit-Herausgeber des *Theorieblogs*. Arbeitsschwerpunkte: Politische Theorie, Gesellschafts- und Sozialtheorie, Ideengeschichte und Wissenssoziologie; insbesondere Theorien und Praktiken des Regierens, Transparenz und Öffentlichkeit, historische Kritik der ›Netzwerk-Gesellschaft‹.

Frank Eckardt, Prof. für Sozialwissenschaftliche Stadtforschung an der Bauhaus-Universität Weimar. Arbeitsschwerpunkte: soziale Ungleichheiten und kulturelle Diversität in der Stadt, Postwachstumsstädte und Stadtentwicklung in Thüringen.

Ruth Großmaß, Prof. i.R. für Ethik und Sozialphilosophie an der Alice Salomon Hochschule Berlin. Arbeitsschwerpunkte: sozialphilosophische Reflexion psychosozialer Arbeit, Caring als Dimension gesellschaftlichen Zusammenhalts, Interdisziplinarität/Transdisziplinarität, Menschenrechte als normative Orientierung in der Sozialen Arbeit.

Jörn Lamla, Prof. für Soziologische Theorie an der Universität Kassel und dort auch Direktor im Wissenschaftlichen Zentrum für Informationstechnik-Gestaltung (ITeG). Arbeitsschwerpunkte: Sozial- und Gesellschaftstheorie mit einem besonderen Fokus auf pragmatistische Theorien, soziologische Demokratieforschung, speziell mit Bezug zu Konsum und Verbraucherschutz sowie zur digitalen Transformation.

Stephan Lorenz, apl. Prof. für Soziologie an der Friedrich-Schiller-Universität Jena und Senior Fellow am Institute for Advanced Sustainability Studies IASS in Potsdam. Arbeitsschwerpunkte: sozial-ökologische Transformation und nachhaltige Entwicklung, Armut und Ausgrenzung, Konsum und Ernährung, prozedurale Methodologie und Fallrekonstruktion, Gesellschaftstheorien.

Hartmut Rosa, Prof. für Allgemeine und theoretische Soziologie an der Friedrich-Schiller-Universität Jena und Direktor des Max-Weber-Kollegs für sozial- und kulturwissenschaftliche Studien an der Universität Erfurt. Arbeitsschwerpunkte: Zeitdiagnosen und soziologische Theorien der Beschleunigung, der Resonanz und der Unverfügbarkeit, Subjekt- und Identitätstheorien der Weltbeziehungen.

Alexandra Scheele, Akademische Oberrätin an der Fakultät für Soziologie der Universität Bielefeld, Leitung der Forschungsgruppe »Global Contestations of Women's and Gender Rights« am Zentrum für Interdisziplinäre Forschung (ZiF) der Universität Bielefeld. Arbeitsschwerpunkte: Wandel von Arbeit und Geschlecht, Feministische Kapitalismuskritik, Care-Arbeit, Gender Pay Gap und Geschlechtertheorie.

Albert Scherr, Prof. für Soziologie an der Pädagogischen Hochschule Freiburg, Mitglied des Bielefeld Center for Education and Capability Research, Mitherausgeber der Zeitschriften Soziale Probleme und Sozial Extra. Arbeitsschwerpunkte: Soziologische Theorie, Theorien der Sozialen Arbeit, Diskriminierungsforschung, Migrations- und Integrationsforschung, qualitative Forschungsmethoden.

Magnus Schlette, Referent für Philosophie und Leiter des Arbeitsbereichs »Theologie und Naturwissenschaften« an der FEST (Forschungsstätte der Evangelischen Studiengemeinschaft) in Heidelberg sowie Privatdozent für Philosophie an der Universität Heidelberg. Arbeitsschwerpunkte: Freiheitstheorie, Wahrnehmungstheorie, Transzendenz-Immanenz-Dichotomie im Schnittfeld von Philosophischer Anthropologie, Ästhetik, Hermeneutik, Kultur- und Religionsphilosophie.

Alexander Weinstock, Dr. phil., wissenschaftlicher Mitarbeiter am Exzellenzcluster *Understanding Written Artefacts* der Universität Hamburg. Arbeitsschwerpunkte: Literatur und Kultur des 18. Jahrhunderts, Literatur und Wissen, Rhetorik und Ästhetik, Philologie und Materialität.

Rainer Winter, Prof. für Medien- und Kulturtheorie an der Alpen-Adria-Universität in Klagenfurt am Wörthersee. Arbeitsschwerpunkte: Medien- und Kultursoziologie, qualitative Forschung, kritische Theorie.

Holger Ziegler, Prof. für Soziale Arbeit an der Universität Bielefeld. Arbeitsschwerpunkte: Soziale Arbeit, personenbezogene Wohlfahrtproduktion, soziale Ungleichheit, soziale Lebensführung, eudämonistische Ethik.